巻頭エッセイ 第2回
～情報の洪水から、我々は何を「学び」どう活かしていくか～

幸田 博人

　2025年に入り、3か月が経過しました。この2025年は、歴史的な転換点と記憶される年となるでしょう。トランプ大統領の再登場により、この3か月で、その大統領令や数々の発言に、世界中が翻弄され右往左往し、あたかも大波に漂う感覚も生じています。それだけ、米国大統領のパワーは大きく、まだまだ米国の存在が世界を左右するという実態で、政策の大転換の衝撃が大きく生じていると思われます。

　年初1か月少しの間に、国内では、フジテレビ騒動とフジ・メディアHDの対応、日本製鉄とUSスチールとのM&A、ホンダと日産自動車経営統合の破談、石破首相とトランプ大統領の初会談、埼玉八潮市における大規模道路陥没、日本に居座る大雪状況など様々な事象がありました。既に風化しているものもあり、時間の経過が早いことにびっくりします。また、海外では、連日のトランプ大統領の大統領令署名や発言などで、移民問題への対応、「パリ協定」やWHO（世界保健機関）からの脱退、関税への全般的な取り組み、「アメリカ湾」改称、DOGE（政府効率化省）設置と人員削減実施、政府のDE&Iの取り組み終了など、大きな政策転換を実施しています。これだけのことが、わずか年初1か月の間に生じたにも関わらず、本日（3月28日）、筆者にとっては、その時点の詳細な「記憶」は、かなり薄れつつあり、過去のものになっていることが多く、やや唖然とするところです。また、本来は、もっと注視すべき韓国の政治情勢、中国の経済状況、日本における構造的な社会課題などが、少し横におかれ、情報洪水に囚われ、やや情報不足に陥っているのではないかと思います。

　こうしたトランプ劇場の第2弾は、米国支持者向けに、すべての事象を水面上でアピールして、次から次にアドバルーンをあげながら進めていくといった、フラッド・ザ・ゾーン戦略（情報の洪水で溺れさせる戦略）の巧みさです。例外なく様々な政策案件をテーブルにのせ、極論をぶつけて相手にプレッシャーをかけることや、フェイク的な情報操作を厭わず、一方的な解釈に基づく内容をアピールする場面が散見されています。こうした情報の洪水状況に溺れそうです。我々はどう身構えるかが大事かと思います。

　そうした世界や日本の急速な情勢変化から見えてくることは、一筋縄ではいかぬ

事象が激増し、一つの事象のみで判断するのは適切ではなく、俯瞰して見ることの重要性です。そういう観点で、足元のことに囚われすぎずに、将来の社会価値や企業価値を長期的に向上させていくことこそが、今後の取り組みの中心的なテーマとしてますます重要となっています。

こういう時代だからこそ、筆者は、２つの論点（アプローチ）を重視したいと思います。一つは、横断的な「学び」、歴史の「学び」、専門外の「学び」、アウトサイダー的な「学び」に、再度取り組んでみること、もう一つは、日本の立ち位置を冷静に評価することと考えています。

まずは、第１の論点の「学び」の観点です。個々人にとっては、どうしても、日々の生活面の忙しさや、自分の担当の職務との関係があるもの、また、趣味的なことで手一杯の方が多いのではと思います。しかしながら、これからの時代は、外部の専門家との交流、学際的なアプローチ、歴史的な知見や哲学的な知見こそが必要になっていると思います。

私が、毎年楽しみにしている書籍があります。「高校生と考える……」シリーズです。2023年は、『高校生と考える　21世紀の突破口』、2024年は、『高校生と考える人生の進路相談』が出版されています（出版社　左右社）。或る高校の校長が、在校生向けに毎年企画している各分野の著名な先生方のよる訪問講義です。例えば、2024年版では、磯野真穂「世界から自分を考える」、尾崎真理子「文化とか、文学とは何か」、都甲幸治「好きなことを仕事にするということ」、海部陽介「三万八千年前の祖先たちはどうやって未来を切り拓いたのか」、東畑開人「心見る仕事」などです。その中で、例えば、海部氏は、「こうして祖先たちがいかに未来を切り拓こうとしたかを考えることは、面白いだけではなく、いまを生きる自分自身を見つめなおすよいきっかけになると、ぼくは思っています」（同書213頁）と言っています。このアレンジをされている校長先生は、「はじめに」で、

「・他者との関わりの中で自己を高めていこう

・失敗を恐れず失敗から学んでいこう

・一生続けられる好きなことを見つけよう

３点が……生徒たちに提示した教育目標です」（同書５頁）

と述べています。素晴らしいと思います。最近、大学で行われている「アントレプレナーシップ」教育などが実務的な学問領域に偏っているのに対して、こうして学生に考えるきっかけを与えることの重要性を気づかされました。この時代の大きな変転期には、こうした着眼点をもたらすアプローチの重要性が認識でき、また、最近よく使われる「ナラティブ」（「語り」、「物語」などの意味）アプローチの視点との関係性も出てくるものと思います。

第２の論点の関係では、まず人口動態関係から考えてみたいと思います。最近（本年２月27日）、厚生労働省が公表した人口動態統計の速報値で、2024年の出生数が72

巻頭エッセイ（第2回）
～情報の洪水から、我々は何を「学び」どう活かしていくか～

万988人となり、統計を取り始めた1899年以来最少となったことで、衝撃が走りました。日本社会の人口減少は加速し、予測よりも早いペースで進んでいます。日本の人口は、農業社会の発展や産業社会の到来などに応じて、概ね右肩上がりだったと、筆者は錯覚していましたが、歴史的には、縄文時代の後半期の人口減少、平安から鎌倉時代にやや減少したこと、更には、徳川吉宗の時代の後、1世紀程度、停滞した時代があったとのこと[1]です。今回の人口減少社会の捉え方や対応の方向などは、様々な視点で語られていて、政府をはじめ様々な関係者はやっきになって人口減少社会を食い止めることに注力しています。しかし、そろそろ、こうした人口減少社会を所与とした社会や、今の日本の国力を前提にした、今後の日本社会のあり方論に、議論を移行しても良いのではないでしょうか。日本においても人口減少社会や地方縮退社会の下で、どういう社会のあり方があるのかという問題に正面から向き合うべきタイミングです。大きな理念も大事だし、その中で、重点をおくべき政策的なアプローチが、今の延長線では、難しくなってきていると思われます。

そのためにも、まずは、冷静に日本の立ち位置を評価することを、絶えず行っていくことが重要です。人口動態、ジェンダー、教育面、経済、金融・資本市場のデータ、働き方関係、様々な意識データ（政治意識、若者意識など）などです。そうしたものは、世の中に情報としてあふれ、絶えず更新され分析されています。冷静に評価でき、アップデートを怠らないことが大事ではないかと思います。参考になる基本的な新書で、本田由紀著『「日本」ってどんな国？』（ちくまプリマー新書、2021年）があります。日々流れてくるこうした国際比較データから、タイミングをみながら、整理した形で理解していくことも重要だと思います。最近感じているのは、金融・資本市場の領域では、そうしたデータはあふれ、調査・分析が様々になされています。本「金融・資本市場リサーチ」でもそうした分析は提供していますが、構造的な変化を見にいくことこそ大事であり、その場合、広い視野や長期的な視点が不可欠ではないかと思います。

最後に、前号17号から、「金融・資本市場リサーチ」の大幅リニューアル版を発刊しました。幸いにも、読者の方々からは、「軽くて持ちやすい」、「内容も読みやすい」など暖かいコメントをいただいています。一方で、文字の大きさがやや小さいのではなどのご意見も頂いています。今後も、本「金融・資本市場リサーチ」について、ブラッシュアップしていきたいと思っています。今後とも、内容についてのコメントも含めて、皆様方から「金融・資本市場リサーチ」について様々なご意見いただければと思います。引き続き、皆様にご支援をいただきたく、どうぞよろしくお願いいたします。

（執筆時　桜開花で暖かな日　2025年3月28日記）

---

[1]　白波瀬佐和子編『これからの日本の人口と社会』（東京大学出版会、2019年）の鬼頭宏「歴史と人口　歴史人口学から見る人口減少社会」17頁。

金融・資本市場リサーチ

2025年5月号
（通巻18号）

目 次
Table of Contents

巻頭エッセイ（2）

~情報の洪水から、我々は何を「学び」どう活かしていくか~　　　**1**

幸田博人

特別対談　　　**6**

「変われなかった銀行」の近未来　~メガと地銀の正念場~

新発田龍史氏（金融庁企画市場局　審議官）／ **野崎浩成**氏（東洋大学　教授）／
幸田博人（コーディネーター）

第14回　リレーエッセイ　　　**22**

福田拓実氏（SDF キャピタル株式会社　代表取締役／共同創業者）
「スタートアップデット」とは何か？　~「借入」という調達の選択肢~

特集
トランプ政権とサステナビリティ

長谷川克之氏（東京女子大学　教授）
米連邦政府効率化を巡る動向とその影響
~DOGE 改革と経済・社会のサステナビリティ~　　　**30**

柴崎健氏（SBI 大学院大学　教授）
米中覇権競争下でのサステナビリティの将来　　　**39**

西村陽氏（大阪大学大学院　工学研究科　招聘教授）
2025年第 7 次エネルギー基本計画と日本の電力・エネルギー戦略
の構図　~電力システム再構築は資本を呼び込めるか　　　**48**

安武篤氏（株式会社農林中金総合研究所　理事研究員（2025年 3 月時点））
転換点を迎えるオランダ企業のサステナビリティ戦略　　　**56**

湯山智教氏（専修大学）
機関投資家の ESG 投資と受託者責任　　　**66**

荒竹義文氏（株式会社ストラテジー・アドバイザーズ　資本市場本部　執行役員
　　　　　三菱 UFJ モルガン・スタンレー証券株式会社　法人支援部）
サステナビリティ・コミュニケーションの考察　~「陽徳善事」のすすめ　　　**77**

日本証券史（1998年〜2000年）その1　　86
川崎健（日本経済新聞社）／幸田博人（「金融・資本市場リサーチ」編集長）／
柴崎健（「金融・資本市場リサーチ」編集長）／上田亮子

金融・資本市場ヒストリー　金融人編
柴崎健／幸田博人

第2シリーズ 国際金融資本市場と関わって〜或る金融人の挑戦〜　　130
（第4回：経営者の育成と趣味・文化活動）

第3シリーズ 資産運用立国の黎明期を振りかえる
〜損保業界でのスタートから〜　　143
（第1回：損害保険ビジネスの経験（1964年〜1989年））

自著を語る（Vol.21）
藤田勉氏（一橋大学大学院　経営管理研究科　客員教授）
PBR・資本コストの視点からの株価上昇戦略：
経営者の意識改革で株価は上がる　　158

潮流　市場環境
三輪登信氏（公認会計士　公益社団法人日本アクチュアリー会正会員）
野間幹晴氏（一橋大学大学院　経営管理研究科　教授）
経済価値ベースのソルベンシー規制と
経営指標及び企業価値に関する考察　　163

連載企画
藤田勉氏（一橋大学大学院　経営管理研究科　客員教授）
世界のアクティビストが変える日本企業の経営
第2回　市民権を得た世界のアクティビストたち　　172

野崎浩成氏（東洋大学　教授）
外部環境の変化と銀行の金利運営（後編）　　183

鈴木功一氏（EY新日本有限責任監査法人　金融事業部　マネージングディレクター）
金融・資本市場と会計・税務（第4回）
〜足許での市場環境を踏まえた主要論点と今後の動向について
（日本基準及びIFRSにおける「ヘッジ会計」の概要）〜　　196

編集後記
柴崎健

特別対談

「変われなかった銀行」の近未来
～メガと地銀の正念場～

収録日：2025年1月30日（木）

　金利ある世界は、銀行ビジネスにも大きな変化を与えている。金利が復活して伝統的な預貸業務は再び収益源に転換し、銀行の収益環境は大きく改善した。その一方で、預金獲得競争は激化し、有価証券の含み損益を含めてALMを中心としたリスク管理は極めて重要になっている。

　銀行は、世界の情勢がこれだけ複雑化して将来の社会のあり方に大きな揺らぎがもたらされている中で、産業や地域社会をプロデュースし、社会的付加価値を生み出すための起点となるべき存在である。しかし、そのためには事業も組織も大きな変化が必要で、ビジネスモデルそのものが問われている。銀行ビジネスはどのように変わっていくのか、銀行の存在意義は何かを改めて考えてみる。

登壇者紹介

新発田 龍史氏

金融庁企画市場局　審議官

東京大学法学部卒業、コロンビア大学国際公共政策大学院修了。大蔵省入省。金融庁総務企画局総務課人事企画室長、同政策課総括企画官、総務企画局組織戦略監理官、監督局銀行第一課長、銀行第二課長、監督局参事官、企画市場局参事官を経て、2024年7月より現職にて、企業開示、コーポレートガバナンス等を担当。

野崎 浩成氏

東洋大学　教授

慶應義塾大学経済学部卒業、エール大学経営大学院修了、博士(政策研究、千葉商科大学)。埼玉銀行、HSBC、シティグループ証券マネジングディレクター、千葉商科大学大学院客員教授、京都文教大学総合社会学部教授などを経て、2018年4月より現職。2015年および2020年金融審議会専門委員。2023年新しい資本主義実現会議・資産運用立国分科会委員、2025年資産運用立国推進分科会委員

幸田 博人

コーディネーター

一橋大学経済学部卒業。日本興業銀行入行、みずほ証券代表取締役副社長等を歴任。現在、イノベーション・インテリジェンス研究所代表取締役社長、京都大学経営管理大学院特別教授、一橋大学大学院経営管理研究科客員教授、SBI大学院大学経営管理研究科教授、産業革新投資機構等の社外取締役などを務める。

1．「金利のある世界」に銀行は変化を続けられるか

幸田 銀行が今後どこまで変わっていくか、変われていけるのかについて、その新たな様々な取り組みについて、今般、野崎さんが、書籍[1]を出版されることになりました。金融庁の政策面での様々な取り組みを踏まえながら、金融市場の変化の中、資本市場や投資家の視点も念頭に置いて、金融の将来について野崎さんと金融庁の新発田さんのお二人のお話をお伺いしたいと思います。

　最初に、足元の金融環境の変化を踏まえて、銀行のあり方はどう変わるか、あるいは今後の金融市場、マネーフローなどをどのように見ていくのかから始めたいと思います。日銀が利上げをして、金利がある世界に変わってきたことが何をもたらすのかについて、マクロ的な観点も含めて、野崎さんから論点をお話しください。

野崎 まず金利が正常化に向かうことで、銀行の緊張感がなくなるのが一番心配です。預金のスプレッド収益がようやく黒字転換し、資金利益中心に収益力が復活してくると、もはや回復の必要がないというように気が緩んでしまいます。ただ、世間は随分、変わっているわけで、個人や法人の金融に対するニーズが変化を続けるため、銀行の立ち位置は大きく変わっています。だから、そういう問題意識すら希薄化してしまうことを心配しています。

　ご承知のとおり、ネット専業銀行が極めて存在感を高めています。金利上がると銀行がもうかるという方程式は、貸出金のスプレッド収益が増えるのではなくて、預金のスプレッド収益を享受するということですが、それは預金金利の上げ幅を抑制することによって市場金利と預金金利の間の差分を広げるということです。しかし、この差分を利益化することが過去の金利ある世界同様に実現するのでしょうか。コスト競争力のあるネット専業銀行は魅力ある預金金利を提示し続けるでしょうから、伝統的銀行の預金金利プライシングも影響を受けるわけです。今までのように、市場金利が1パーセント上がったときに預金金利を0.4%に抑えて、0.6%の差分を稼ぐというモデルは、通用しなくなると思います。だから金利正常化に向かうときの銀行の収益力の改善イメージは、今後そのとおりにならないかもしれない。

　2点目は、金利が上がることで、ようやく産業界の新陳代謝が進むことです。今はコストが上がっていますから、生産性、事業性が高い企業と低い企業が峻別できるようになります。それによってある程度、社会的なリソースをより収益性や事業性の高いところに再配分できます。この間に入っているのが銀行、金融機関ですから、そこはうまくそちらの方向に誘導できるかで銀行の力が試されるようになります。

　3点目は、バランスシートマネジメントが可能になるということです。一般企業のバランスシートはアセットサイドから決まるのですが、銀行はライアビリティーサイドから決まる特性を持っています。預金は非常に厄介なもので、預金しますと言われると銀行は断れない。しかし預金金利のプライシングを工夫することによって、自らのバランスシートのサイズをある程度コントロールできます。ですから、これを能動的にやれるか、そういう意識を持てるかどうかで、金融機関の差が出る可能性があります。ある程度は預金の減少を能動的に甘受することも重要です。これまで長い間、マクロ

---

[1] 『「変われなかった銀行」の近未来〜メガと地銀の正念場〜』（㈱イノベーション・インテリジェンス研究所）2025年5月中旬出版予定

で預貸率が60パーセントという中にあって、バランスシートマネジメントを意識することによって、商業銀行業務だけでもかなり改革ができると思います。

幸田 今、野崎さんからご指摘いただいたのは、金利の正常化が銀行の立ち位置をどのように変化させつつあるかについて、ネット専業銀行を相対的に位置づけて見ていく重要性と、金利があることで企業の新陳代謝が高まり日本経済にプラスに働く可能性、そして預金をどう捉えるかで伝統的な銀行業務が大きく変わる可能性についての3点です。

新発田さんからは、金融庁監督局のご経験も踏まえて、金利のある世界をどう見ているかお話し下さい。

新発田 一般的には、金利が戻ってくることは、銀行セクターにとってプラスだという話ですが、「一般的に」というところが重要です。平均をとればプラスになるかもしれないが、すべての金融機関にとってプラスになるとは必ずしも限らない。足元の動向をみると、銀行業界全体がネット専業銀行の動きに引っ張られているというのはその通りだと思います。実際に営業の現場にいる方の話を伺っても、ネット専業銀行が預金金利を上げるので、定期預金の解約が進み、信用金庫などがそれに対抗して金利を上げる形で業界全体が動き始めています。リレーションシップ・バンキングと言われてきた銀行と取引先の関係が結果的にそぎ落とされてしまったのがこの30年だと思います。このため、いざ金利が戻ってきた時に、これまでのお付き合いがなくなって、金利選好に流れている。

新陳代謝の話は、銀行以外のセクターだけでなく、銀行自身にとっても外部環境の変化への経営の対応力の巧拙が問われているということだと思います。また、さきほどの預金動向の変化については、循環的な要因もさることなが

ら、高齢化の影響で、これから相続がどんどん発生していく中で預金が地方から都市にダイナミックに動くという構造的な要因もあります。それを前提に、ビジネスのサイズだけでなく、ビジネスモデルそのもののあり方も考えていかないといけません。昔の、どこか知っている世界に戻ればよい、ということではありません。

幸田 お二人の話を伺っていると、最近の「金利がある世界に戻ります」という言い方で語られることが比較的多いことについて、それがあたかも30年前のモデルに戻るような錯覚を持つ方もいるのではという危機感があります。昔に戻るのではなくて、やはり新しい環境について、例えば金融機関の競合の話もあれば、ネットやIT環境、経済も変わる、あるいはグローバルのさまざまな要因も出てきている中で、金利のある世界に戻っていくことがどういう意味なのかを、きちんとマッピングしていけるかが、それぞれの金融機関に問われていると感じました。

そういう意味では、それぞれの金融機関のモデル論が非常に重要になってくる。そこに昔のような縦割りの金融制度論的なアプローチではなくて、金融機関の個性が問われると思います。

野崎 個性といえば、地域金融機関は都道府県単位で捉えることが多いのですが、例えば第二地銀は、もともと信金よりも小さいところも数多くあるわけで、市区町村単位で異なる強みと弱みを持っています。ですから都道府県単位ではなくて、自分たちの寄って立つフランチャイズがどのエリアにあるのかを再定義する必要があります。銀行という看板を背負った瞬間に、自分はエリア拡張的な戦略を取らなければいけないと考えてきたわけですが、自分たちがフォーカスすべきところは何かを再定義することが一番の個性に繋がります。

金融・資本市場リサーチ

今後は相続により都市部に出ている若い世代への相続を通じた金融資産の移動が進みます。他方で、地銀も地方で余ったお金を原資に三大都市圏での与信を積極化しています。地域経済への与信供給が地銀の大きな役割だと考えられていますが、自らのフランチャイズではない都市圏への与信が本当に正常な姿なのか、第二地銀だけでなく、第一地銀でも見直すべきではないかと思います。

また、メガバンクを含む主要銀行グループは、この国で自分たちは何をなすべきなのか、あるいはグローバルな中で何をなすべきなのかという矜持が足りていないと思います。グローバル競争力を高めないと、結果的には日本企業の競争力にも跳ね返ってきます。自分たちが日本の金融市場を引っ張っていくという気概を持たなければいけない。そのための経営のリソースの配分を考えることも、個性だと思います。

幸田 金融機関の個性が必要なことについてお話しいただきました。新発田さんからもお願いします。

新発田 金融制度改革以降の、ビッグバン、その後の様々な規制緩和や銀行法の改正で、金融庁が目指してきた方向は、銀行が健全かつ適切に業務を行うことを前提に、預貸以外のいろいろな業務に携わることを可能にすることによって、より一層顧客ニーズに応えられるようにしていくことです。ここで「顧客のために」という視点が大事であることは強調しておきたいと思います。銀行の顧客層が異なれば、当然やるべきことは違うはずですし、一方で自分たちの身の丈も考えないといけなくて、規制緩和で

できるようになったから全部やるということでもない。ビッグバンの時もそうでしたが、制度改革の想定問答は「（制度改革を活用して）創意工夫の発揮を期待」という決まり文句で締めくくるのが通例です。それは、きちんと経営陣として、何が自分の強みなのか、どこに選択と集中を行うかを考えて、内部のリソースを振り分ける、あるいは外からリソースを取り入れてやっていく、ということを当然にやっていますよね、という期待の表れでもあります。

今、再びチャレンジするフェーズになったとすると、欲を言えば全部できたらいいですが、実際には銀行自体の規模や、人員のスキルという制約からできないわけで、まず何を優先するか、とりわけ何を捨てるかを経営が選択することが、顧客からも、投資家からも期待されていると思います。

野崎 金融庁のアンケート[2]で、地域の中堅・中小企業が銀行に何を求めているかを問うニーズ調査ありました。これを見ると、銀行が今までやってきた業務はあまりニーズがなくて、お客さまの紹介、事業承継、補助金の申請のやり方、DX などのソリューション関係が多いです。そうすると今まで銀行業務範囲規制で縛られていた分野が緩和されることによって、お客さんのニーズにようやく応えられるようになったということです。それらを取捨選択して対応する時期になっていると思います。

新発田 銀行の勝手な都合であれをやりたいこれをやりたいというのではなく、お客さんのニーズが変われば、また次の新しいニーズに応えていくというようにアジャイルに変わっていかないと、お客さんのニーズには応え続けられな

---

[2]　金融庁「企業アンケート調査の結果」（2004 年 6 月）（https://www.fsa.go.jp/policy/chuukai/shiryou/questionnaire/240628/01.pdf）

特別対談

「変われなかった銀行」の近未来 〜メガと地銀の正念場〜

いのではないかと感じます。業務範囲規制を緩和した高度化会社の枠組みはまさにそうしたニーズに対応するためのものです。

幸田 お二人のお話は、銀行がそれぞれでの金融事業について、そのプライオリティーを、顧客構造などのよって立つ基盤の下で、どう付けていくか、ある種の再整理をしながら金融機関としての事業モデルを考えていかなければいけないという論点だと思います。東証がいわゆるPBR 1倍割れ問題や資本コスト経営の話を出していますが、事業会社だけでなく日本の銀行の平均はPBRは0.5倍程度であり、1倍割れの銀行が大多数を占めるなかで、事業ポートフォリオの見直しにストレートに結び付けていくべきとの市場からのプレッシャーもかかっています。野崎さん、銀行のPBR問題についてどう考えていますか。

野崎 PBR問題は、PBRの1倍超がゴールのような話ですが、やや違うと思っています。議論やマネジメントを考えるきっかけを与える点では素晴らしい提案だったのですが、銀行に関しては、大きく三つ分けて対応を考えたらよいのではないかと思います。いわゆるメガバンクタイプ、アクティブにトレードされている第一地銀、そしてそれ以外です。株式の外国人保有比率が15パーセント未満の銀行では、PBRとROEは無相関です。そのような銀行株は、流動性も低く、機関投資家が持てないので、ROEを高めても株価は上がらないかもしれません。一方で、G-SIBsといったトップティアの銀行は、極めてPBRとROEの相関性が高く、HSBCと中国の銀行を除くと、ほぼ正相関です。それを考えるとグローバルなプレーヤーは、単純にROEを上げなさいということです。

難しいのは流動性の高い地銀です。ここもROEを見られるわけですが、地域に対して力を尽くすところが必ずしもROEに直接的に影響しないかもしれないという悩ましさはあります。ただ、そこは説明責任だと思います。自分たちもロングタームで見て、地域経済も育つ、われわれも育つことを目指す経営を行うことです。ある地銀は、その地域でメインに関わる都道府県のGDPを増やすことを経営目標に掲げて経営しています。なるべく定量的にマーケットベースで説明できればいいので、PBRの目標を特に設定する必要はないのですが、自分たちがどのような立ち位置にあるか、結果的には何を目指したらいいのかを見いだす必要はあると思います。

幸田 新発田さんからもコメントをお願いします。

新発田 東証も我々もPBR 1倍が目標だとは言っていません。それよりも、上場の目的や必要性を考えることが重要だと思います。収益を上げることだけでなく、誰のためにその企業は存在していて、何をやりたいのか、その上で、誰に株を持ってもらいたいのか、誰に応援してもらいたいのかを考えることが広い意味での資本政策だと思います。

今のトップの方の中には30年前までの右肩上がりの時代に、わざわざ余計なことしなくても経済の成長に応じて、自分たちの規模が拡大すれば収益も上がってきたことを経験されているので、地域経済に何も働き掛けなくてもいいとお感じの方もいらっしゃいます。しかし今は逆になっているので、宿命論的にどうせ駄目だからということでよいのでしょうか。

銀行の収益を考えると、結局、地元の経済、具体的には企業、地元の人たちが活動して付加価値を生み出しているからこそ、そこから収益という形で対価をもらっているわけです。もうけられないというのは、この地域から、付加価値が十分には生まれないと言っているのに等しいですが、本当にそう思っているのでしょうか。地域によって差はありますけれども、今、

— 11 —

大企業でも中小企業でも、無借金企業は3分の1くらいありますので、その部分は借りてくれない、あるいはサービスが提供できていない。実はそうした企業だって地元に雇用を生み出したり、収益を上げたりしています。銀行から見える世界だけを見て、もう駄目だとか右肩下がりというのはどうかと思います。それなら成長投資のために上場していること自体を考え直したほうがよいのではないでしょうか。

幸田　確かにPBR1倍を変に意識し過ぎてもいけないと思いました。その場合でも、どういう金融機関になっていくのかという長期的な視座が投資家との対話においても問われています。

新発田　投資家が知りたいのは将来の金融機関の姿であって、PBRがいくらになると言われても、結局、そのための取組みや、何のためにという視点がないと、ただの数字の羅列にしかならないと思います。

2．求められる金利リスク管理の深化

幸田　金利のある世界をキーワードにしながら、マクロ的な観点で、皆さんからどのように銀行の今後のあり方を捉えるかについて、お話しいただきました。次に、各論に入らせていただければと思います。金利のある世界に変わってきたときに、いわゆるリスク管理、金融機関がきちんと安定的に機能していくためにもリスク管理面を意識することが非常に大事であると思います。世界の金利や株式市場の情勢も含めて、リスク管理の側面から今後の金融機関をどう見ていくのかお話しいただければと思います。

　　様々な金融危機を経る中で、現在までにセーフティーネットは、十二分に整備されましたが、局面が変わりつつある下で、守りのリスク管理だけではなくて、銀行経営の観点からリスクマネジメントについての問題意識を新発田さんからお話ください。

新発田　本来、リスクとオポチュニティは表裏の関係になっています。リスク管理というと、どうしてもリスクを抑える方に焦点があたりがちですが、自分たちがどこまでリスクを取れるのかを踏まえた上で、どういうアペタイトがあって、それを一定の範囲にどうコントロールするのかがリスク管理の要諦です。

　　その意味で、今まである意味で一本調子だったマーケットの動きが、今まさにVUCA[3]になっているので、リスク管理が重要な局面になっています。ただ、これまでだって、コロナ禍もウクライナ侵攻も内外の政治状況も誰も予想できなかった。そういう点でVUCAの時代はずっと続いていたともいえます。

　　きちんとマーケットのコンセンサスなビューがどうなっているかをベースにシナリオを立て、そういう中で自分たちはどのように先行きを見通し、どのようなリスクを取りに行っているかを理解していれば、市場が予想と違う動きをしたときにも対応できます。しかしそれがないと、あともう少し頑張って持っています、というような話になってしまいがちです。この先どうなるかを完璧に見通せる人はいないので、愚直にアンテナをしっかり立てて、いろいろな動きに目と耳を傾けていく、五感を働かせていくことを期待しています。

幸田　野崎さん、コメントをお願いします。

---

[3]　Volatility・Uncertainty・Complexity・Ambiguityの頭文字を取った造語で、社会やビジネスにとって、未来の予測が難しくなる状況を示す。

野崎 新発田さんがおっしゃった、リスク・アペタイト・フレームワーク（RAF）の考え方、はとても重要で、これを基本に経営してもらいたいと思っています。RAFを経営の中心に置いている銀行は多いですが、私が見ていて思うことは、本来、取るべきリスクを取らないことによるリスク、要するに機会コスト、逸失利益についての認識が非常に低いです。それは見送ることによるペナルティーがないから、リスクを取らなくても平気なわけです。

　もう一つ、おっしゃったアンテナを高くすることで言うと、ブレーンストーミングが必要です。今まで大丈夫だったから今後も大丈夫ではなく、頭の体操をすればいい。そうすると、抜け落ちていたところが見つかります。

　リスクについて付言すると、今後留意すべきテールリスクの最たるものは円の長期金利だと思っています。財政の健全性から日本国のファンディングは大丈夫だろうかと懸念しています。預金の話とも関連するのですが、異次元緩和で膨らんだ預金は流動性が低い待機性の資金ですので、金融正常化でそれが出ていってしまうと、国債を買う余力がなくなる可能性があります。

　例えばIRRBB（銀行勘定の金利リスク）についても、シリコンバレーバンクの破綻でリスクとして顕在化したように、これからバーゼルの議論でどうなるかは分かりませんが、IRRBBの運用は大きな課題になっています。今もいわゆるストレステストを実施して、その結果を開示しているので、日本の銀行はまだいい方ですが、シリコンバレーバンクは開示してなかったわけです。ただ中身を見ると、預金の粘着性にかなり寄り掛かったモデルになっている。このコア預金モデルは、ある程度のストレスを考えながら、流動性預金、要求払い預金の平均年限、デュレーションを算出するので、平気で5年、6年の銀行がいるわけです。通常、長期金利が上がると、住宅ローンなどの長い資産を持っているので、銀行の経済的な損失（デルタEVE）は大きくなると考えられます。ところが、第二地銀の3分の1は、金利が上がると経済損失よりも経済的な利得が上がって、むしろ金利が下がった方が経済的な損失が大きくなるという、おかしな状況になっています。このようにIRRBBの重要性テストを結論ありきでやっていて、銀行ALMの本質的なリスク管理ができていないのではないかと懸念しています。今のリスク管理の在り方、特に銀行勘定の金利リスクについては、もう一回、見直したほうがいいと思います。

3．地方創生のためのエクイティ供給

幸田 人口減少社会に突入した今、政府としての取り組みとして、地方創生に大きくかじを切っています。地域金融機関が地域において主体的な役割を果たしていけるかが、その地域の活性化や将来への鍵であることは間違いありません。一方で、地域の社会課題を解決するために、今までも10年以上の長期にわたって取り組んできたわけですけれど、まだまだ十分に対応できていないのが現実であると感じています。それぞれの地域によって違うわけですけど、皆さんがどのあたりをキーポイントとして考えているか、野崎さんからコメントをお願いします。

野崎 私はデットよりエクイティが鍵だと思っています。先ほど新発田さんおっしゃったとおり、無借金企業が増えている中で、エクイティの役割はより注目されるべきです。ただ、銀行は残念ながらエクイティは不得意です。デットは過去の業績を見て判断するのですが、エクイティの場合、過去は不問で、取りあえずこれから良くなればいいという考え方です。赤字企業でも投資価値は大きくなりますので、銀行としては、そこら辺の発想をまず変えなければいけない。

－ 13 －

例えばベンチャー、スタートアップ系の投資に関しても、本当に10を投資して1成功すればいいぐらいの投資が銀行にできるかという話ですが、それやってもらわなければしょうがない。地域経済活性化、地域経済の安定化のためには、まず事業再生と事業承継がキーポイントになりますが、それだけでは活性化しません。活性化するためには、やはりスタートアップを地域で支援していくことが重要で、それにはデットとエクイティ両方必要ですよねという話ですよね。

2020年の審議会ワーキングの中で非常に達成感があったのは、投資専門会社のところでベンチャーの投資基準、数値基準を撤廃したことです。やはり今、困っている所に対して問題解決をするためには、エクイティ投資でアップサイドの収益を取ることで、お互いにその成果を喜び合えることが一番大切です。

残念ながら、特に地域金融機関には経営的なリソースが少ないため、例えば、シンクタンクやコンサルテーション会社の知見を投資専門会社に全部集めてきて、エクイティで支援して、銀行からデット出してもらって、コンサルテーションも一緒にやっていくことができると、自然とそこで経験も積めます。経験値が知の蓄積になってくるので、地域課題はだいぶ充実した形でソリューションを提供できるのではないかと思います。

ただ、留意すべき問題もあります。投資専門会社が議決権を取得することで、その事業会社を会計上の連結対象としなければならないリスクがあります。投資専門会社である程度の要件を満たせば、銀行が最高100パーセント議決権を持つことができます。連結すべきかどうかの判断をするポイントは2つあります。第一に重要性の原則で、これは問題なくクリアできるケースが多いと思います。もう一つが、VC条項で、幾つかの要件を満たさないと連結になってしまう。銀行が事業会社を経営するつもりは

ないと思うので、その辺は調整が必要です。

投資専門会社をうまく使えば、事業承継等におけるM&A仲介業者への依存も減らすことが可能となるでしょう。M&Aは監督する行政機関がないため、トラブルが発生してもこれを行政の力で効果的に解消するのが簡単ではありません。中小企業庁の「中小M&Aガイドライン」が見直され、これに沿った業務運営を行わなかった場合に補助金から排除されるなどの実質的な罰則もないことはないですが、それが事業者の規律付けに繋がっていないのが現実です。M&A仲介事業者を使うにしても、例えば銀行が一回、議決権を全部引き受けて、銀行が仲介業者の交渉相手になることで、買収価格の適正化が進むのではないかとも思います。

幸田 金融機関にとってのエクイティの重要性について分かりました。新発田さん、お願いします。

新発田 2020年の改正で行われた、投資専門子会社にコンサルティング機能を付け、PEと同じことが地域でできないかということは監督局サイドからも要望しました。野崎さんと問題意識は全く同じで、アップサイドの部分をきちんと取る代わりにきちんと同じ船に乗って、それゆえにその企業と地域で一緒にやっていかざるを得ないというところがあってはじめていろいろな深みのある議論ができるわけです。まさに銀行が地方でエクイティ投資をやる意味はここにあります。

最近、地銀のビジネスモデルについて個人的に考えますのは、今までのメガと同じように、法人とマスリテールの2本柱という典型的なビジネスモデルが、今後どこまで維持できるのかということです。金利がある世界に戻ったものの、この30年の変化の中で、スマホアプリで証券取引が身近なものとなり、ネット系証券会社が非常に便利になって、手数料も安くなりました。1997〜98年のビッグバンのときに、銀行

の投資窓販からスタートした預かり資産ビジネスは、たかだか30年しか経っていないわけですが、地銀はこれを本当に柱にし続けるのでしょうか。コロナ禍を経て、銀行の店舗にすら行く必要がなくなった中で、相変わらず支店が駅前にあることを前提としたマスリテールを相手にしたビジネスモデル自体に再考の余地があるのではないかと思っています。

そういう中で、法人を起点としたビジネスモデルで重要な点が三つあるのではないかと思います。一つは、法人、特に中小中堅に対する投資銀行業務です。ここは東京やグローバルで内外の大手金融機関が手掛けているものと違って、実は極めて限られたプレーヤーしかやっていない世界です。ニーズは確実にあるのですが、プレーヤーが全然足りません。ここについては残念ながら東京のメガも大手証券会社も外資も、手数料水準が合わないので参入せず、ぽっかり空いています。このような企業は資本政策に関する良き相談者がいないこともあって、アクティビストに狙われやすくなっています。本当は地元の地銀が、たとえ貸し出しはなくとも、この企業の価値を向上させ、守っていくことを期待されており、こういうところで、地銀はもっと頑張れると思います。

もう一つは事業承継や相続にも関係がありますが、中小企業のオーナーや社長の資産まわりを扱うウェルスマネジメント業務が重要です。東京支店の役割も、メガの尻を追い掛けて、よく知らない法人に貸出をするぐらいなら、地元の富裕層の人たちが東京に出てくる際に立ち寄って必要があれば相談できるファーストクラスラウンジみたいなものを地銀が合同でつくったほうがいいのではないかと思います。

マスリテールは厳しいと思いますが、その一方で、企業の職域を対象に、iDeCoやNISAに取り組むのは、その地域の企業の従業員の資産形成を通じて、福利厚生に資するという点でもプラスになります。

このように法人を軸にビジネスをくくり直していくというのが地銀の将来像の一つとしてあるように思います。その上でそれに合った業務や事務フロー、人材育成の見直しを考えていくのが、本来求められているDXや人的資本投資だと思います。

4. 金融機関における「人的資本経営」の課題

幸田 地域創生にとって、エクイティ供給が重要になってくると、地域金融機関にとっては、人材の課題が正面に出てきます。その人材の課題を考えるときに、日本の人材市場も、従来の新卒一括、ある種の年功序列型で、定年制という仕組みがかなり難しくなっている中で、大きく変わりはじめています。今まで、金融機関は、伝統的に人材がかなり囲い込めていたということも事実です。それが今、かなり変わってきています。メガバンクも含めて、従来のような形の採用はできなくなっていることが、かなり明確になってきています。そうしたなかで、人材の在り方や、期待されるクオリティーも変化しています。その中で、地銀だけではなく、金融機関にとって人材をどうやって確保していき構成していくかは、難易度が高くなっていると思います。そこで人材について、どういうふうに捉えて、何を見ていかなければならないかについて、最初に野崎さんからコメントをお願い致します。

野崎 人材で一番重要なのはトップ人事です。サクセッションプランを含め人選プロセスを一から考え直したほうがいいのではないかと感じています。トップとして相応しいかどうかを判断するために、グループ会社や取引先企業を含めた会社のトップを務めた経験を必要条件とするのはどうでしょう。社長としての経験は、銀行トップとしての資質を備えているかど

うかを客観的に評価するのに有用です。例えばさきほどの投資専門会社、ベンチャーキャピタル、事務のバックヤードを抱えている事務会社などで社長を経験し、そこできちんと成果を収めなければ、頭取にはなってはいけないというルールを作ることも考えられます。このルールがあるといろいろな作用があって、優秀な人が関連会社のトップが来ると、その会社の位置付けが変わったと社員は感じます。出向は本流から外れるという意識はまだ存在しており、銀行が中心だという考え方そのものを、人事制度で見直すことです。その取っ掛かりは、一番のトップ人事から始めるということがあると思います。

もう一つは処遇です。今はまだポストで処遇する面が多いですが、支店長といった管理職になりたい人とプレーヤーとしてパフォーマンスを上げたい人がいます。特に最近は課長以上になりたくない若者がたくさんいるわけで、そういう人たちを遇するには、やはりお金一番で、ポストで勝負するところとは切り離したほうがいいと思います。管理能力がある人は管理職になり、経営能力がある人だけがリーダーになればいい。それぞれが人材特性をきちんと考慮した人事制度に変える必要があります。

幸田 これだけ難しい時代の中で、ある種のプロフェッショナリティーも必要ですし、一方ではプロジェクトを率いる能力など総合力も必要になる中で、金融機関の業務の複雑性や横断性を意識したときに、従来のような有力ポストを経験していくというやり方ではもたないような感じがします。そのあたりはどうでしょう。

野崎 今の大学生はちゃんと会社の中を分かって

います。だから、最近は金融機関でも部門別採用があり、証券会社なら例えば投資銀行、インベストメントバンカーになりたいとか、リテールがやりたいとかあります。まず入り口が違っているので、プロフェッショナル人材を育てやすい環境にはなっていると思います。

ただ、そうはいっても、銀行を選ぶ人の中には、そこまで成熟化してない人もいるので、ある程度は銀行の中で配置をしながら、その中で面白いと思った業務を自分で選んでもいいかと思います。プロフェッショナルになりたい人たちは、それほど管理職を志向するわけでもないので、職制は変えるべきかと思います。

幸田 新発田さんは人材について、いかがでしょうか。

新発田 役所もそうですが、JTC[4]の典型である銀行も変わりつつあるものの、やはりまだまだだと思います。今、これだけ人的資本経営が注目されていますが、本来「経営」であるにもかかわらず、この人的資本経営がいきなり人事部に下ろされ、「やっておけ」ということにしかなっていないのが一番の問題です。人事部は基本的に人事のオペレーションしかやっていないので、銀行の経営戦略を踏まえた人事戦略にはなりません。例えば、エクイティの人材をどうするのか、ゼロから育てるのか、どこかにトレーニーに出して鍛えるのか、あるいは中途採用するのか、どれだけの人がいれば部門としてエクイティ業務ができるのか等々について差配するためには、現場を理解していない人事部や人事担当役員だけでは難しいでしょう。そこが今の人的資本経営が実を結ぶのか否かのクリティカルな分かれ目であると思います。

---

4 Japanese Traditional Company の頭文字で、伝統的な日本企業を意味し、変われない日本企業を総称して表現しているもの。

特別対談

「変われなかった銀行」の近未来　～メガと地銀の正念場～

人事部はこれまで、新卒、大卒男子、年功序列というくくりでしか人を見ていなかったと言われても仕方ないと思いますが、本当に一人一人をきちんと見れば、最初はリテールを志望したけど、途中から方向が変わる人もあるでしょう。M&Aのスペシャリストとして活躍できる適性があれば、そのようにしてあげればいいけれど、人事部がこのような変化に対応できていない。加えて、毎年、成人になる人が100万人を切って、ピークより半分近く落ちているのに、採用数はそれほど減っていないので、人の質、あるいは意欲も変わってきている感じがします。

その上で、人的資本投資をするということは、人の価値を見極め、そこにきちんと投資して、戦力にして、生産性を上げて、生産性に見合った給料を払いましょうということです。そのためには、一つ一つの仕事をきちんと評価して、一人一人が納得できる処遇にする必要があります。マネジメントも支店長に求められることと、部長、執行役員に求められることは違います。取締役になると、部門のエキスパティーズだけでなく、銀行経営全体を俯瞰する力が必要なので、部長で頑張ったから取締役に昇格させるということは絶対にしてはいけません。

幸田　野崎さんいかがですか。

野崎　人事部は労務管理部でいいと思います。なぜかというと、社長は個々の社員の給料を決める権利をもっていない。ではそれでは誰が持っているかと言うと、私がシティでアナリストをしていた際に、人事権を握っていたのは日本法人としてのシティの社長ではなく、ロンドンにいるグローバル・ヘッド・オブ・リサーチでした。全ての人事もグローバルヘッドが決める話なので。大体、適材適所で人材を配置できます。部門のトップが一番よく人を見ているのですから、組織の規模感にもよりますが、そろそろ

日本の銀行でもこのような考え方を入れてもらえるよいと思います。

幸田　役所の中でも金融庁は、特にグローバルな対応や金融制度論など金融のプロフェショナリティが求められるなかで、様々な取り組みをされています。例えば、法律事務所から人を出向で受け入れ、またキャリア採用なども増やし、外部人材の取り入れを相応にされています。その上で一人一人がきちんとキャリアを追求していかなければいけないと思います。

新発田　森（信親）さんが長官のときに、私は組織改革の現場責任者として、様々な課題に取り組んできました。金融庁が、去年と同じことをまた今年もやることに安住している組織であれば金融行政の質は向上しません。そのためには金融庁が多様な専門性のある人材からなる組織にならないといけません。専門性を高めるためには足りない人材を外から採ってくる必要があります。検査も以前のように資産査定ばかりやっている人ではなくて、きちんとリスクテイクとリスク管理の両面について議論できる人を育てなければ経営レベルとの対話は絵に描いた餅です。ただ、役所で採用するとしても給料で負けてしまい、やりがいだけでは優秀な人材を確保することは難しいので、例えば2年限定など任期付き公務員の形で来てもらっています。また、専門家として採用した方も、役所に入ればそこから先の変化に対応できる保証はありません。新卒・中途採用を問わず、リスキリングは不可欠ですし、最先端の知見をお持ちの方に、非常勤やアドバイザーという形で行政に参画してもらうというやり方のほうが良い場合もあります。いずれにせよ、人材交流は活発に行える方がよいと思います。その上できちんと一人一人がキャリアを追求していく必要があります。

また、スペシャリストとジェネラリストが間

— 17 —

違った使われ方をしていたのではと思います。実は、スペシャリストではない人のことをジェネラリストと言っていただけなのではないでしょうか。例えば、どこかの役所に入って、すべての局でポストを経験すればジェネラリストになれるのかというと、全く違います。スペシャリストが特定の分野で専門性の高い仕事をする人であるのに対して、単に広い分野の経験があるだけの人はオールラウンダーであっても、ジェネラリストと言えないと思います。ジェネラリストとは、一段高い視座でものごとを統合、俯瞰して見ることができる人のことを呼ぶのだと思います。だからこそ、やっていない分野でも、ある程度の勘がつかめれば、あるいは大きな絵が見えていれば、そこから類推して対応できるのだと思います。そういう意味でのジェネラリストは本当に少なくて、さきほどのベリートップの議論と重なってくるのではないかと思います。

金融行政も機能別の横割りだったはずなのが、機能による縦割りになっていないか胸に手を当ててよくよく考える必要があると思います。本来、資金の流れ全体を見ることが金融行政に一番必要なことだと思っていますが、若いうちはどうしても金商法やバーゼル規制といった個々の問題に集中してしまいがちです。どこかで点と点になっているものを線や面にするためには、外の風に触れたり、修羅場を経験したりすることも大切です。

◢ **5. サステナビリティへの対応**

幸田 金融機関は本来、公共性が高いことで言うと、サステナビリティの重要性が高い主体だろうと考えます。このサステナビリティをキーワードに、この金融機関の在り方をどう位置付けて考えていくのかについて、皆さんからお話しいただければと思います。

野崎 地域金融機関が例に取りやすいので申し上げれば、地域のサステナビリティはその金融機関のサステナビリティにつながります。PBII（Place-Based Impact Investing；地域協働型インパクト投資）は相性がいいと思います。PBIIはオランダの港湾都市であるロッテルダムがモデルケースです。なぜ親和性が高いかというと、公共性が強いわけです。もともとロッテルダムのプロジェクトとして市役所がやっていたものですが、市役所が失業者の対策をずっとやっているとコストがかかってどうしようもないということで、この仕組みを入れたのです。

それにロベコなどの金融機関が乗ってきて、それを地域のベンチャーキャピタルやスタートアップに直接投資していきます。それで事業が拡大すると、当然雇用が生まれるわけで、雇用が安定化してくるとそれを指標化して公表するものです。なかなか役所だけでできる仕事は限られているので、マーケットからの評価を入れながら、社会的リターンと経済的リターンの両方を持続させることを目指す点では、かつてのリレーションシップ・バンキング（リレバン）に似ている面もあります。これにエクイティーファイナンスを混ぜていくと、本当に地域のサステナビリティに資する取り組みになると思います。

インパクト・インベスティングという形でやっている地銀もありますが、まだまだです。取りあえず、一応定量化するようなケースを使っているのですが、もう少し魂のこもったプロジェクトがあってもいいと思っていて、ロッテルダムの経験を踏まえて、PBIIをもう一回やるといいのかと思います。

幸田 新発田さん、お願いします。

新発田 サステナブルファイナンスは、やらなければいけないことはみんなが分かっているのですが、何をやるのかが問題です。リレバンも

特別対談　「変われなかった銀行」の近未来　〜メガと地銀の正念場〜

初期はブームになったと思いますが、結局、何のためにやるのかがしっかりしなかった。さきほど野崎さんがおっしゃった、魂がこもっているかどうかと同じ議論になると思います。魂だけこめて収益がゼロでも困るのですが、銀行が地域の企業の付加価値向上に取り組むことで、地域における雇用拡大などのKPIを通じて地域社会の付加価値向上につながり、最終的に地域のGDPの増加につながれば、地域社会全体にポジティブなインパクトを生み出していることを銀行の株主にも説明し、理解してもらえるのではないでしょうか。

　やはりその中で何を銀行がやれるのか、やるのかというところが重要です。サステナブルボンドなど個々の断片的な取り組みをやっていればよいのかと問われればそうではありません。銀行が本気になって、同じ船に乗っていると感じてもらうためには、それだけでは何かが足りない。同じ船に乗るためには銀行としてもう少し深い関わり方をしてもらうとよいのではないでしょうか。

幸田　金融が何かを動かすことは重要なはずです。例えばカーボンニュートラルについて言えば、特にヨーロッパの主要な銀行は脱炭素でないと貸し出しはしないといったルーリングをしていますし、そういうのも増えているわけです。今、投資家が社会課題を意識して、市場で背中を押すことも増えており、広い意味で、金融の世界から世の中の動き方を変えていくことは、それなりにあります。金融的なアプローチをうまく活用できればいいだろうというときに、あまりドラスチックにやり過ぎるといけないけれど、慎重過ぎてもいけないというバランス、立ち位置を金融機関がより明確にしていく時代に入りつつあるという感じはします。

新発田　どのようにインセンティブを付けるかという話ですが、役所がやれと言っているから

やって、件数を報告すればよいという話では駄目です。それならば、やれと言われなかったらやらないのでしょうか？

幸田　金融庁や東証に言われているから始めたというようなことは、動かし方としては一つの在り方でしょうけれど、それだけでは限界があります。この点について、野崎さんはどう考えますか。

野崎　インプリシットなインセンティバイゼーションでいうと、ピアプレッシャー（同調圧力）も重要な手段です。例えば、経営者保証の割合を公表させると、当行の割合は高いから考え直そうかという話になります。このように横断的な開示があればプレッシャーかかると思います。やはり規律付けは必要です。いい経営者が出てくるのを待っていても出てこないときのほうが多かったりするので、何らかの形で規律付けして、ピアプレッシャーを与えることは重要です。

幸田　規制導入による規律付けもありますし、金融機関が動くと日本社会や経済に与える影響は大きいので、規律付けがより必要な時代になっています。金融機関は社会経済を支える裏方ですが、本当の意味で裏方なのか、社会課題解決に向けて足なみを合わせて、社会的隙間を埋めることができる主体であることを意識すべきだと思います。

新発田　主役を張る必要はないかもしれませんが、プロデューサーとしての役割はやってほしいと思います。自分が舞台に出たければ出てもいいと思いますけれど、本当の裏方なのか、それとも脚本を書くのか、何にせよ、やはり筋を書いたりキャスティングをするのは銀行の仕事ではないかという感じがします。

— 19 —

幸田　確かに金融機関や銀行の仕事は、表に出るよりも舞台を整えてあげることなのかもしれません。そのあたりの認識を醸成するにあたり、もう少し金融機関もアグレッシブに考えて取り組む方がいいと思います。野崎さん、いかがですか。

野崎　規律付けはマーケットからか監督者からのいずれかしかなく、マスリテールの声は届きにくいです。マーケットといってもなかなかエンゲージメントしてくれないと思いますので、ベストプラクティスのほうを取り上げて、それで刺激するしかないのではないでしょうか。

新発田　地域金融機関の経営層に対する期待という点では、役所が言ったことを忠実にやっていただく必要はなくて、我々が地域金融機関に投げ掛けた問いについて真剣に考えてほしいと思っています。考えて、考えて、考えたところに出てきたものは、それぞれの個性に根差したものであるはずで、だからこそ、経営判断を尊重するということなのですが、現実には何も考えていないことも含めて「経営判断」として尊重しているのであれば、それは本来の行政の姿ではないと思います。最低限守らなければいけないところは、監督やモニタリングで申し上げますが、それを超えたところはどんどん自由に、思い切ってやってください、やりたいことができない不都合があればもっと言ってくださいと申し上げているつもりです。

野崎　2020年2月に発表された「コアイシュー」[5]は、取りあえず考えさせるという意味ではいい材料です。しかし、あれは最低質保証の意味や、アジェンダセッティングです。

6．まとめ　〜今後の金融機関の在り方

幸田　今までいろいろな議論をしてきましたが、最後に、皆さんから、このような時代の大きな変化の中で金融機関の在り方をどのように考えるかなどの全体観を話して頂きます。

野崎　将来を展望すると、ネットバンクはもっと幅を利かせると思っていて、結局、意図せざるナローバンキングは実現するような気がします。だからこそ、新発田さんおっしゃった法人起点は非常に大事です。残念ながらネットバンクでは法人を起点にしたアイデアは限界があります。だからこそ、取りあえずナローバンキングでお金を預けてもらい、そこで調達した資金を法人に貸すといった仕組みを将来的に展望してもいいかと思います。そういう時代が到来したときに、自分たちが何をなすべきか、何が価値として残るのかを考えることは大事です。もはや3カ年や4カ年の中期経営計画は要らなくなり、20年から30年のビューを持つことが重要です。トランプが出てきて大騒ぎをしたように、状況は1年で変わってしまいますから、ランドスケープはそれでいいと思います。

幸田　新発田さん、お願いします。

新発田　「銀行とは何か」という根源的な問い掛けがされていると思います。法律的に銀行は何かというと、預金の受け入れと貸し出しを併せて行うか、為替取引を行うものですが、これは別に銀行の本質の定義ではないと思っています。あくまでも銀行法で銀行を規制しなければいけないという観点からのものです。別の視点では、お金を貸すという機能を銀行の本質だとい

---

[5]　金融庁「地域金融機関の経営とガバナンスの向上に資する主要論点（コア・イシュー）〜「形式」から「実質」への変革〜」（2020年3月）

「変われなかった銀行」の近未来 〜メガと地銀の正念場〜 特別対談

うことも可能ですが、別に銀行ではなく、ノンバンクでも、商社をはじめとする事業法人でも貸し出しは自由にやっています。

お金を借りて手元にお金があるだけで、みんながハッピーになるわけではなくて、家を建てたり子どもを学校に行かせたり、工場を建てたりすることで初めて効用が生まれるわけです。そこがお客さんにとっての価値だとすると、銀行が行っている資金の提供という行為はあくまでも手段に過ぎません。その意味では、デットの提供はあくまでも手段に過ぎないということを考えたときに、お客さんの付加価値を創出するのが銀行の本来の仕事だとすれば、エクイティの活用や非金融の手段も含め、もっといろいろなことが考えられるようになるのではないかと思います。

銀行はお客さんの付加価値を生み出すために存在しています。その付加価値の源泉は何だろうと考えたとき、もはやお金はコモディティーになっているとすると、それは人材だと思っています。だからこそ金融パーソンには頑張ってほしい。そのような人的資本経営の視点から、まさに20年、30年先を見据えて、それくらいの大きな構えで問い掛けについて考えていただくと、きっといろいろな、今までと違う面白い発想ができるのではないかと思います。

幸田 なかなか変わらないと言われてきた銀行界も、時代の大きな変化を受けて変化の兆しがみられています。銀行と社会との共生や共創などのより幅広い視点から、新たな銀行像に向けての官民の連携を含めた取組がますます期待されるところです。本日は、銀行が抱える課題ということで多岐に亘るお話をいただきありがとうございました。

- 21 -

リレーエッセイ　第14回

「スタートアップデット」とは何か？
～「借入」という調達の選択肢～

SDFキャピタル株式会社
代表取締役／共同創業者

福　田　拓　実

はじめに

　筆者は国内独立系初のスタートアップデットファンド運営会社であるSDFキャピタルの代表取締役/共同創業者として、国内スタートアップ企業へのデットファイナンスの提供及び投資家へLP（有限責任組合員）出資勧誘その他共同投融資の提案等の業務に従事している。

　今回は同じスタートアップ業界でベンチャーキャピタル業務を行っている友人であるグロービス・キャピタル・パートナーズの福島智史氏からバトンを受け取った。

　本稿ではここ数年、国内で注目を集めているスタートアップデットについてマーケット成長、歴史、プレイヤー、活用するメリットについて述べたい。

第一章

　スタートアップデット（Startup Debt）とは、スタートアップ企業や成長企業の資金調達の手段として、近年急速に浸透しつつある「借入」によるファイナンスのことである。

　すでに資金を調達し、将来的な成長が見込まれるスタートアップ企業が、販促強化・採用強化・設備投資・市況変化への対応などの目的で活用するファイナンスの形態の一つである。一般的には「ベンチャーデット（Venture Debt）」と呼ばれるものだが、ここではSDFキャピタルが発信する新たな造語として「スタートアップデット」という表現を使っている。

　そもそも、「実績はこれから」という若い企業にとって、事業資金を集めるのは容易ではない。しかしながら、国を挙げてのスタートアップ支援の追い風によって、スタートアップのファイナンス環境は大きく好転し、特にエクイティ（株式）による調達に成功する事例が急増している。

　スタートアップ企業によるエクイティ調達額は2010年代から2020年代前半にかけて大幅に伸び、創業から数年

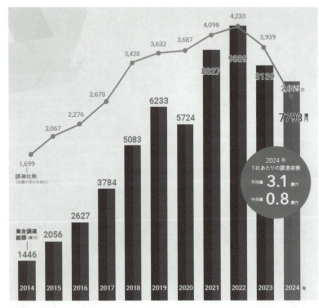

図1

出所：2024 Japan Startup Finance（スピーダ）

しか経っていない企業が数十億調達するニュースも珍しくなくなっている（図1）。

スピーダ（旧 INITIAL）が発行するレポートの最新版「2024 Japan Startup Finance」によると、国内スタートアップの2024年の資金調達総額は7,793億円と、昨年の同時期に集計した2023年8,139億円と同水準である。

2020〜2021年ごろと比べてマーケットが厳しくなった環境下でも、スタートアップの資金調達の規模は大幅に落ちることなく保たれているといえるだろう。

一方で、エクイティによる調達には、スタートアップ企業にとって無視できない「デメリット」があるのも事実である。

「市況の変動を受けて市場価値が下がるリスク」や、「株式の希薄化によって創業者の経営権が損なわれるリスク」などがデメリットである。

また、IT／インターネット領域を主戦場としていたスタートアップの事業領域は、宇宙開発・バイオ開発・創薬など、大規模な開発投資を伴う事業まで範囲が広がっている。直近の資金調達トップ10のスタートアップの事業内容を見ると、その多様性が一目瞭然である（図2）。

幅広い領域の事業継続に必要な運転資金をカバーできる多様な資金調達の手段へのニーズは、ますます高まっているといえる。

そこで、ファイナンスの新たな選択肢として注目を集め、急速に需要と供給を伸ばしているのが、「スタートアップデット」である。

銀行融資などの従来のデットと比べて市況の変動による影響を受けにくく、成長企業の経営者が避けたい「株式の希薄化」を防げるという利点、また、調達までのプロセスがスピーディーに進み、機を逃さずアクセルを踏めるという利点においても、スタートアップ企業の成長戦略と相性のいい価値に評価が高まっている。

加えて、エクイティのみの調達と比べて「資本コスト」を圧縮できるメリットも強調すべき点である。これについては、独自の比較分析を踏まえた解説を第三章にて後述する。

投資家にとっても、スタートアップデットを通じた投資（融資）にはメリットがある。

借入を行った企業は、投資家に対して定期的な金利・手数料の支払いや元本の返済を行うほか、ワラント（新株予約権）を発行するケースが多く見られる。金利・手数料のほか、ワラントの行使によって取得した株式による利益を得ることができるという点で、投資家にとってもリターン効果の高さが魅力となっていると思われる。

図2　2024年スタートアップ資金調達額 TOP10

	企業名 / 事業内容	調達額	スピーダ調達シリーズ	調達後企業評価額対象ラウンド
1	Sakana AI 日本のニーズに合ったAIソリューションを開発	301億円	C	2058億円 2024/10/31
2	newmo タクシー配車アプリ「newmo」	187億円	A	367億円 2024/11/29
3	五常・アンド・カンパニー 途上国において中小零細事業向け小口金融サービスを展開	175億円	-	1337億円 2024/09/30
4	SmartHR クラウド人事ソフト「SmartHR」	100億円	D	1841億円 2024/07/31
5	Spiber 構造タンパク質素材「Brewed Protein」	79億円	D	1696億円 2024/07/12
6	MOON-X 日本のブランドをテクノロジーでエンパワーする事業	76億円	C	261億円 2024/10/04
7	ティアフォー 自動運転ソフトウェア「Autoware」	75億円	C	1012億円 2024/05/31
8	ログラス 経営管理クラウド「Loglass」シリーズ	70億円	A	267億円 2024/08/23
9	Preferred Networks 低消費電力のAIプロセッサー「MN-Core」	70億円	D	1500億円 2024/10/31
10	アークエッジ・スペース 超小型人工衛星「6U衛星」シリーズ	60億円	B	310億円 2024/12/27

出所：2024 Japan Startup Finance（スピーダ）

デットによる調達で十分な資金を確保できれば、スタートアップ企業は最適なタイミングで資金調達ラウンドへと進み、企業価値を高く維持したまま成長を継続できる。より大きなリターンを期待できるという点で、「スタートアップデット」に注目する投資家は増えている。

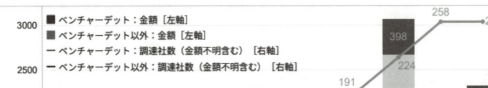

第二章
国内で活発化するスタートアップデット
～欧米では早くから調達手段として定着～

スタートアップデットは別名「ベンチャーデット」とも呼ばれ、米国や欧州では早くから活用が進んできた。2018年におけるスタートアップファイナンス市場におけるデット調達の割合は、米国では約15％、欧州では約5％となっている（※1）

一般的に、スタートアップデットで調達する資金の額は、直近の株式調達で得た金額の20～35％程度となっており、3～6カ月程度分の運転資金に相当するとされている。VCの補完的な役割を担う調達手段として、スタートアップデットは欠かせない存在となっているといえるだろう。

日本国内においても、「スタートアップデット」の市場は急速に拡大している。2014年に約6億円だった資金調達総額は、2024年には約2,318億円と10年で400倍弱に急伸している。（図3）。

では、日本におけるスタートアップデットの担い手は誰なのか。その先陣を切ったのは「銀行」であった。

一般的な銀行融資では、過去の収益をベースにした格付けによる融資判断となり、黒字化まで到達していないスタートアップ企業は対象となりづらい事情があった。しかし近年では、政府の後押しも追い風となって、銀行内でスタートアップ支援に特化した専門部署やファンドを立ち上げるなど、銀行がスタートアップ支援に本腰を入れる動きが広がっている。

最も先行したのは2019年11月に「あおぞらHY-BRID1号投資事業有限責任組合」を組成したあおぞら銀行で、以後、りそな銀行、静岡銀行、みず

図3　スタートアップのデットファイナンス

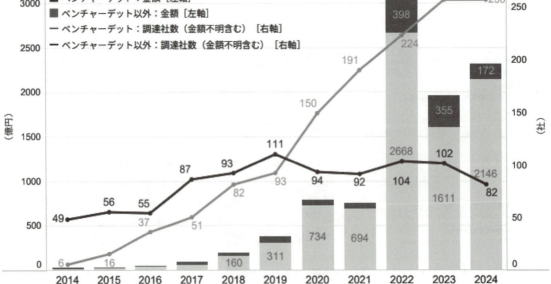

（※1）森・濱田松本法律事務所「ベンチャーデットの展開」

ほ銀行などが続いている。

さらに、独立系の「スタートアップ・デットファンド」の設立も活発化している。

2022年5月にファンドをリリースしたSDFキャピタルのほか、UPSIDER Capital（UPSIDERとみずほフィナンシャルグループの合弁会社）、FundsStartupsなど、スタートアップに特化したデットファンド設立を発表する動きが加速している（図4）。

図4　国内の主なスタートアップ・デットファンド設立の動き

設立年月	ファンド名称	無限責任組合員	ファンド総額
2022年5月	スタートアップ・デットファンド	SDFキャピタル（独立系）	55億円
2023年11月	UPSIDER BLUE DREAM Fund	UPSIDER Capital（UPSIDERとみずほフィナンシャルグループの合弁事業）	100億円
2024年3月	Funds Venture Debt Fund	Funds Startups（ファンズの100%子会社）	20億円

（2024年9月時点）

出所：福田拓実『スタートアップデット　挑戦を応援する新たな選択肢』（SDFキャピタル株式会社）

国内のスタートアップデット勃興を後押しするのが、政府の支援である。

2022年末に政府が発表した「スタートアップ育成5か年計画」に「銀行等によるスタートアップへの融資促進」が明記されたことは象徴的だろう。

また、2024年6月には、不動産などの有形資産を多く持たないスタートアップの経営事情に寄り添い、「事業価値やその将来性」に着目した融資実務を支える「企業価値担保権」を創設する新法が成立した。これは米国ではすでに浸透している「事業成長担保権」（知的財産・無形資産を含む事業全体に対する担保制度）に当たるもので、スタートアップデットのさらなる追い風となるだろう。

スタートアップ企業が資金調達手段としてデットを活用する主なメリットしては、以下の4点が挙げられる。

①資本コストを低減する。
②資本市場の影響を回避する。
③株式希薄化の抑制をする。
④エクイティファイナンスの時期の最適化になる。

各点について、もう少し詳しく解説する。

第三章 スタートアップデット活用のメリット

（1）〜資本コストを低減する〜

企業が資金調達の手段を考えるときに、重視すべきポイントの一つが「資本コスト」である。

まず前提として「資本コストとは何か」という定義とその重要性について整理する。

資本コストとは「会社が資金を調達する際のコスト」のことである。借入の場合は利息の支払い（負債コスト）を、株式の場合は配当と株価の値上がりの期待値（株主資本コスト）を指す。

また、負債コストと株主資本コストを加重平均したものを「加重平均資本コスト（WACC）」といい、企業の投資判断の際のハードルレートに使われることもある。

株価の値上がり益は会社が支払うものではないため、「コスト」と表現することに違和感を覚える方もいるかもしれないが、「資金を調達する＝期待値を上回るプレッシャーを受けることになる」といった意味合いとしてとらえても良いだろう。

もう少しかみくだいた表現に置き直すと、「外部から事業のための資金を調達した際に、その資金にはどれくらいの期待値が込められているのか」を表す指標のようなものである。

その期待値を超える成果が出せれば「合格（次の調達の可能性が上がる）」、超えられなければ

金融・資本市場リサーチ

「不合格（次の調達の可能性が下がる）」となる。

つまり、資本コストが高いと求められる期待値も高く、常に高いハードルを越え続けないと資金調達が難しくなってしまうということである。資本コストを意識し、期待値をコントロールすることが重要になるのである。

もう一つの前提として、「VC の一般的な期待値」がどの程度なのかを見てみよう。

VC のハードルレートについては諸説あるが、図5のものが使われるケースが多い。

ステージによりかなり幅があるが、デットの一般的な金利と比較するとかなり高いリターンが求められていることが分かる。

これらの前提を総合すると、エクイティだけでなくデットを組み合わせることで、資本コストを下げ、資金調達の柔軟性を高めることができるといえるだろう。

具体例として、実際の数値を用いて見ていくことにする。エクイティのみの資金調達を行ったケース〈例1〉と、積極的にベンチャーデットをミックスさせて資金調達を行ったケース〈例2〉を比較し、シミュレーションしてみたのが次の図6である。

両者を比較すると、レイターの時点においてベンチャーデットを活用することで WACC を13ポイント低下させられることが分かった。

以上の比較結果から、スタートアップ企業が資本コストを下げるための有効な手段として、デット活用の価値は高いといえるだろう。

図5　VC ハードルレート

企業ステージ	定義	VC ハードルレート
スタートアップ	創業1年未満、今後の商品開発、プロトタイプテスト、テストマーケティングに利用しようというフェーズ	50%〜100%
ファーストステージ	プロトタイプが完成し、商業的リスクは大きく残るものの、商品開発にかかる技術的リスクは最小化されたフェーズ	40%〜60%
セカンドステージ	拡大期。複数のプロダクト（β版を含む）が顧客に販売され始めたフェーズ	30%〜40%
IPO前ステージ	IPO 直前期。パイロットプラント建設、生産デザイン、製品テスト等に資金を利用するフェーズ	20%〜30%

出所：https://bloomcapital.jp/ma-keyword/venture-capital-hurdle-rate

図6

〈例1〉エクイティのみで資金調達を行った場合

（単位：1,000円）	シード	アーリー	ミドル	レイター
評価額（pre）	500,000	2,000,000	6,000,000	20,000,000
エクイティ	100,000	500,000	1,500,000	3,000,000
デット	0	0	0	0
調達額合計	100,000	500,000	1,500,000	3,000,000
VCハードルレート	75%	50%	35%	25%
金利	0%	0%	0%	0%
WACC	75%	54%	40%	31%
創業者持ち分	83%	67%	53%	46%
年次利払い	0	0	0	0

レイター時点のWACCに13ポイントの差

レイター時点の創業者持ち分に21ポイントの差

〈例2〉エクイティとベンチャーデットを組み合わせて調達を行った場合

（単位：1,000円）	シード	アーリー	ミドル	レイター
評価額（pre）	500,000	2,000,000	6,000,000	20,000,000
エクイティ	50,000	250,000	750,000	1,500,000
デット	50,000	250,000	750,000	1,500,000
調達額合計	550,000	2,250,000	6,750,000	21,500,000
VCハードルレート	75%	50%	35%	25%
金利	8%	8%	8%	8%
WACC	40%	29%	23%	18%
創業者持ち分	91%	81%	72%	67%
年次利払い	4,000	24,000	84,000	204,000

注：WACC の算定においては下記の仮定をもとに算定しています。
・株主資本コスト：VC ハードルレートの各企業ステージの中央値
・負債コスト：8%

出所：福田拓実『スタートアップデット　挑戦を応援する新たな選択肢』（SDF キャピタル株式会社）

(2) 資本市場の影響を回避する

〈スタートアップデット活用のメリット①〉でも示した通り、スタートアップに寄せられる株主からの期待値は相当程度高いものがわかった。その期待値の高さゆえに、一度付いた株価を下回る価格でのエクイティファイナンスには困難が伴うものである。

市況が良い環境でのエクイティファイナンスは前向きに進みやすいが、一度市況が悪化すると、事業が成長していても前回株価を維持することが難しく、エクイティでのファイナンスに行き詰まってしまうケースは少なからず見受けられる。

そうなる前の資本コストの調整として、また、そうなった後の資金調達手段としてデットを有効に活用することができる。

(3) 株式希薄化の抑制をする

新規株式発行を伴うエクイティファイナンスは、創業者や経営者の持ち分の希薄化を伴う資金調達手段となる。そのため、
① 頻度・回数には限度がある。
② 経営権も薄まることになる。
③ 上場後のSR（シェアホルダー・リレーションズ）の難易度にも影響が出る。
といった副作用が生じる点は否めない。

エクイティファイナンスだけに依存するのではなく、デットを活用することで株式の希薄化を抑え、柔軟性の高い資本政策を実行することができる。

〈スタートアップデット活用のメリット①〉で検証した比較では、レイターの時点における創業者持ち分の割合は、エクイティのみのパターン（例1）と比べて、エクイティとデットを組み合わせたパターン（例2）のほうが21ポイント（時価にして約42億円相当）高くなっている。

創業した企業の経営権を保持するという面でも、デット活用は有効に働くことが分かる。

(4) エクイティファイナンスの時期の最適化になる

エクイティの調達で重要になるのが、時期の見定めだろう。

デットをブリッジファイナンスとして活用することで、次回のエクイティファイナンスまでのランウェイを延ばし、バリュエーションをより高めた状態で次のラウンドに臨むことができる。

中長期の成長戦略に沿った最適なタイミングで、合理的な資金調達の実行が可能になる（図7）。

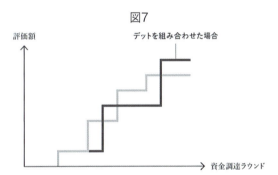

図7

出所：福田拓実『スタートアップデット　挑戦を応援する新たな選択肢』（SDFキャピタル株式会社）

おわりに

以上、日本におけるスタートアップデットの概論について述べさせてもらった。現在も急激に発展しているこの業界であるため、今後も発展・変化が予想される。ぜひ本稿のみならず実際活躍しているスタートアップデットプレイヤーの動向などを注視いただき、自らの資金調達、金融機関としての有益なプロダクトとしての発展に寄与できれば筆者としては幸いである。

（本稿は、福田拓実『スタートアップデット　挑戦を応援する新たな選択肢』（SDFキャピタル株式会社）を基に加筆修正した。）

特集

トランプ政権と
サステナビリティ

長谷川克之氏 米連邦政府効率化を巡る動向とその影響
〜DOGE 改革と経済・社会のサステナビリティ〜

柴崎健 米中覇権競争下でのサステナビリティの将来

西村陽氏 2025年第7次エネルギー基本計画と
日本の電力・エネルギー戦略の構図
〜電力システム再構築は資本を呼び込めるか

安武篤氏 転換点を迎える
オランダ企業のサステナビリティ戦略

湯山智教氏 機関投資家の ESG 投資と受託者責任

荒竹義文氏 サステナビリティ・コミュニケーションの考察
〜「陽徳善事」のすすめ

トランプ政権の再登場以降、世界的にサステナビリティ活動には逆風が吹いている。米国の分断と地政学リスクが高まるなかでサステナビリティは分断の種となりつつあるが、その理想と現実の差を前に修正を迫られている面もある。ウォッシュでも形式的でもない、実質的なサステナビリティとリアルな経済社会との接点を探る。

米連邦政府効率化を巡る動向とその影響
～DOGE改革と経済・社会のサステナビリティ～

東京女子大学
教授
長谷川　克之

第1章　はじめに

「連邦政府から民間企業、軍隊に至るまで、いわゆる多様性、公平性、包摂性の政策の専制政治を終わらせた」。トランプ米大統領が2025年3月4日に上下両院合同会議での施政方針演説でそう語ると議場は拍手に包まれた。米国のDEI（多様性・公平性・包摂性）政策の転換を印象付けた一場面である。トランプ大統領は2025年1月の就任以降、矢継ぎ早に気候変動問題対策への国際的な枠組みであるパリ協定からの離脱、世界保健機関（WHO）からの脱退、世界各地の人権問題に取り組む国連人権理事国からの離脱などを決めている。トランプ大統領は施政方針演説ではそうした「実績」を強調しつつ、「私たちの国は「ウォーク」（いわゆる「意識高い系」）には決して戻らない」とも宣言している[1]。DEI政策や気候変動問題対応など、サステナビリティ分野でのバイデン政権からの大きな政策転換を後押ししているのが、新設された政府効率化省（Department of Government Efficiency、以下DOGE）である。

本稿では先ず、DOGE設立の背景やDOGEが進める政府効率化の現状を確認した上で、DOGEがもたらす米国経済への影響について考察する。影響については実体経済の視点とサステナビリティの視点から捉えることとする。

なお、DOGEについては米国では党派や立場によってその評価が分かれているように思われる。本稿では可能な限り、中立的なスタンスから考察を行うこととしたい。

第2章　DOGEの概要

1．DOGEの設立目的と組織概観

DOGEはその名が示す通り、政府の効率化を目的とした組織である。トランプ大統領が就任初日の2025年1月20日に署名したDOGE設立に係わる大統領令では、DOGEの目的規定として、「DOGEアジェンダを実施するための政府効率化省を設立し、連邦政府のテクノロジーとソフトウェアを近代化して政府の効率性と生産性を最大化する」と明記されている。

DOGEは複層的な組織であり、政策目標を迅速

---

[1] ウォーク（Woke）は"Wake"（目を覚ます）の過去形。1950年代から60年代にかけての公民権運動の時代からあった概念だが、最近では、気候変動問題対策、LGBTQ、銃規制などで社会正義を振りかざす、いわゆる「意識高い系」のリベラリズムに対する批判的な概念として使用されることが一般的である。

米連邦政府効率化を巡る動向とその影響
～DOGE改革と経済・社会のサステナビリティ～

に実現させる短期決戦型の形態をとっている。DOGEは既存の行政組織である米国デジタルサービス（United States Digital Service：USDS）を大統領府に属する「米国DOGEサービス（USDS）」として再編・改称する形で設立されている。実際にはUSDS内に「米国DOGEサービス時限的組織（U.S. DOGE Service Temporary Organization）」が設置され、DOGEのミッションを遂行する実行部隊となっている。この時限的組織の存続期間は18ヶ月間とされ、米国の建国250周年の記念日となる2026年7月4日に業務を終えることが予め規定されている。

連邦機関レベルでの実行部隊が「DOGEチーム」である。連邦政府の各機関の長はUSDSと協議の上、機関ごとにDOGEチームを設立し、大統領のDOGEアジェンダを遂行するDOGEチームの業務を支援することとなっている。DOGEチームはチームヘッド、エンジニア、人事専門家、弁護士の最低4人以上から構成されており、連邦政府効率化の上ではシステム面、人事面、法務面でのアプローチが重視されている。

2．DOGEによる政府効率化の現状

DOGEはホームページ上で業務の遂行状況を積極的に開示している。資産の売却、契約の中止や見直しなどによる推定節約額を可視化しており、2025年3月19日時点で1,150億ドル、納税者一人当たりに換算すると714.29ドルの成果が既にあることを強調している。節約額の多寡を基にした連邦機関毎のランキングも発表しており、上位には調達庁、教育省、環境保護庁、労働省、人事管理局などが名を連ねている。また、X（旧ツィッター）のアカウントにも連動する形で各機関の既存契約の中止・見直し状況などを競わせるように随時アップデートしている。

DOGEは連邦機関毎のDEI関連の契約の中止状況についても公表しており、DEIに対する見直しを重点的に実施していることがうかがえる。上位には人事管理局、国際開発庁、保健福祉省が挙がっており、人事、国際協力、福祉等に関連する機関でのDEIの見直しが先行して進められていることがわかる（図表1）。

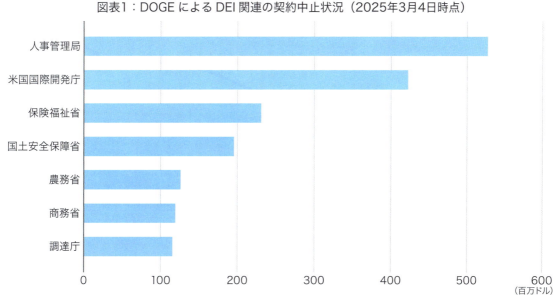

図表1：DOGEによるDEI関連の契約中止状況（2025年3月4日時点）

出所：DOGEより作成

DOGEによる政府効率化への取り組みは気候変動問題での対応の後退を加速化させる恐れがある。トランプ政権ではパリ協定からの離脱など気候変動問題に対して消極的な姿勢を取っているが、環境分野での大幅な予算削減も実施されている。Los Angeles Time（2025）によれば、カリフォルニア州でのオフィス賃貸契約の見直しは環境関連分野に偏っており、海洋大気庁、環境保護庁などのオフィス契約の中止が検討されているという。New York Times（2025）は海洋大気庁が約13,000人の職員のうち、20％の人員削減を計画していると報じている。

3．DOGEによる政府効率化の特徴

DOGEが政府の効率化を図る上での特徴の一つとして、DOGE設立の大統領令にある通り、テクノロジーの活用があり、連邦政府横断的なソフトウェア、ネットワーク・インフラ、ITシステムの質と効率性向上を図ることが目標とされている。そのためには、連邦機関の長には、USDSと協議しつつ、USDSが連邦機関におけるあらゆる記録（機密情報除く）やシステムなどに完全かつ迅速にアクセスできるように万全を期すことが求められている。もちろん、USDSにはデータの厳格な管理が求められている。Tech Policy Press（2025）によれば、DOGEは「AI（人工知能）ファースト戦略」を通して連邦政府を変革することを目指しており、AIを活用することによって政府の契約重複、不正行為の根絶、作業の自動化による職員の削減などを検討しているという。

DOGEの特徴として、官僚機構肥大化への根強い懸念とミニマリズム（最小限主義）重視を挙げることもできる。DOGEでは、連邦規則集（Code of Federal Regulations）での規則の語数や条項数が拡大傾向にあり、規制が過多になっていることを問題視している（図表2）。DOGEを実質的に率いている実業家のイーロン・マスク氏とビベック・ラマスワミ氏によるウォール・ストリート・ジャーナル紙への共同寄稿では、最高裁の判例を引用しながら、現在の連邦規則の多くが、議会が法律に基づき付与している権限を逸脱しており、政策の執行や歳出が肥大化した公務員によって行われていることが問題だと指摘している[2]。両氏は、DOGEは「憲

図表2：連邦規則集での規制の語数と条項数

出所：DOGEより作成

---

[2] ラマスワミ氏はDOGE設立前に実質的にはDOGEを退いていたとされる。2025年2月24日には2026年のオハイオ州知事選挙に立候補することを表明している。

法で許容され、法律で義務付けられた機能を実行するために必要最小限の従業員数を特定する」ことも強調している（Wall Street Journal 2024）。

DOGEは議会で制定された法律数に対する規則の数の割合を「違法性指数（Unconstitutionality Index）と定義しており、2024年は18.5に達しているという。選挙で選ばれていない官僚が作成する規則の多さに違法性があるというのがDOGEによる見立てである。もっとも、法の実際の適用を巡る規則全てを議会が制定することは不可能であり、規則の内容ではなく存在そのものに違法性があるという主張にはやや無理があると思われる。

他方で、DOGEが指摘する「違法性」以上に懸念されるのが、DOGEのやや強引と思われる組織や人員の見直しである。DOGEによる連邦機関の従業員解雇の問題、連邦政府の各機関が保有する個人情報の機関外への漏洩の問題、実業家として様々なビジネスに携わるイーロン・マスク氏の利益相反の問題、DOGEによる国際開発庁などの政府機関の閉鎖の可否と権限有無の問題など、様々な問題が指摘されており、実際に多くの提訴がなされている。

なお、橘（2024）はイーロン・マスク氏を現代における「テクノ・リバタリアン」の代表者と位置付けている。「リバタリアンは「自由原理主義者」のことで、道徳的・政治的価値のなかで自由をもっとも重要だと考える。そのなかできわめて高い論理・数学的知能をもつのがテクノ・リバタリアン」（橘 2024, p.5）である。「リバタリアニズムは国家を最小化し、自由を最大化すること」を志向しており、「国家の規制や介入のない自由な環境こそがテクノロジーを進歩させる」（橘2024, pp.62-63）と考えている。DOGEの根底にはマスク氏の「テクノ・リバタリアン」としての思想・哲学があるものと考えられる[3]。

4．DOGEの評価

米国の財政を巡る状況に鑑みれば、DOGEが主導する形で歳出を削減し、健全化に努める姿勢は評価に値する。一般政府の歳出の規模や財政赤字は2020年から2021年にかけてのコロナ禍初期における急拡大期を除けば2024年10－12月期に過去最大規模に達している。債務残高の規模は対GDPで見た場合、第二次世界大戦直後とほぼ同水準にまで拡大している（図表3）。民主党政権の下で拡大

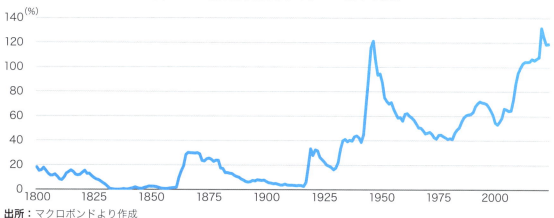

図表3：一般政府債務残高の対GDP比率の推移

出所：マクロボンドより作成

---

[3] マスク氏はもともとは政治への感心は高くなく、かつては民主党を支持し、2008年と2012年の大統領選挙ではオバマ元大統領、2016年にはヒラリー・クリントン氏、2020年にはバイデン前大統領に投票したとされる。

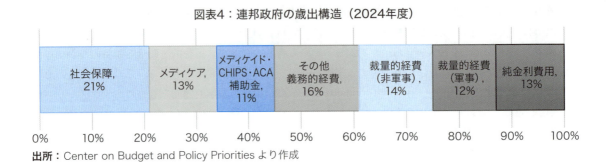

図表4：連邦政府の歳出構造（2024年度）

出所：Center on Budget and Policy Priorities より作成

した歳出の抑制は財政のサステナビリティを高める上では必要と考えられる。

もっとも、マスク氏が掲げる歳出の削減目標はやや過大である。マスク氏は昨秋の大統領選挙期間中にトランプ氏の集会においてDOGEによって政府支出を2兆ドル削減することが可能と語っている。連邦政府の予算規模は6.75兆ドル（2024会計年度）であるが、その61％が社会保障や医療保険などの義務的経費、13％が純金利費用となっている。軍事費を除く裁量的経費は全体の14％の1兆ドル弱でしかない。その中には退役軍人関連の支出（非軍事裁量的経費の16％）など削減が難しいものもある（図表4）。こうした歳出構造に鑑みれば兆ドル単位の支出削減は非現実的であると思われる[4]。

他方で、AI（人工知能）などのテクノロジーを活用して、政府を効率化させる試みの意義は小さくない。政府調達、行政サービスや業務の質の向上と効率化など、行政におけるAIの利活用余地は大きい。国際連合が作成するEガバメント開発指数（E-Govermant Development Index：EGDI）では、米国は「電子政府」の発達度合いでは世界で最もレベルの高い国の一つに分類されているが、国別順位では世界で第19位にとどまっており、更なる取り組み余地は少なくないと言える[5]。

なお、官僚機構が肥大化しているかどうかは議論の余地がある。Wall Street Journal（2025）によれば、トランプ大統領は、政府が肥大化していることを指摘した上で、「働いていない、出勤していない、そして多くの問題を抱えている人々を解雇したい」と語っており、実際に「政府機関は数万人に早期退職を認め、試用期間中の職員を解雇し、今後数カ月でさらなる大幅削減を計画している」という。

DOGEはホームページ上で政府職員の数、総賃金、年齢や賃金の分布状況などを図示し、「大きな政府」を印象付けるような形となっている。しかし、連邦政府の職員数の国内雇用者に占める割合や報酬の政府支出に占める割合は低位で安定しており、政府部門の拡大には一定の歯止めがかかっていると見ることもできる（図表5）。

---

[4] 政府支出の削減額については2025年1月には「2兆ドルを目指したいが、それはベストケースであり、現実的には1兆ドルになる」と後退させている

[5] オンラインでのサービスの提供、通信の連結、人的能力の観点から電子政府の発達状況を測定したもの。世界の190カ国余りを対象。第1位はデンマーク、第2位はエストニア、第3位はシンガポールで、日本は第13位となっている（2024年調査）。

米連邦政府効率化を巡る動向とその影響
～DOGE改革と経済・社会のサステナビリティ～

図表5：連邦職員数と報酬総額のシェア推移

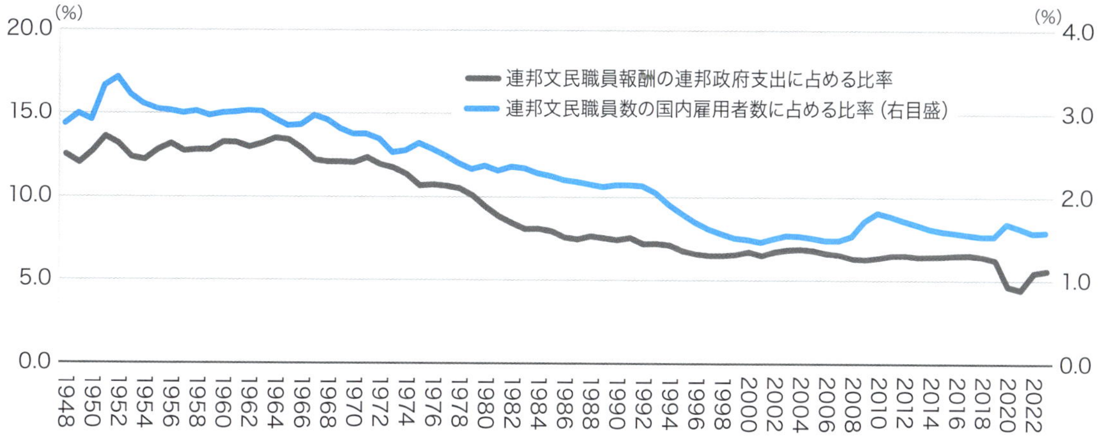

出所：Economic Policy Institute より作成

第3章　DOGEの影響考察

1．マクロ経済への影響

　歳出抑制に伴う政府財政の健全化は中長期的には財政の持続可能性を高めるものであり、リスク・プレミアムの押し下げから長期金利の低下要因となり、米国経済に対してプラスの影響を与えるものである。しかしながら、短期的には景気の下押し要因となることは避けられないだろう。先ず、歳出の抑制は直接的に政府支出を減少させ、GDPを減少させる。また、政府職員の削減は失業率を上昇させ、個人消費の悪化要因となる。Bloomberg（2025b）によれば、トランプ政権は連邦政府職員を対象とした早期退職によって約240万人の文民職員を5～10％削減する目標を掲げているという。仮に10％に相当する24万人の職員が削減されたとしても、労働力人口が約1億7,000万人であることに鑑みれば、失業率上昇や消費減少への直接的な影響は軽微なものとなる可能性が高い。

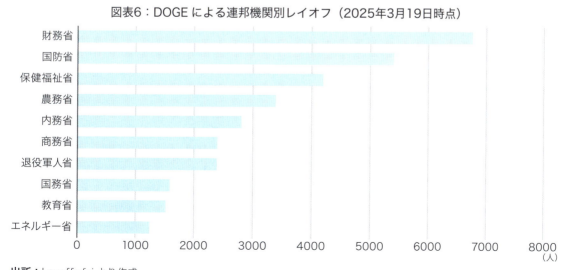

図表6：DOGEによる連邦機関別レイオフ（2025年3月19日時点）

出所：Layoffs.fyi より作成

もっとも、レイオフ（一時解雇）の状況を逐次集計している Layoffs.fyi によれば、DOGE によるレイオフは既に3.6万人を超えており、連邦職員の退職者数は合計11.3万人超に達している（2025年3月19日時点、図表6）。今後の DOGE の運営次第ではあるが、レイオフや早期退職者が数十万人規模に拡大する恐れもある。政府職員の就業の安定性への不安や DOGE による支出削減が消費者心理や企業の景況感に悪影響を及ぼすことも考えられ、その影響を注視する必要があろう。

２．サステナビリティへの影響

DOGE が主導する形で、連邦政府が結果としてDEIや気候変動問題に対して消極的な姿勢を取ることは民間の企業経営や金融市場での投資活動にも大きな影響を与えるものである。政権に忖度して表立って DEI や気候変動問題に対して積極的な姿勢は取りづらいと考える企業や投資家が少なからず存在することは容易に想像できよう。他方で、表面的には積極的な姿勢を強調しないものの、実質的には従来からの重視姿勢を変えない企業も存在するだろう。

サステナビリティへの取り組みは本来、企業の経営理念にも係るものであり、時の政権の意向によって左右されるものではないはずである。DEIは形式的、或いは杓子定規にではなく、その趣旨を踏まえて実質的かつ柔軟な形式で追及されるべきものと思われる。仮に行き過ぎた教条主義的な DEI や表面を取り繕うだけの偽装 DEI があったとするならば、見直しを迫られることは寧ろ有益とも言える。

DEI の推進は企業価値の向上にも資するものと考えられる。世界15カ国における1,000以上の大企業を対象とした調査に基づく McKinsey（2020）では、「ビジネスケースとして頑強であるだけでなく、経営執行チームのダイバーシティと金融面での優位性の関係は益々強くなっている」としている。例えば、ジェンダーのダイバーシティにおいて第1四分位の企業の収益性は第4四分位の企業よりも25％も高く、この超過収益率は2014年の15％、2017年の21％よりも高まっているという。

気候変動問題についても、米国の対応の後退は問題の放置・悪化を招くことになる。Swiss Re Institute（2024）によれば、自然災害による経済的損失額は年々拡大する傾向を辿っており、2023年には2,800億ドルに達している 。地球温暖化が続く中で損失額が一段と増大することが懸念され、気候変動問題に伴う物理的なリスクが経済活動にとって更に大きな脅威となる可能性がある。トランプ政権による政策転換に伴い、バイデン政権の下での気候関連の規制強化や脱炭素技術への対応の必要性は緩和されるも、それは一時的なものであり、対応が先送りされるに過ぎない。気候変動問題が悪化する中では将来の移行リスクが高まることが懸念される。

第５章　おわりに

トランプ大統領の昨秋の大統領選挙での勝利の背景には種々の要因があるが、黒人やヒスパニックなどのマイノリティ、非大卒有権者の支持が拡大したことも大きく影響している。歴史的なインフレによって生活が圧迫されたことも影響したが、リベラル派エリート等による、いわゆるウォークへの反発も大きかったものと思われる。トランプ大統領やマスク氏が DOGE による政府効率化の取り組みと同時に反サステナビリティの政策を推し進めていることは米国社会における反ウォークの動きと整合的である。シドニー工科大学のカール・ローズ教授は「新自由主義の経済の秩序は民主主義の価値観と明らかに矛盾し、富と所得の不平等を拡大し続け、少数富裕層の利益のための権力行使を永続させる、ウォーク資本主義にまで至らしめた」と分析している（ローズ2023、p.307）。「ウォーク資本主義とは、つまるところ、大企業とその受益者の権力や影響力、繁栄を維持すること、そしてウォーク資本主義が繁栄する資本市場経済

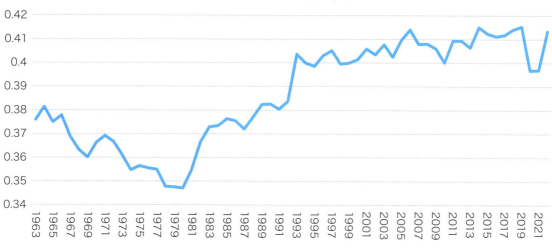

図表7：米国のジニ係数推移

出所：マクロボンドより作成

を確実に維持することに関連するものなのである」（ローズ2023、p.305）。

　所得分配の不平等を測るジニ係数の変化を見ると、米国では警戒ラインともされる0.4超えが常態化している（図表7）。連邦準備制度理事会（FRB）によれば米国家計の純資産は上位1％の家計が全体の30.8％を占有し、下位50％の家計が所有する割合は2.4％でしかない（2024年7－9月期時点）。この格差拡大こそが反ウォーク資本主義、そしてトランプ大統領、そしてDOGE支持の源泉であると言える。本稿で論じた通りDOGEによる政府効率化には功罪両面あるが、「世界一の大富豪」であるイーロン・マスク氏のDOGE改革が短期的には景気の下押し、DEIの後退などを通して格差をさらに拡大させる恐れすら存在する。

　DOGEが進める政府効率化の様々な副作用が海外投資家の対米投資に与える影響にも注意したい。多様性を重視するDEIはグローバルな普遍的な価値観に沿うものであり、経済や金融のグローバル化にも通底するものと考えることもできる。その意味では反DEIには反グローバル化の側面もあり、トランプ大統領の米国第一主義にも通じるものである。DOGEが米国社会の分断と混乱を煽り、多くの提訴の対象となっている中で米国の民主主義のあり方が問われていると見ることもできる。法に基づく社会の安定は投資の際の重要な礎でもあり、それが揺らぐことがないか、留意することも必要となってこよう。

【参考文献】

カール・ローズ（庭田よう子訳）（2023）『WOKE CAPITALISM「意識高い系」資本主義が民主主義を滅ぼす』、東洋経済新報社。

橘玲（2024）『テクノ・リバタリアン　世界を変える唯一の思想』、文藝春秋。

Bloomberg（2024）"Trump Dials Up Rhetoric at High-Profile NYC Event With Musk", 2024.10.28.

Bloomberg（2025a）"Musk Now Skeptical DOGE Effort Can Cut ＄2 Trillion From Budget", 2025.1.10.

Bloomberg（2025b）"Trump 'Buyout' Falls Short as 75,000 Workers Take Deal", 2025.2.13.

Department of Government Efficiency Homepage（https://doge.gov/）.

Layoffs.fyi. Homepage（https://layoffs.fyi/）.

Los Angeles Times (2025) "Musk team targets nearly two dozen environmental offices for closure in California", 2025.3.18.

McKinsey & Company (2020) "Diversity Wins How inclusion matters", May 2020.

New York Times (2025) "NOAA Said to Be Planning to Shrink Staff by 20 Percent", 2025.3.8.

Swiss Re Institute (2024) "Natural catastrophes in 2023: gearing up for today's and tomorrow's weather risks", Sigma No 1/2024.

Tech Policy Press (2025) "DOGE Plan to Push AI Across the US Federal Government is Wildly Dangerous", 2025.3.6.

United Nations (2024) "E-Government Survey 2024".

Wall Street Journal (2024) "Elon Musk and Vivek Ramaswamy: The DOGE Plan to Reform Government Following the Supreme", 2024.11.20.

Wall Street Journal (2025) "The Collateral Damage of Trump's Firing Spree", 2025.3.18.

米中覇権競争下での
サステナビリティの将来

SBI大学院大学
教授
柴崎 健

1．初めに：トランプ大統領が目指す「米国の黄金時代」

米国の優位性の低下がもたらすゲームチェンジ

　トランプ大統領は就任前の予想をはるかに上回る政治改革を断行している。大統領就任演説で「米国の黄金時代がいま始まる」と宣言し、就任当初からの6週間で100本以上の大統領令に署名、400以上の政策を指示するといった、強烈な実行力を見せつけた。

　しかし一方で、トランプ大統領の性急な政治改革に対する批判が国内外から高まる状況にある。各種世論調査では、トランプ大統領の支持率は安定しているものの、不支持は徐々に上昇して支持率と拮抗する状況であり、トランプ大統領の権限乱用や政府の機能不全に対する警戒感を示している。また金融市場では、関税の引き上げによる米国内のインフレ懸念の高まり、財政赤字に係る減税策の実施、政府効率化省（DOGE）よるリストラ等の動向に注目が集まっている。関税を中心とした政策変更による経済成長の鈍化が企業行動の不確実性を高めるとの懸念から、株式市場も不安定な動きを強めている。

　今後の政策運営が米国一強時代を切り開くかは未知数であるが、資本を戦略分野に集中して経済力を高める動きは、米国の経営者としては合理的な面がある。トランプ大統領としては、中間選挙までに多くの成果を残したいとの極めて強い思いが政権のスタートダッシュに表れている。しかし、性急な変革は衆目を集める一方で、どうしても短期的な成果が優先されて長期的な視点に欠けてしまうため、米国の経済成長を長期的に支える要因が失われつつあるのではないかとの懸念も存在する。本稿では、国家の興亡という観点から、持続的な成長の要因は何なのかを整理したい。そして国家間の関係が大きく変わる中で、グローバル企業の活動も対応を余儀なくされている。金融資本主義がもたらした世界金融危機以降、企業はサステナビリティ経営へと舵を切ったが、足元はその反動も見られる。付加価値を生み、企業価値を高めるという観点から、トランプ大統領が語る「詐欺」ではないサステナビリティ経営を進める上で、何が求められるかも重要な論点である。

国家覇権争いとエネルギー戦略の転換

　トランプ政権は、外交面においても同盟国との関係を見直しつつある。バンス副大統領は、2月14日にドイツ・ミュンヘンで行われた安全保障会議の演説で、欧州大陸が直面する最大の脅威はロシアや中国ではなく「（欧州）内部から」来るものだと、欧州の民主主義を批判しており、欧米の分

金融・資本市場リサーチ

図表1：トランプ大統領が着手した主な政策（実施前のものも含む）

項目	主な内容
貿易	関税引上げ：中国産の全製品に10％追加、カナダ・メキシコ産の全製品に25％追加、鉄鋼・アルミ・自動車製品に追加関税、貿易相手国に対する「相互関税」の導入
移民	国境管理を厳格化、不法移民の強制送還
政府改革	政府効率化省（DOGE）を設立、連邦政府職員をリストラ、連邦政府の DEI プログラムの廃止
エネルギー	パリ協定からの離脱、石油・ガスの生産拡大、環境規制の撤廃
外交	ウクライナ停戦交渉

出所：各種報道より作成

断が明らかとなった。また、EU からの輸入品に対する追加関税や、ウクライナ停戦交渉においても、米国と欧州との分断を示すものとなった。欧州にとって米国はもはや同盟国というよりも、民主主義や領土を脅かす敵対国にも見える[1]。

トランプ大統領は、エネルギー政策も大転換を進めており、グリーン・ニューディールを終了させて、気候変動対策の予算を国内の資源・エネルギー開発に振り向けることを表明した。電気自動車（EV）の義務化を廃止するとともに、化石燃料の生産拡大に舵を切った。トランプ大統領のエネルギー政策は、世界の EV 市場における中国の存在感が高まる中で、米中の経済戦争の側面を強めている。EV バッテリーには多くのレアアースが利用されており、安定的な資源獲得は EV 産業のみならず、デジタルインフラ整備の観点から、安全保障上の意義も大きい。ウクライナ停戦の見返りに米国が求めたレアアースの供与も、米国の資源安全保障政策の一環と位置付けられる。

2．資源・エネルギー戦略

エネルギー戦略は国家の経済成長の基礎であり、ここで主導権を握ることが覇権国を決定づける要因の一つであった。世界の一次エネルギーは、薪、石炭、石油という歴史的な進化を辿ってきた[2]。圧倒的なエネルギー供給量は、技術的進化を可能とする。これまでのエネルギー供給の技術革新が覇権国のシフトにも大きな影響を与えてきたように、第4次産業革命といわれる化石燃料から再生可能エネルギーへのシフトは、覇権国である米国の経済社会へのチャレンジという側面を持つ。

EV 化もまた、産業構造を変化させるとともに、エネルギーシフトを通じて世界経済の形を大きく変えるものである。中国は EV を通じた新たな世界のエネルギー秩序を構築し、覇権国となることを企図していると考えられる。EV 化で先行した中国に対して、米国のレアアースの確保は遅れているといわざるを得ない。

---

[1]　BBC News Japan「ヴァンス米副大統領、言論の自由と移民問題めぐり欧州を「口撃」」（2025年2月15日）ギデオン・ラックマン「バンス氏の欧州への警告の意味」（NIKKEI FT the World、2025年2月19日）

[2]　リチャード・ローズ著、秋山勝訳『エネルギー400年史』（草思社、2019年）547-550頁。

図表2：リチウムの需給予想

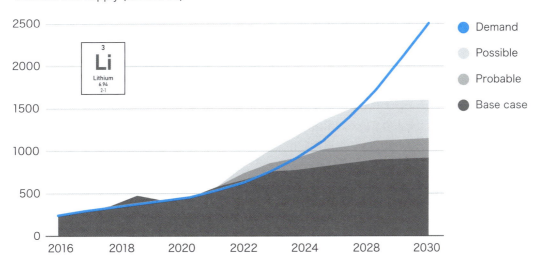

原資料：IRENA "World Energy Transitions Outlook 2022: 1.5℃ Pathway", March 2022, p.302（Figure 7.4）
出所：三菱総合研究所「令和4年度2050年カーボンニュートラルに向けた中長期的な温室効果ガス排出削減達成に向けた再生可能エネルギー導入拡大方策検討調査委託業務報告書参考資料2」（環境省、2023年3月17日）

　また、生成AIの開発競争が更に激化することは明らかであり、半導体製造のサプライチェーンを強靭化し、電力供給基盤を整備することは、米中の覇権争いにも大きな影響を与える。このような状況下、米国政府は、レアアースの採掘を積極化しており、自国内で60年振りとなるリチウム鉱山の採掘計画を承認した[3]。これはオーストラリアの鉱山会社イオニアによる米ネバダ州南部のシルバーピーク山脈でのライオライトリッジ・リチウムホウ素採掘プロジェクトであり、生産開始は2028年を予定している[4]。リチウムはEV、パソコン、スマートフォンなどに利用される電池の原料となる重要な鉱物資源である。エネルギー転換に伴い、リチウム、銅、コバルト、ニッケルといったレアアースの需要は高まることが予想される。

　国際再生可能エネルギー機関（IRENA）によると、リチウムは2030年にかけて、需要が供給を上回ると予想されている。図表2は、2030年までのリチウムの需給予想である。ここで現行及び建設中のプロジェクトからの供給量を示すBase Case、ベースケースに開発段階のプロジェクトを含むProbable、これに調査段階のプロジェクトを含むPossibleの3つの供給予想を見ると、最も供給量が大きいPossibleのケースでも、2028年頃にはリチウムの需要が供給を上回り、その後も需給ギャップが拡大することが示されている。

　なお、この需給予想は、カーボンニュートラルに向けた着実な取組の進展を想定したものであり、トランプ政権下で需要が伸び悩む可能性はある。その一方で、トランプ大統領はAIに対する規制

---

[3] 「米国、60年ぶりのリチウム新鉱山 脱中国依存へ承認」（日本経済新聞、2024年10月26日）
[4] 大原典子「米内務省、ネバダ州シルバーピークでのリチウム採掘プロジェクト承認」（JETROビジネス短信、2024年10月28日）

緩和を指示する大統領令を発表しており、生成AIの利用が拡大するなかで、データセンター建設の動きは継続することが見込まれる。このため半導体の需要増のみならず、電力の安定供給のための蓄電池も増やす必要があり、リチウムの将来的な需要が減少する可能性は低いだろう。

レアアースの埋蔵量は偏在している。リチウムもボリビア、アルゼンチン、チリの3カ国で世界全体の埋蔵量の半分以上を占めている。米国はこの3カ国に次いで世界全体の10.3％の埋蔵量を有している。この点からも、米国のリチウム開発の潜在的な可能性は高い。

一方で、リチウムの生産量は、世界の半数以上をオーストラリアが占めており、これにチリと中国で世界全体の9割を占めている。リチウムの供給はこれら3カ国の寡占市場といえる。米国におけるリチウム生産は、これまではリサイクルによるものであり、リチウム鉱山の採掘が今後本格化するなかで、リチウム生産量も増加することが予想される。

トランプ大統領は、外洋大陸棚を含む連邦の土地と海域でのエネルギー探査と生産を促進したり、

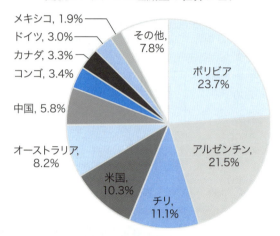

図表3：リチウム埋蔵量の世界シェア

出所：World Economic Forum "Lithium: Here's why Latin America is key to the global energy transition", January 2023

レアアースを含む非燃料鉱物の生産者や加工者としての地位を確立するための大統領令も発表している。グリーンランド等を含む領土拡大への意欲を示す背景には、安全保障の問題とともに、レアアースのサプライチェーンを確保する狙いがあるとみられる。

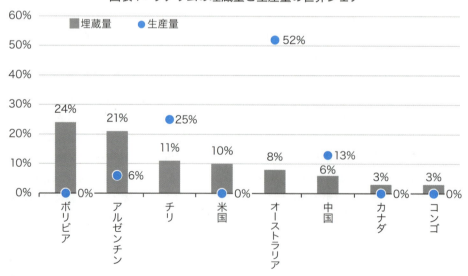

図表4：リチウムの埋蔵量と生産量の世界シェア

出所：World Economic Forum "Lithium: Here's why Latin America is key to the global energy transition", January 2013

新たな資源・エネルギー政策は
第2のシェール革命を起こせるか

　レアアースの供給基盤を整備することは、価格決定力を高めて世界経済における米国の重要性を高めることに繋がる。米国は2000年代後半にシェール革命を起こして、世界一の原油算出国となり、石油価格に大きな影響を与えることで現在の米国優位を確かなものとした。現在、産業のコメは情報技術であり、それを動かすための電力、半導体を如何に確保するかは、かつての原油の確保以上の意味を持っている。トランプ政権は、国家の覇権を維持するために、全ての同盟国との協調よりも自国の成長基盤を確保することを優先し、MAGA（アメリカ合衆国を再び偉大な国にする）の実現に向けて大胆な政策運営を実行している。

　なお、一次エネルギーの歴史的な進化は、社会インフラの問題もあり、急激に進むわけではない。これまでの局面転換においても、様々なエネルギー供給源が併行して利用されてきた。今の米国の動きが単に化石燃料への回帰ではなく、原子量を含めたエネルギー供給源の多様化を進めていることも重要な点である。米国はカーボンニュートラルへの取組についても、覇権確保の上で有利になると判断すれば、柔軟な対応を行うことが見込まれる。

3．企業行動の変化

サステナビリティの取組後退

　米国ではトランプ政権発足に向けて、大統領選挙期間から既にサステナビリティの取組を見直す企業が増えている。環境規制対応については、バンク・オブ・アメリカとシティグループ（以下、シティ）などが、銀行の気候変動イニシアチブであるNZBAから脱退している。トランプ大統領がプラスチックへの回帰を宣言したことを受けて、米国プラスチック協会は、プラスチックストローの段階的な廃止やプラスチック包装の半分をリサイクル又は堆肥化する等の目標達成の時期を当初の2025年から2030年に延期している[5]。

　また、DEIの取組を見直す動きも広がっている。アルファベット（グーグル）やメタ・プラットフォームは、DEIに関する計画を撤回しており、同様の動きはディズニー、マクドナルド、ゴールドマン・サックス・グループ、シティといった代表的なグローバル企業にも広がっている。ナイキが経費削減の一環としてサステナビリティ担当マネジャ数十人を解雇したことも話題となった。その一方で、アップルは全国公共政策研究センター（NCPPR）からDEIプログラムの廃止を求められたが、この提案を受け入れずDEI推進を継続している。

　米国ではESG投資への動きが鈍化しており、2024年の米国におけるサステナビリティファンドへの資金フローが約200億ドルのネット流出に転じたことが報じられた[6]。これは投資リターンが振るわなかったためであるが、当局判断の変化によるESG投資に対する逆風の強まりも大きい。年金運用を巡るテキサス州の司法判断において、ERISA（従業員退職所得保証法）は非金銭的な利益を無視することを許しておらず、ESG要因が退職金プランの投資決定に影響するのを許したことはERISAの忠実義務に違反しているとの判断を示している[7]。

---

[5]　H. Claire Brown, "Companies Kick the Plastic Can Down the Road（Again）", Wall Street Journal, June 10, 2024.

[6]　Saijel Kishan and Tim Quinson, "Record \$20 Billion Pulled From US ESG Funds After GOP Attacks", Bloomberg, January 17, 2025.

[7]　山下真一「米国、リターン回帰でESG後退ファンドから資金流出も」（日経ヴェリタス、2025年3月3日）

金融・資本市場リサーチ

図表5：トランプ勝利を受けた企業等のサステナビリティ活動への影響

項目	主な内容
環境問題	バンク・オブ・アメリカとシティグループが、銀行の気候変動イニシアチブから脱退
	バイデン政権の大統領令および大統領覚書を撤回：グリーン・ニューディール政策の終了、「EV の義務化」の撤廃
	トランプ大統領「パリ協定」から離脱する大統領令に署名
	トランプ氏「プラスチックへの回帰」宣言　紙製ストロー阻止の意向
DEI	米マクドナルドが「多様性目標」を廃止
	連邦航空局（FAA）・連邦政府の契約に関し、EDI 優遇を廃止
	アメリカの子どもたちを不可逆的な化学的・外科的切除から守るための行政措置を受けて、未成年者を対象としたいわゆる「性別適合治療」の予約をキャンセル開始（ニューヨーク大学ランゴーン・ヘルス）、未成年者への性転換手術を中止すると 発表（コロラド州デンバー・ヘルス）
	女子スポーツから男性を排除（トランスジェンダーの選手が女子競技に参加することを禁じる大統領令に署名）
	アルファベット（グーグル）、メタ・プラットフォームが多様性採用目標を廃止
	ゴールドマン、IPO 顧客の DEI 要件を撤廃
	ディズニー、DEI プログラム修正し、ビジネス成果重視へ
	シティが多様性目標を廃止、「多様性・公平性・包摂性（DEI）、人材管理」チームの名称を「人材管理・エンゲージメント」に変更
	アップルは DEI 推進を継続するが、トランプ大統領はアップルに多様性施策廃止を求める

出所：SHEDAL（https://shedar.co.jp/trump_esg/）等を基に作成

サステナビリティ関連規制の見直し

　米国のみならず、各国でサステナビリティに係る規制や制度の見直しの動きが進みつつある。欧州各国では政権支持率が軒並み低下しており、極右政党が躍進するなかで環境政策を見直すべきとの世論が高まっている。このような動きは、欧州経済の停滞に原因があり、米国の規制緩和に対して、自国の競争力を維持するための、規制緩和競争の側面がある。EU でサステナビリティ活動を主導してきたフランスでさえも、EU に対して ESG 関連規制の大幅見直しを求める状況である。

　国際競争力の観点だけでなく、目標と現実のギャップが予想以上に大きかったことも、サステナビリティ活動の後退に影響を与えている。2050年のカーボンニュートラルに向けて排出ギャップは依然として大きい。国連環境計画では2024レポートにおいて、1.5℃の目標達成に向けて軌道に乗るには、2030年までに42％、2035年までに57％の削減が必要であるとしている[8]。1.5℃の道

---

[8]　UN Environment Programme, "Emissions Gap Report 2024", October 24, 2024.

筋に乗ることは技術的にはまだ可能としているものの、官民の積極的な行動、最低でも6倍増となる投資、そしてG20諸国の中でも排出量が多いメンバーの取組強化という高いハードルも指摘している。世界全体のレベルの目標達成は極めて厳しい状況であるといえる。

そのなかで、個別企業の取組にも限界があるため、企業の対応格差は拡大せざるを得ない。加えて、効果が曖昧でなく、真にサステナビリティに資する活動が問われる点でも、企業のサステナビリティ活動のハードルは高まっており、対応できないところが広がる可能性もある。

EUは、規制対応コストが事業競争力の低下につながるとの批判を受けて、気候関連会計の修正を余儀なくされた[9]。CSRD（企業サステナビリティ報告指令）では、指令対象企業の基準を緩和しており、現在は従業員数1,000人以上、純売上高5,000万ユーロを超える企業にのみ適用されるため、当初想定されていた報告が義務付けられている企業の約80％は適用解除となっている。CSDDD（企業サステナビリティ・デュー・ディリジェンス指令）では、気候変動が事業に及ぼす影響を軽減するための移行計画を策定することが求められているが、その施行義務を無くすとともに、罰金の減額、評価頻度を5年毎に変更するなどで、企業の負担を抑えるものとなった。元々、欧州では環境政策と成長戦略を一体化させたグリーン・ニューディールを掲げてきたが、近年の景気低迷によって修正を余儀なくされたといえる。

また、グリーンウォッシングを抑制するため、カナダでは2004年6月にC-59法が成立して、競争法に修正を加えた[10]。これによって自社製品や事業活動がサステナビリティ、カーボンニュートラルなどに資すると公表する場合には、その効果を説明し、適切なテストに基づいて実証する必要が生じる。そして違反した場合には対象企業に対して行政罰金を科すことができるとされている。

これらの動きは、サステナビリティと経済成長、企業業績の向上の両立が現実には難しく、現実にはサステナビリティ活動を進めるために相応の利益成長やコスト負担に耐えられる体力が求められることを改めて認識させるものである。

4．ソフトパワーの反旗はあるか

トランプ大統領による政治改革は、もはや米国は唯一の覇権国家でないとの認識の下で、普通の大国になるための道筋であることが理解できる。米中覇権争いの視点では、資源エネルギーでもデジタル分野でさえも米国の優位性は盤石ではなく、旧バイデン政権のレガシーを否定しながら、弱い領域のキャッチアップを狙っているようにも見える。そして、貿易、サービス面では、平等な競争条件での名のもとで、米国に有利な条件を引き出す手法を合理的かつ合目的に実行している。しかしその一方で、米国の文化や価値観は、国内外で徐々に失われつつある。

かつては、米国の文化、民主主義そして金融制度が、世界をリードするソフトパワーとして、米国へのヒト、モト、カネの流入を促すものであった。しかし、ソフトパワーを失いつつある米国が、今後も覇権を維持し、魅力ある場であり続けられるのだろうか。サステナビリティは、今でこそESGウォッシングをチェックできるように定量的エビデンスを求められているが、時間軸が長期でかつ対象となるステークホルダーが極めて広いこ

---

[9]　European Commission, "Commission simplifies rules on sustainability and EU investments, delivering over €6 billion in administrative relief ", February 26, 2025, Yusuf Khan, "Europe Waters Down Flagship Climate Accounting Policy", Wall Street Journal, February 26, 2025.

[10]　Kevin Wright, Amy Pressman and Stephanie Wright, "C-59 becomes law: Competition Act hit by a green wave", June 24, 2024.

とから、十分な定量分析になじまない面を持っていた。その点では、サステナビリティ自体はソフトパワーに分類できるだろう。トランプ大統領の登場によってサステナビリティの取組が後退しつつあることは、ソフトパワーからハードパワーへの振り子の揺り戻しの中では極めて自然な流れである。

内向きになり、経済合理性を優先することで、中国との覇権争いを続ける米国において、最も大きな変化は、ソフトパワーからハードパワーへ軸足を移したところである。かつて米国の製造業が空洞化して経済のソフト化が進んだのと同様、米国の価値観もまた一旦失ったら復活することは容易ではない。Gゼロの世界観が強まるなかで、経済合理的なフレームワークこそ生き残る手段なのか、再びソフトパワーが反旗を翻す局面があるのかが試されている。

スティグリッツは「トランプ率いる米国は、進歩が止まるだろう」と警告している[11]。それは多様性を重視し、人々が緊密に連携することでこそ進歩が可能となり、独裁的な状況からは革新的な考え方は生まれないという考え方である。

生物の生き残りの仕組みもまた、変化と選択である。多様性を持つことで厳しい自然環境の変化に耐えた種だけが次の時代のために選ばれるのである[12]。人間もまた生物であり、その集合体である社会もまた、多様性を維持できなければ持続的な繁栄は難しいということであろう。ただし、有事の局面を除けば、多様性を維持することは経済社会が豊かであることが前提である。それは、米国の優位性が低下しているなかでトランプ政権が多様性を否定する動きを見ても明らかであろう。

5. 漠としたサステナビリティから評価可能な「レジリエンス」へ

トランプ大統領の再登場が、サステナビリティ活動の転換点となったことは明らかである。しかし、その背景には米国の覇権が揺らぎつつあるなかでの政治的転換が求められたことがある。トランプ政権はパリ協定から脱退し、化石燃料の生産を強化する政策を打ち出したが、同時にEVや半導体関連のサプライチェーンを支えるレアアース等の資源獲得もタブー視せずに取り組んでいる。この点では米中の政策は同じ方向にある。現在のようにエネルギーの大転換期においては、資源ポートフォリオを可能な限り広げるとともに、摩擦を緩和しながら産業転換を図ることが不可欠である。エネルギーの新世界秩序で主導権を得た国が覇権国として世界の政治経済の主導権を握ることになるだろう。

不確実性が高まるなかで、企業としては国の政策を睨みつつも、価値創造に真に繋がる取組を加速させるだろう。その点で、企業活動は今以上に多様化していくことが見込まれる。企業がサステナビリティ活動を後退させた理由としては、目標達成の蓋然性が乏しくても取り組みを継続してきたことに対する反省、グリーンウォッシングに対するペナルティの強化、ESG投資パフォーマンスの相対的な低下による資金調達の課題が挙げられる[13]。課題が大きければそれだけ対応には時間も資本投下も求められる。このため、真のサステナビリティ活動は短期的なコストを跳ね返すだけの高い収益事業を持っていることが重要である。この当然ともいえる事実に直面するなかで、企業の

---

[11]　Joseph E. Stiglitz, "The End of Progress? ", Project Syndicate, January 21, 2025.

[12]　辻本臣哉著『死んだらどうなるか』（つむぎ書房、2023年）158頁。

[13]　ケネス P. パッカー著、矢羽野薫訳「企業がサステナビリティへの取り組みを後退させている理由」（ハーバードビジネスレビュー（日本語版）、2024年10月25日）

米中覇権競争下でのサステナビリティの将来

サステナビリティへの取組は多様化し、その差は拡大を続けるだろう。そして、長期的に見れば、それが経済社会の新陳代謝を促すことになると考えらえる。レジリエンスは自然淘汰、破壊と創造をより意識するという点で、現実的なサステナビリティの姿を示唆している。

2025年第7次エネルギー基本計画と日本の電力・エネルギー戦略の構図
～電力システム再構築は資本を呼び込めるか

大阪大学大学院　工学研究科
招聘教授
西村　陽

はじめに

　世界の電力・エネルギーシステム、あるいはその底流に存在していた地球温暖化対策や脱炭素は、その運営、革新、新機軸のために常に資本（投資資金）を必要としている。特にインフラや新技術への投資が大量に要求される局面、例えばかつて世界各国にあった高度成長経済の中では電力・エネルギーの基盤である送配電ネットワークや大規模発電所に大きな資本が集められ、それらは成長の期待とともに各国で、あるいは国際金融から調達された。戦後復興から成長期の黒部川第四発電所や佐久間発電所といった大型開発は世界銀行融資を中心としていたのはその代表である。

　そして、世界が2022年のロシア・ウクライナ戦争に端を発した国際エネルギー危機に直面し、従来からの脱炭素・再生可能エネルギーの開発に加えて発電容量増強への再投資、増える再エネを電力システムに整合・統合させるための大型蓄電池や送電ネットワークの強化に踏み出す中、そうした動きに不可欠なクリーンテックベンチャーを含めて電力・エネルギー分野にどう資本を集めていくかが重要な課題となっている。しかしながら一方で、2023～2025年は温暖化対策のスターであった水素や電気自動車等いくつかの脱炭素ビジネスにとって厳しい逆風が吹いた時期でもあり、果たして脱炭素分野に投資は集まり続けるのか、疑念を持つ動きも出ている。

　一方で日本は今後の電力・エネルギーの姿を示した第7次エネルギー基本計画が2025年2月に決定されたところであり、それを実現するためにも資本市場とどう対峙し、投資を継続的に呼び込んでいくかが試されている。

　本稿では、そうした問題意識から現時点の世界と日本の電力・エネルギー分野の動きと資本の呼び込み・投資への対話を概観しながら、必要とされる戦略を論じていきたい。

1．2025年の潮流は温暖化対策の失速か～トランプ政権誕生の影響

　2023年からかすかに見られた世界の地球温暖化対策の失速は、翌2024年、2025年に至って多くの分野で明確になってきている。欧州・米国で2023年に電気自動車の売り上げが原則したのを皮切りに、2024年には欧州を中心に大型水素プロジェクトの中止・破綻が相次ぎ、自動運転のような次世代技術ベンチャーも次々と姿を消した。それまで期待を集めてきた大型のクリーンテックプロジェクトに資金が集まらなくなる、というこれらの現象は、温暖化対策自体の失速というより、先進脱炭素技術の実現時間軸が現実以上に短く、膨らみすぎた状態が修正された状態とみることができる。

表1　2023年～2025年の温暖化対策ビジネスの失速

2023年	EV販売の急減、ドイツ自動車各社の戦略見直し
2024年	欧州を中心に大型水素プロジェクトの資金不足・中止が相次ぐ
	欧州・日本他で洋上風力プロジェクトの中止・損失報道続く
	EVシフトしていた日本の日産自動車の経営危機
	米国・欧州で自動運転ベンチャーの破綻
2025年	ドナルド・トランプが米大統領に就任、洋上風力に否定的な意向を改めて表明した他、IRAの一部停止を実行へ

（出所）筆者作成

一方で豪州・カリフォルニアをはじめとする蓄電池投資や再エネ投資、それらの周辺のDER最適化ベンチャー、さらにはエネルギーインフラ系ベンチャーは2025年現在極めて順調であり、2025年時点の脱炭素関連ベンチャーの実情を整理すれば時間軸の遠い、まだ成果がはっきりしない分野の技術についてはややブームが冷えて一部は整理期に入り、より時間軸の短い、特にユーザーサイドや現実の電力システム安定化に近い分野にはかえって大量の資金が集まり続けている、とまとめることができる。

2025年の米国トランプ政権の誕生についても同様なことがいえる。ドナルド・トランプは大統領選期間中からパリ協定からの離脱、さらにはDOGE（政府効率化省）による政府歳出の見直しの一環としての電気自動車の優遇停止、IRA（インフレ抑制法）の一部停止による脱炭素製品支援の停止を打ち出していた。しかしそれらはもともと退潮気味であった電気自動車以外は時間軸の短い、政策の影響を受けにくい政策であるとともに、そもそも米国のエネルギー政策、中でもクリーンテックベンチャーに決定的な影響を与えるのは州政府の支援策であり、他ならぬテスラ社の勃興と

カリフォルニア州の支援策が深く結びついているのは知られているとおりである。

しかしながら、トランプ政権下で影響を受ける脱炭素プロジェクトもあり、代表的なものが洋上風力である。洋上風力は通常のエネルギープラントと違い海上に建設され、かつ送電線が州をまたぐケースが多いことから連邦政府が送電線建設や海域利用の認可権限を握っており、政権が開発を妨害することは可能である。

そもそも洋上風力は2020年代の建設費の増嵩の中で販売可能な長期契約と建設費の上昇リスクが見合わない、という危機に直面しており、欧州・日本もその点は共通している。ある意味温暖化対策の失速の象徴的な分野になってしまう可能性である。

ただ、トランプが選挙期間中一貫した強調していた石油・石炭の増産等旧エネルギーへの回帰が実現するかといえば極めて疑問である。米国の新規石炭はシェールガスに比べて圧倒的に価格劣位であり、すでに淘汰の段階にあり、石油についてもハイブリッド自動車の普及等需要が細る中で増産すること自体が間尺に合わなくなっている。そもそもエネルギー政策のほとんどは州が権限を持っており、そうした分野での連邦政権交代の影響は限定的だと考えられる。

２．日本のエネルギー基本計画 ～エネルギー危機克服と脱炭素の相克

こうした国際情勢の中、2025年2月に日本政府は第7次エネルギー基本政策を発表した。2021年に策定された第6次エネルギー基本計画が再エネ拡大の熱病にかかったようなやや非現実的な数字の羅列だったのに比べると、まるで病がいえて、正常にものを考えるようになり、冷静に組み立てた感のある、常識度の高いエネルギー計画となった。これも、世界的な温暖対策の失速と結果的に軌を一にするものとなっている。（図1）

図1　第7次エネルギー基本計画（2040年度のエネルギー需給見通し）

- 2040年度エネルギー需給の見通しは、諸外国における分析手法も参考としながら、**様々な不確実性が存在することを念頭**に、**複数のシナリオを用いた一定の幅として提示。**

		2023年度（速報値）	2040年度（見通し）
エネルギー自給率		15.2%	3～4割程度
発電電力量		9854億kWh	1.1～1.2兆kWh程度
電源構成	再エネ	22.9%	4～5割程度
	太陽光	9.8%	23～29%程度
	風力	1.1%	4～8%程度
	水力	7.6%	8～10%程度
	地熱	0.3%	1～2%程度
	バイオマス	4.1%	5～6%程度
	原子力	8.5%	2割程度
	火力	68.6%	3～4割程度
最終エネルギー消費量		3.0億kL	2.6～2.7億kL程度
温室効果ガス削減割合（2013年度比）		22.9% ※2022年度実績	73%

（出所） 資源エネルギー庁「エネルギー基本計画の概要」より筆者作成

まず過去のエネルギー基本計画でメディア等の注目を一番集めてきた電源比率でみると、再生可能エネルギーが4～6割程度、原子力が2割程度、低炭素火力が3～4割程度となり、過去の「〇〇年に再エネ〇〇%」という目標決め打ちの数字ではなく、ある程度の幅（複数シナリオ）で見通しが示されることとなった。

また、この根拠となった発電コスト試算では、再エネ・火力とも従来のプラントベースの単価に加えて実際に電力システムの中に取り込む上で必要な統合コスト（再エネの場合はフレキシビリティ、火力の場合は再エネ優先による出力抑制を反映した固定費の割高化）を反映した2040年の発電単価試算が初めて示された（図2）。火力のようなCO2排出のある電源、太陽光・風力のような非回転機電源は、どちらも低炭素化する電力システ

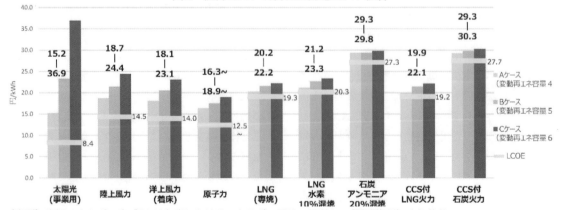

図2　統合コストを含めた発電コスト試算

（出所） 資源エネルギー庁「2040年度におけるエネルギー需給の見通し」（関連資料）より抜粋

2025年第7次エネルギー基本計画と
日本の電力・エネルギー戦略の構図
〜電力システム再構築は資本を呼び込めるか

ムに取り入れるためには脱炭素の追加コスト、あるいは電力システムと統合するためのフレキシビリティのコストが追加でかかるのが電力システムの常識である。

その結果、従来（第6次エネルギー基本計画までは）最安だった太陽光は15.2〜36.9円/kWh、今後拡大が見込まれる洋上風力が18.7〜24.4円/kWh、続いて低い水準だったLNG専焼火力が20.2〜22.2円/kWh、水素混焼LNGが21.2〜23.3円/kWhと全般的に第6次エネルギー基本計画時点よりも割高となった。一方で慣性や復元力を持つ脱炭素発電技術である原子力は統合コストの影響を受けないので16.34〜18.9円/kWhとなっている。

この発電単価について基本計画では「太陽光や風力といった安定した供給が難しい電源の比率が増えていくと、電力システム全体を安定させるために電力システム全体で生じるコストも増加する。このため、ある電源を追加した場合、電力システム全体で生じるコスト（例：他電源や蓄電池で調整するコスト）を考慮したコストを検証した」と

明記している。問題はどの電源がどう増加・減少しても電力システム全体にコストが生じ、誰かが負担しなくてはならない。それを議論するためのエネルギー基本計画である、という趣旨を示している。この点はこれまでのエネルギー基本計画の記述ぶりに比べて極めて重要な変化といえる。

そもそもこうした「どの電源をどう増やし、どんな電力システムを形成するか」は、複合的なエネルギーにかかわる技術／市場の要因と国民負担の組み合わせによって最適解、あるいはそれに近いものを導きだすべきものである。つまり特定のエネルギーを伸ばす、あるいは減らす、あるいは競争システムを導入するといった社会経済思想的なものに偏って達成できるわけではない。2025年に至って日本の電力政策がこの極めて正常な価値判断に立ち至ったのは、2011年以降の日本の電力政策が混迷し、その結果2020年代以降ロシア・ウクライナ戦争による世界的エネルギー危機もあり、その弊害が噴出した結果、深刻な脱炭素と電力システム安定化のジレンマに直面していることにある。

図3　DXの進展による電力需要増大

(出所) 第11回GX実行会議（2024年5月13日）資料1より、需要想定の図を更新

(出所) 2025.2.10公益事業学会政策フォーラム　資源エネルギー庁発表資料

- 51 -

その点で第7次エネルギー基本計画は日本の電力・エネルギー政策が「異常な（あるいは夢想的な）思い込みから覚めて、現実を直視して正常状態に回帰できた」画期的なものであったといえる。

このような認識に日本の当局が立ち至った要因は、長い間低迷を続けてきた電力需要の反転の兆しである。図3は、資源エネルギー庁が政府のGX実行会議に提出した電力需要の増大見通しの資料だが、生成AIの普及に伴うデータセンター増設の動き等、久しぶりに日本国内の産業立地が活況にあり、今後の大幅な省エネ技術の進展を見込んだとしても一定の電力需要拡大を見込む必要があるとしている。

電力需要の増大を見込む以上、目下の発電容量の不足を放置することはできない。第7次エネルギー基本計画が発電容量確保はもちろん、石炭・LNG等長期的な燃料確保に重点を置いているのは2030年代に向けた持続的な供給基盤が以前にも増して重要になっているからに他ならない。対応策として現在LNGに関する戦略的余剰LNG（SBL）の確保、拡大をはじめ様々な検討が進められている。

> ### 3．より困難な再構築の時代
> ### ～電力システムに資本を呼び込めるか

とはいえ、日本の電力システムが直面する課題は重い。特に2011年以降も電力システムの改革の失敗で生じてしまった予備力の不足は、卸電力市場・需給調整市場をはじめ電力制度の様々な箇所に軋みを生じさせている。需給調整市場の慢性的な入札不調・未達、それに伴う需給断面での最終予備力に頼った運営（余力活用契約という系統接続発電機の契約を利用したぎりぎりの運営）がその例である。また、卸電力市場の量的不足等がそうだが、現在これらについては太陽光発電等再エネ出力の急減（例えば急な曇天）に対する予備力確保を一週間前確保から天候予測が可能な前日断面に切り替える準備（2027年予定）や需給調整力

の取引と卸市場取引用の取引を限られた容量の中で最適に配分する同時市場の創立に向けた作業が進んでいる。

※同時市場：実需給の前日断面で需給調整及び卸電力取引に使われる発電容量を同時に集め、需給調整力、卸電力取引それぞれの取引、つまり需給運用を行う送配電会社と発電会社、卸電力市場を取引する小売り会社と発電会社の契約を同時に約定するための仕組みである（この場合の発電会社にはディマンド・リスポンス（DR）や蓄電池等需要サイドの提供能力を持つアグリゲータを含む）。

そして、電力システムの再構築の中で最も重要なのは、不足してしまった予備力を回復するための新規電源の建設と老朽電源の更新である。通常電源投資はその売り上げである発電電力量をもとに売り上げ予測からファイナンスされるが、2020年代に入って日本で一番ウェイトの大きな発電方式である火力発電（石炭火力・天然ガス＝LNG火力）は以前とは異なった立ち位置に立たされている。太陽光を中心とした再生可能エネルギーという燃料費がゼロでCO_2を排出しない電源を電力システムの中で優先的に使うルールが定着しているので、これから建設される火力発電所の稼働率はその分小さくなることになる。それだけ発電所投資の固定費回収は困難になるので、政府は2024年から長期脱炭素電源オークションを行い、原子力・火力等の電源を募集するとした。

脱炭素オークションの仕組みは概ね以下のようなものである。長期電源投資について、投資回収を小売り全体（つまり国民負担）で回収する一方、一定の脱炭素（火力電源については一定比率の水素・アンモニア混焼など）を義務付けた上で、完成後運転期間中に発電によってあげた利益の9割を還付（容量市場支払い＝国民負担の軽減）にする。

しかしながら、この仕組みには投資の合理性という点で不十分な面がある。図4はこのオーク

図4　長期脱炭素電源オークションの課題（電気事業連合会）

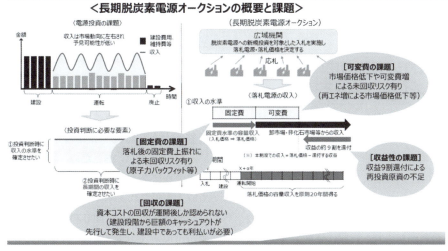

(出所) 電気事業連合会作成資料

ションに対して主な電源投資者である電力会社の団体（電気事業連合会）が意見表明したものであるが、再エネによる稼働率の低下以外に市場価格の低下リスク、固定費の増嵩リスク、さらには利益の9割還付等、脱炭素オークションの仕組みが資本側の投資の魅力としては非常に厳しいものであることが指摘されている。

旧来電力会社が当然のように行ってきた発電投資が、実現が危ぶまれる状況になっている理由を少し考察してみよう。世界を見渡すと、例えば再エネの増大と超大型蓄電池の導入で電力系統容量が大幅に不足している豪州では、現在新設送電線（多くは州政府や外資が所有する公社運営である）への投資の内部収益率（IRR）が概ね8％レベルとなっている。それと比べて日本の新規脱炭素オークションは、数々のリスクヘッジの不足、利益の9割還付という条件下2～3％のIRRを確保するのも簡単ではない。いくら日本の規制当局が「電力会社の稼ぎに対して厳しい制度にしました」と胸を張りたくても、日本の制度担当自身が今現

実に年8％との競争、すなわち投資の取り合いに巻き込まれていることになる。すでに電力会社は2011年以降現在利益水準の低さに苦しみ、自社管

(写真) 高いIRRの下送電投資が活況な豪州
(出所) Infravision社ホームページ

内の供給義務がなくなっている現在、彼らが投資リスクを減らすために国内投資と豪州の送電投資を見比べるのは当然であり、信頼度維持義務を持つ一般送配電事業者との分離を徹底すればするほど日本の電力システム再構築への資本の呼び込みはより難しくなっている。

4．分散型電力システムの成長のためには市場ダイナミズムが不可欠

　一方、再エネが大量導入され、予備力の不足がなかなか解消しない日本の電力システムの中にあって分散型エネルギー資源（DER: Distributed Energy Resource）の拡大・活用が重要な課題となっている。これに対して政策当局は系統用蓄電池をはじめ再エネの変動性（特に太陽光発電の持つ昼間発電余剰が起こり、夜間に発電できない特性）に対して電気利用の時間シフト、電気の吸収ができるDERに各種補助金をつけ、投資意欲を高めて普及促進を図っている。系統蓄電池の400億円（実績346億円）をはじめ、2024年度だけでも補助金によって多くの事業者がDERへの大型投資に踏み切った。

　しかしながら、分散型電力システムの最も強力な投資誘因策は市場のダイナミズム（ボラティリティ）である。現在日本の大型蓄電池はその稼得所得を決める卸電力市場、需給調整市場の制度自体が手直しの途上であり、卸電力市場も2010年以来当局はスパイクを嫌い、欧米諸国で行われているマイナス価格の設定にも踏み切れていないため、その主たる資金調達は銀行貸し付けではない（だからこそ補助金の獲得が投資決定の重要な要因となっている）。一方で超大型蓄電池の立地が政策的に推進されている豪州では、卸市場スパイク時1,000円/kWh（1豪ドル=100円勘定）、再エネ余剰時▲100円/kWhという価格差が日常的に実現している他、需給調整市場でも大型蓄電池の高速調整能力を常時用・非常時用とも固定費で買い取っている（F-CAS）ため、銀行融資も蓄電池につくようになっている。特に電池に充電するだけで収入が得られるネガティブプライスの蓄電池投資刺激効果は強く、図5の豪州の州別ネガティブ価格出現率（2023年第四四半期）でみると特に蓄電池導入が重要課題となっているビクトリア／南オーストラリア両州で高く、市場価格が蓄電池をはじめとする分散型電力システムの大きな推進力となっていることがわかる。

　このように大型電力インフラにかかわる投資（送電線、発電所、蓄電池他のDER）をめぐっては、世界の電力システムが一種投資資金の取り合いをしているのであり、制度・市場設計両面にわたってその現実を直視して政策立案・実行をしな

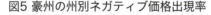

図5 豪州の州別ネガティブ価格出現率

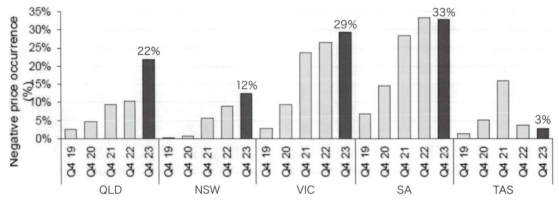

（出所）AEMO（豪州市場運用局 "Quarterly Energy Dynamic sQ4 2023", Janualy 2024）

ければ日本だけ資本が集まらない、ということになりかねない。

5．おわりに　～日本型クリーンテック・エコシステムを目指して

　こうした中、日本のクリーンテックベンチャーは再エネ関連を中心に堅調な成長を遂げている。屋根載せ太陽光とその再エネ証書売買、それらとユーザー側蓄電池を組み合わせたエネマネシステム、さらにはそれらのAI化・自動化等、様々なベンチャー、スタートアップが国内で活躍しており、電力会社をはじめとする大規模エネルギー事業者とも多種多様のアライアンスを組むようになってきている。

　この背景として、中国での太陽光パネルの過剰生産による価格の低下、あるいは蓄電池セル大手のCATL/BYDによる低価格輸出によって今まで以上に再エネビジネスが拡大しやすくなっていること、2020年のエネルギー危機のユーザーの学びとしてもはや入札や購入の工夫ではエネルギー費用をコントロールすることができず、自社太陽光、

PPA太陽光、エネマネ用蓄電池等の投資が必要であることを理解し、行動に移しつつあることがあげられる。さらに、2021年に発覚した関西電力を発端とした他電力管内への低価格小売りとその後の方針転換が公正取引委員会からカルテル認定された影響もある。電力量単体の価格づけと競争を以前以上に厳しく監視されるようになった電力各社は、よりサービス化（太陽光・データ分析によるエネマネや蓄電池サービスとの複合小売り）した小売ビジネスに傾斜するようになり、その際自分の持っていない技術やノウハウを持つ先行ベンチャーとの連携を志向するようになった。代表的事例として低圧DERのアグリゲーションを推進しているShizen-Connectは電力会社の多くから出資を受けつつ連携し、電力会社の顧客のも持つ家庭用蓄電池・EV等のリソース活用実証を進めている。低圧リソースが大きくマネタイズするには市場や制度が整備される2030年以降とは考えられているが、今後の日本の電力システムの進化のためにはこうした大手からスタートアップまで幅広く手を組んだ日本型のクリーンテック・エコシステムが強く求められると考えられる。

転換点を迎える オランダ企業のサステナビリティ戦略

株式会社農林中金総合研究所
理事研究員（2025年3月時点）

安 武　篤

はじめに

　オランダは欧州を代表する環境先進国であり、オランダ企業はそれぞれの業界においてサステナビリティ戦略をリードしてきた。また、先行企業の立場ゆえ、関連政策や新型コロナ・インフレを経た消費者動向の変化、司法の関与等の様々な環境変化に対応している。本稿ではこうした環境変化を先頭で受けてきたオランダのソーシャルエンタープライズの経営実績を事例として、オランダ企業のサステナビリティ戦略の転換点を考察し、社会的責任と経済的持続性の両立に向けた日本企業への提言を行う。

1．オランダ企業のサステナビリティ戦略

　オランダは欧州大陸の中央部にあり、欧州大陸中心部につながる主要河川の河口に位置している。「欧州の玄関口」として大規模空港であるスキポール空港、大規模港湾であるロッテルダム港（ユーロポート）を有し、歴史的に欧州における国際貿易の中心地の一つとなってきた。近年は2020年の英国の欧州連合（EU）離脱もあり、日本企業のEU内の本部機能所在地としても注目を集めている。国土の約1/4が海面より低くなっているため、温暖化による海面上昇は生活環境に直結することから国民の環境意識は極めて高い。こうした背景と、寄附に積極的な国民性もあり多くの環境NGOも国際的な拠点を同国においている。

　オランダは欧州を代表する環境先進国（気候変動パフォーマンス指数で世界5位[注1]、欧州における循環型材料利用率1位[注2]）であり、EUのなかでもオランダ企業はそれぞれの業界においてサステナビリティ戦略をリードしてきた。総合電機大手のフィリップスや消費財大手のユニリーバ（2020年に、本社を英国に一本化）等は持続可能性をビジネスの中心に据える取組みを進め、業界をグローバルにリードするイニシアティブの起点となっている。また、次項以降で述べるように、先行企業としてサステナビリティ戦略の実践が深まるにつれ、関連政策や新型コロナ・インフレを経た消費者動向の変化、司法の関与等の様々な環境変化に対応している。

[注1] Climate Change Performance Index（CPPI）2024

[注2] 欧州環境庁（2024）「Circular material use rate in Europe」

２．オランダ企業を取り巻く環境変化

(1) オランダのサステナビリティ関連政策

　オランダ政府は国民の高い関心を背景にサステナビリティを重視しており、EU における関連政策への積極的な関与・迅速かつ意欲的な国内実施を重ねている。例えば気候変動対応については最も早く取り組んだ主要国の一つであり、01年の再生可能エネルギー補助金制度の導入（SDE+）、07年のエネルギー協定の締結（産業界の温室効果ガス（GHG）削減と再エネ導入の義務付け）、16年から19年にかけての気候法の制定（2030/2050年目標に向けた排出削減目標の法律化）等を経て、着実に GHG ネットゼロに向けた取組みを進めている。気候分野にかかる金融システムへの影響についても、オランダ中央銀行（DNB）は世界に先駆けて18年から影響度評価を行っている。

　近年の政策で注目されるのが、19年以降の窒素管理を巡る一連の展開である。EU レベルでの環境規制の合意（自然保護区ネットワークの維持）に従ったオランダ最高裁の判決[注3]に伴い、当時実施されていた政府の窒素排出管理（PAS）は不適切とされた。窒素は自動車・航空機・工場等で利用される内燃機関のほか、農業分野における肥料や家畜排せつ物等が主な排出源となっている。オランダは高度に統合された畜産クラスターが広く存在していることから、窒素排出削減のため相応の規模の閉鎖が計画され、政治問題化した。農業者の反対運動は農民市民運動（BBB）など新たな政治活動にもつながり、23年の総選挙を経た政権交代の背景の一つともなっている。オランダに

おける窒素を巡る混乱は、経済的に大きな負担が発生する環境課題にかかる政治主導のあり方と、ステークホルダーマネジメントの重要性を示す先行事例と受け止められている。

(2) オランダ消費者動向の変化

　オランダは歴史的な背景から環境意識が高く、人口約1,700万人と中規模であることから、今日的にグローバルに重視されるエシカル消費動向を先行的に示す市場として注目を集めている。オランダの消費者は生活にかかる多くの局面で「環境」も軸の一つの消費スタイル取っていることが、各種調査から明らかになっている。

　オランダ政府統計（CBS）の新型コロナ直前の20年調査[注4]と23年調査[注5]の比較からは、共通して住宅における環境設備（太陽光パネル等）、移動手段（航空機・鉄道・自動車・自転車等）、肉の消費、エネルギー転換、ライフスタイル等異なる分野で環境への意識が影響している傾向がみられる。この傾向は新型コロナの前後で大きな変化はないが、新型コロナ・ウクライナ戦争等の地政学的な不安定性を反映した20年以降のインフレ加速もあり、商品やサービスの付加価値と価格面のバランス等について生活体感に基づく現実感からシビアに判断されている。

　また、オランダは環境意識の高い消費者を抱えることから、欧州の代替タンパク製品については先駆的な市場とみなされており、関係する高度な産業クラスター（大学、ファンド、ベンチャー等）の存在もあり、大きな期待を集めていた。実際に市場の伸び率としては欧州トップレンジの水準

[注3] Raad van State（2019）「PAS mag niet als toestemmingsbasis voor activiteiten worden gebruikt」

[注4] オランダ政府統計https://www.cbs.nl/nl-nl/longread/rapportages/2021/klimaatverandering-en-energietransitie-opvattingen-en-gedrag-van-nederlanders-in-2020?onepage=true （2024/11/30閲覧）

[注5] オランダ政府統計 https://www.cbs.nl/nl-nl/publicatie/2023/48/klimaatverandering-en-energietransitie-opvattingen-en-gedrag-van-nederlanders-in-2023（2024/11/30閲覧）

(2018～2020 +30%[注6]）で推移してきたが、新型コロナ後のインフレの台頭もあり、伸び率は頭打ち（2023は出荷量前年比▲2.9%[注7]）となっている。

こうしたオランダ消費者が世界に先行して感じている切実感やリアリティはエシカル消費の広がりと社会インパクトの実現にあたり、オランダ企業がサステナビリティ戦略において向き合う最大の変化の一つとなっている。

（3）オランダ司法の関与

サステナビリティにかかる社会の高い関心を反映する別の側面として、オランダ司法の関与がある。19年のオランダ政府の気候変動対応にかかるウルゲンダ訴訟で気候変動対応にかかる対応義務が明確化された。更にオランダと関係深いシェル（旧ロイヤル・ダッチ・シェル）、KLMオランダ航空（KLM）にかかる訴訟において、狭義の法規制遵守を超えて「社会のなかで必要な責任を果たしているか」との視点から世界で初めて司法判断が示され、その後のグローバルな同種訴訟への影響を与えている。

シェルの気候訴訟においては、オランダの環境団体フレンドオブアース等は同社の気候変動対策が不十分であり、結果として人権を侵害しているとしてハーグ地裁に提訴。同地裁は原告の訴えを認めた判決[注8]を下したが、シェルは控訴。24年11月ハーグ控訴裁判所は、気候変動対応は人権問題であり同社が気候変動に対して責任（社会的配慮基準）と移行計画作成（スコープ1・2）の義務を負っていることは認めつつも、特定の削減比率にかかる判断をすることはできないとして、ハー

グ地裁の判決を棄却した[注9]。KLMのサステナビリティ広告にかかる訴訟においては、オランダの環境団体フォッシルフレイとクライアントアースが中心となり、同社の代替航空燃料（SAF）の利用等サステナビリティにかかる広告活動は、利用者を誤認させる誇大広告（いわゆる「グリーンウォッシュ」）であるとしてハーグ地裁に提訴。上告を経てオランダ最高裁は24年原告の訴えを認めた[注10]。

このような経緯を経て、司法が求めるオランダ企業のサステナビリティ戦略は、法令として定められる環境規制の遵守を超えて、事業と規模に応じた責任が問われる新たな段階に入っている。同時に具体的な責任にかかる政府や司法の関係性や権限についても問題提起されており、経済的なコストを伴う社会課題解決のデリケートなバランスの難しさが浮き彫りになっている。

3．オランダのソーシャルエンタープライズの経営事例

ここまで整理してきたとおり、オランダ企業はこうした様々な環境変化に直面してきた。環境意識の高い社会と向き合うゆえに先進的な取組みを重ねてきた一方、多くの課題にも直面することにつながっている。こうした社会の変化と課題を最も先頭で経験してきたのが、社会課題へのインパクトを主な目的に設立・運営されるオランダのソーシャルエンタープライズである。欧州委員会はソーシャルエンタープライズを「所有者や株主の利益追求ではなく、社会に影響を与えることを主な目的とする社会的経済の事業者」とし、オラ

[注6] Smart Protein（2021）「Plant-based foods in Europe」

[注7] Gfi Europe（2024）「Netherlands plan-based foods retail market insights」

[注8] ハーグ地裁（2021）判決「ECLI:NL:RBDHA:2021:5339」

[注9] ハーグ控訴裁（2024）判決「ECLI:NL:GHDHA:2024:2100」

[注10] オランダ最高裁（2024）判決「ECLI:NL:RBAMS:2024:1512」

ンダにおいても同様の概念で広く認識されている。

オランダは歴史的な「社会の系柱化（pillarization）」を背景として非営利セクターの規模が相対的に大きい。ソーシャルエンタープライズ固有の法制度や税制はなく、通常の会社法上の会社や協同組合など異なる法的ステータスの団体が含まれる。16年のマッキンゼーの調査[注11]によれば、オランダのソーシャルエンタープライズは、10年から15年にかけて企業数は約1.5～2倍、売上は約1.5倍になるなど急速に拡大しており、15年時点で企業数は5,000～6,000社、雇用は65,000～80,000人、売上は35億ユーロの規模と推定されている。オランダのソーシャルエンタープライズの多くは地域や社会的サポートの分野で運営されてきたが、従来の伝統的な枠を超え、ビジネス上相応のプレゼンスとインパクトをもつ大規模なソーシャルエンタープライズも現れている。その代表的な存在が、サステナブルバンキングの先駆者であるトリオドス銀行と、児童労働のないチョコレートバリューチェーンを目指すトニーズチョコロンリーである。これまでみてきたオランダの社会変化のなかで、この2社がどういった経営を過去10年行ってきたのかを以下で事例としてみていきたい。

なお、前述の欧州の概念とは目的が異なるが、社会・環境的パフォーマンス向上を強く意識した企業経営の認証としては、米国発の「Certified B Corporation（認証B Corp）」がよく知られている。オランダでも今回事例とする両社やオンラインリテール企業「ボル（Bol）」等351社（2024年11月）が認証を受けるなど、経営フレームワークとして活用されている。

（1）トリオドス銀行

a 概要

トリオドス銀行は80年に設立されたオランダの社会的銀行である。サステナブルファイナンスに特化した専門銀行として、ホールセール、リテール双方の分野で、プロジェクトファイナンス、住宅ローン、グリーン預金、グループ会社トリオドスアセットマネジメントを通じた資産運用サービス等を提供している。石炭や石油産業などへの与信は行わず、サステナブルファイナンスの先駆者的立場にある。00年代以降は特にエネルギー分野での取組みを積極化し、太陽光、風力発電、バイオマス等で実績を重ねている。

b 資本構造

固有の理念と目的をもって設立された銀行であり、通常の上場銀行と異なるステークホルダーガバナンスを志向する。発行株式は全て非営利の「トリオドス財団」が保有し、株式を裏付けとする預託証券を投資家向けに発行する資本構造を取った。議決権はトリオドス財団が設立目的に沿って行使し、投資家は経済利益のみを得る立場とした。預託証券の流動性は、トリオドス銀行の会計上の純資産をベースとする純資産価値（NAV）により同行が需給に応じて仲介していたが、新型コロナ前後で売りニーズが殺到し需給バランスが崩れたことから21年に売買を停止。2年後の23年に議決権の付与を選択制にしたうえ、外部サービスの私設プラットフォームでの自由売買に制度変更した。しかしながら、十分な機能・投資家の支持を得られず24年に再度の見直しを余儀なくされ、結局、通常の株式と同等の議決権を付与し25年にユーロネクストに上場することとし、その準備を進めている。

[注11] McKinsey & Company（2016）「Scaling the impact of social enterprise sector」

c 過去10年の事業推移

持続可能な農業やグリーンビルディングへのファイナンス、生物多様性の取組み等サステナビリティ分野での取組みは世界レベルで先駆的な実績を重ねている。専門分野での高い知名度を活用しトップラインとしての事業そのものは堅調に推移している。一方、事業規模の限られる専門銀行であることから、サステナビリティ分野でも近年中心になっている大規模再生可能エネルギー案件等には中心的な立場での参加が難しく、成長スピードには制約がある。また、今日の銀行経営で求められるコンプライアンス含む一定の経営管理体制には規模によらず相応のコストがかかることから、コスト・インカム比率は高止まりし、自己資本利益率（ROE）も相対的には低位である。前述固有の資本構造の弱点であった投資家の流動性問題は、新型コロナ前後を通じた流動性の枯渇から顕著になり、同行の経営戦略において大きな制約となった。

d 経営課題

事業そのものは堅調に推移しているものの、サステナビリティに関する大手金融機関の取組み拡大により、事業規模に限りがある当社の相対的な競争力の維持には厳しい環境といえる。またインパクトある事業規模の実現に向けた資本政策においても課題があり、規模が限定的であった段階では機能していた独自の資本構造は、株主権利の保護の観点から、通常の上場銀行と同様の構造に再編成せざるを得なかった。資本コストや成長率等も一般銀行との競争に直面することとなる。

第1表　トリオドス銀行　主要経営実績

年	総収入 （百万ユーロ）	当期利益 （百万ユーロ）	CET1 自己資本 比率 (%)	管理ファンド資産 （百万ユーロ）	コスト・ インカム 比率 (%)	自己資本 比率 ROE (%)	サステナビリティ 関連主要イベント
2014	189.6	30.1	19.0	3,480	73	4.4	
2015	211.6	40.7	19.0	4,087	71	5.5	持続可能な農業へのファイナンス取組み
2016	217.6	29.2	19.2	4,373	79	3.5	
2017	240.3	37.4	19.2	4,604	79	3.9	グリーンビルディングファイナンス取組み
2018	266.2	38.6	17.7	4,673	80	3.6	ソーシャルエンタープライズへの取組み
2019	292.2	39.0	17.9	5,671	80	3.4	生物多様性評価への取組み、国連責任銀行原則参加
2020	305.1	27.2	18.7	6,362	80	2.3	生物多様性会計（PBAF）参加
2021	341.9	50.8	17.5	7,695	80	4.1	生物多様性のためのファイナンス協定参加、ネットゼロ Sbti 目標設定
2022	375.1	49.8	17.3	6,793	80	4.0	
2023	466.3	77.2	16.7	7,066	73	6.1	化石燃料不拡散条約イニシアチブへの参加

出典：トリオドス銀行各年アニュアルレポートから農中総研作成

(2) トニーズチョコロンリー

a　概要

トニーズチョコロンリーはジャーナリストであるトゥーン・フォン・デ・ケウケン氏等により05年に設立された。同氏は調査報道のなかで、チョコレートの主要原料となるカカオ生産の過半がガーナ、コートジボワール等西アフリカに集中し、児童労働を含む劣悪な労働環境の下、行われていることを知り、課題解決のための取組みとしての新たなチョコレート商品を構想。フェアトレード認証を取得し企業理念をシンボルにしたカラフルなパッケージの商品を開発した。オランダにおけるチョコレート市場において、大手と並び大きなシェアをもち、オランダにおけるサステナビリティブランド認知度においてもトップレベルにある。

b　資本構造

事業成長のための資本充実として、11年に業界経験の深い実業家ヘンク・ヤン・ベルトマン氏、20年に、ベルギーの有力プライベートエクイティ会社ベルインベスト、英国の消費者向けベンチャーキャピタル会社ジャムジャーインベストメンツが資本参加した。創業の精神である「児童労働のないチョコレート」を会社の不変の理念として埋め込むべく、23年には「トニーズミッションロック」と呼ぶ黄金株（特定の重要な決定について拒否権をもつ特殊株）制度を採用。黄金株をもつ独立財団「ミッションガーディアン」に通常の事業経営を超える経営理念等定款における重要事項変更に拒否権をもたせ、会社の社会的使命や調達原則を維持するための法的根拠を与えた。24年には新たな株主としてスターバックスの元CEOであるハワードシュルツ氏が少数株主として参加している。

c　過去10年の事業推移

同社の定款への事業目的明記やサプライチェーン上流への一貫した関与の強化等は、業界におけるサステナビリティ戦略のリーディングプラクティスとなっている。市況等による利益水準の変

第2表　トニーズチョコロンリー　主要経営実績

年	売上 (百万ユーロ)	当期利益 (百万ユーロ)	プレミアム支払い農家数	児童労働防止プログラム参加農家	カカオ共同購入量 (トン)	サステナビリティ戦略関連 主要イベント
2014	11.9	0.2	n.a.	-	-	定款の事業目的「100% 奴隷労働排除」を明記
2015	17.6	0.7	1,200	-	-	米国進出
2016	29.3	1.4	4,500	-	-	児童労働防止プログラム（CLMRS）開始
2017	44.9	2.7	4,318	-	-	サプライチェーンの児童労働状況につき独立調査実施
2018	55.0	2.5	5,021	3,072	-	トニーズオープンチェーン（共同調達）開始
2019	69.6	0.0	6,624	5,033	1,500	全ての調達先のロケーション把握（GPSマッピング）
2020	88.3	0.3	8,457	7,274	1,174	外部機関投資家が資本参加
2021	109.5	-4.6	8,921	9,480	3,957	
2022	133.1	0.1	14,763	14,634	4,117	
2023	150.2	-2.7	17,740	19,179	4,722	トニーズミッションロック（黄金株）採用

出典：トニーズチョコロンリー各年アニュアルフェアレポート等から農中総研作成

金融・資本市場リサーチ

動はあるものの、事業規模は堅調に拡大しており、英国、米国、ドイツ等オランダ外市場への進出も進んでいる。同社は調達にあたってフェアトレードの基準を上回るインパクトあるサプライチェーンの取組み強化・透明化を早期から進め、個別の啓もう活動に加えて市場平均から相応に上乗せしたプレミアムを支払っている。また調達規模の拡大を意図して自社が運営するカカオ調達基盤「トニーズオープンチェイン」への他社の参加も積極的に歓迎しており、オランダ主要小売業の参加が実現している。

d 経営課題

利益の変動はあるものの売上げは引き続き成長軌道に乗っているが、創業の目的である「児童労働のないチョコレート」の社会的な実現については、現状程度の事業規模では十分なインパクトを与えることができないことも明確になってきている。前述のトニーズオープンチェインの年間カカオ取引量は西アフリカのココア取引の0.5％程度であるが、同社はこれを今後10年で5％の規模まで増加させることを狙っている。その取組み強化策の一つとして、児童労働にかかる社会認知の更なる向上を狙い米ワシントンポスト社（大手新聞社）と業種を超えて連携した。

4．オランダ企業のサステナビリティ戦略の転換点と今後の方向性

（1）サステナビリティ戦略の転換点

これまでオランダ企業が経験してきた社会環境の変化とサステナビリティ対応の先駆者としての課題をみてきた。課題は多岐にわたるが、サステナビリティ戦略の高度化の視点からは「転換点」となりうる共通の要素がある。オランダのソーシャルエンタープライズの事例からは、「ミッションをガバナンスに構造的に組み込んだうえで社会インパクトを実現する困難さと資本政策の複雑性」、司法分野からは「コンプライアンス遵守を超えた企業の社会的責任の水準感と政府や司法の関与のあり方」が課題と考えられた。こうした事例からは、今日的なオランダ企業へのステークホルダーの期待事項は「企業が社会的課題を経営の中心にしっかりと構造的に位置づけ、それぞれの特長を活用して意味ある規模でのインパクトを経済的に持続可能な形で両立して実現する」とまとめられる。これは企業のサステナビリティ戦略にかかる「個別・先行的な試行が広く許容されるステージ」から、「より統合的なアプローチで結果を伴う継続的インパクトが厳しく求められるステージ」への転換点を意味している。

オランダの大手消費財メーカーであったユニリーバはサステナビリティ重視の経営で名高く、10年に世界に先駆けて導入した多数の数値目標を伴う統合的なサステナビリティ戦略などの多くの先駆的な取組みを実現している。しかしながら19年から23年までこうした同社のサステナビリティを中核としたパーパス経営を推進した前CEOは、新型コロナ前後でのサプライチェーンの課題等を反映した株価や利益の伸び悩みもあって、最終的には退任することとなり、より現実的な企業価値を重視した戦略の変更がされている。有力なサステナビリティブランド商品をもち、リサイクルや省エネルギーなどの取組みで先行した同社の戦略見直しは、意味ある規模でのインパクトを経済的に持続可能な形で両立して実現するうえで、今日の企業が向き合う課題の複雑さをよく示している。

（2）サーキュラーエコノミーに向けた取組み

こうした企業とサステナビリティを取り巻く複雑さのなかで、長期的なソリューションの一つとなりうるのが、オランダが現在取り組んでいる「2050年までの完全なサーキュラーエコノミーの実現」である。オランダ政府は「サーキュラーエコノミー実施プログラム 2023-2030（NPCE）」の実践を進めており、資源効率の向上、環境保護、

– 62 –

経済的安定性の確保等を目標に、消費財、建築、製造業、プラスチック、バイオマス・食品の5分野においてサーキュラーエコノミーへの移行を図っている。22年の循環型材料利用率でオランダは27.5%（EU平均11.5%）[注12]とこの分野で欧州を明確にリードしており、オランダ政府はその経済インパクトは毎年73億ユーロ、雇用54,000人規模と見込んでいる[注13]。オランダ企業は製品のサービス化、リサイクル、シェアリングなどのこの分野の新たなビジネス展開により、前述した「意味ある規模でのインパクトを経済的に持続可能な形で実現する」取組みが進んでいる。例えば、オランダスーパー最大手のアルバートハインでは、バリューチェーンの上流・下流双方で関係する取組みを重ねている。上流では「Better for Nature & Farmer」プログラムとして持続可能な野菜や牛乳等の生産について様々な認証・オープン型直接取引を行い、下流では廃棄食材の卸売を通じて食品廃棄物の課題に正面から向き合い新たな付加価値を生み出している。

こうしたオランダ企業各社のサーキュラーエコノミーを強く意識した息の長い取組みは、バリューチェーン全体とダブルマテリアリティを意識した気候変動対応や自然資本・生物多様性対応と親和性がある。重要な関連テーマである「地域」や「循環」の視点を加えた統合的なアプローチとして、企業価値の向上に向けた将来性のある戦略と評価できる。

5．日本企業のサステナビリティ戦略にかかる提言

これまで解説してきたように、オランダ企業はサステナビリティを取り巻く様々な環境変化に先行的に対応するなかで多くの課題に向き合い、経営を進化させてきた。日本企業のサステナビリティ戦略では、こういったグローバルなトレンドから何を取り入れられるだろうか。具体的な分野として、「全体最適化」「企業ガバナンス」「企業育成」の3点から論じてみたい。

（1）社会課題の解決に向けた「全体最適化」としての取組み

オランダの経験から、サステナビリティのような社会課題への対応については、公共セクター、民間セクター、ソーシャルエンタープライズ等全ての当事者が、いわば「全体最適化」として課題解決を推進できる包括的で柔軟な環境を整える必要がある。今日の社会課題は特定の業態や企業が単独で解決できるものではなく、グローバルな影響力も意識した官民連携のプラットフォームや優良事例の認識等による全体の底上げに加え、法規制や会計制度等関連する共通インフラの意欲的で未来志向の整備を更に進める意義がある。とりわけ、業態を横断したサステナビリティにかかる共通開示規制は重要であり、透明性を確保し規模ある取組みへの大切な基盤となる。これに関連して、次項で論じる企業ガバナンスにおける社会的課題の構造的埋め込みも重要な視点となる。

（2）企業ガバナンスにおける社会的課題の位置づけ明確化

サステナビリティ戦略を企業経営のなかにしっかりと構造的に埋め込むことの重要性は広く認識されている。気候関連財務情報開示タスクフォース（TCFD）・自然関連財務情報開示タスクフォー

[注12] 欧州環境庁　https://www.eea.europa.eu/en/analysis/indicators/circular-material-use-rate-in-europe（2024/12/6閲覧）

[注13] オランダ政府（2016）「A Circular Economy in the Netherlands by 2050」

ス（TNFD）等の既往国際イニシアティブのなかでも推奨されている。オランダの事例からは企業理念と直結するサステナビリティ戦略について黄金株等を活用した事例があり、ステークホルダーからの企業理念を反映しない短期志向のプレッシャーに対抗する仕組みとして日本でも活用余地がある。明確で具体的な社会課題を企業ガバナンスに直接的に組み込むことは、短期的な業績や環境に左右されないサステナビリティ経営への覚悟を示す有効なアプローチといえる。同時に、オランダの司法関与の経験からは、関係性によらずサステナビリティを実態以上の誇張をしたと捉えられる企業活動は、「グリーンウォッシュ」等として社会からの信頼を失うことにつながるリスクがある。

（3）社会的課題に取り組む企業育成

企業はそれぞれ自社の事業に関連するなかで社会的課題への貢献が期待される。オランダ含む海外の事例からは、社会的課題へのインパクトをより直接的な経営目的とするソーシャルエンタープライズの果たす役割に注目する意義がある。日本では各種の協同組合が幅広い分野で世界有数の規模で事業を行っており、日本協同組合連携機構（JCA）として緊密な連携がされている。こうした協同組合は営利を第一の目的としない会員向けの活動を中心に、ステークホルダーからの期待の高い地域や社会への活動を通じた貢献も強く意識され運営されている。

ソーシャルエンタープライズの活動が典型的に期待されるのは、特定分野や地域での取組みだが、オランダを含め海外の事例からは、一般企業と事業を高いレベルで競い合いながらより広範で規模

あるインパクトを与える存在になりうる機会があることがわかる。例えば日本での前述した認証BCorpも少しずつ先行的な取組みが始まっている（2024年11月現在49社）。日本におけるこうした社会的課題へ貢献する企業の研究については、内閣府の「社会的企業の活動規模に関する調査[注14]」、経済産業省の「ソーシャルビジネスとしての視点からの調査[注15]」のほか、谷本（2006）、塚本・山岸（2008）、藤井・原田・大高（2013）、山本（2014）、鈴木（2014）等により多角的に分析されている。松島（2024）は経済学とサステナビリティの関係性から、企業の大義と営利追求の整合的なアプローチの発展可能性に着目した。サステナビリティにかかる近年の環境変化やソーシャルエンタープライズの海外における活用範囲の拡大は顕著であり、日本においても更なる研究・発展の意義がある。

おわりに

オランダ語には「5本足の羊」という表現がある。大変まれで珍しいこと、全ての才能を兼ね備えた並外れた存在等を意味する褒め言葉として使われている。オランダが全体として「意味ある規模でのサステナビリティインパクトを経済的に持続可能な形で実現する」のは「5本足の羊」の群れを求めるような難しさがあるが、個々のオランダ企業のサステナビリティ戦略の歴史は、本稿でみてきたように未来と現実の両方を見据えた数々の挑戦の積み重ねに彩られている。日本においても、全体最適化のバランスのなかで、多様な組織が互いに切磋琢磨（せっさたくま）しながら幾重にも重なる社会課題に挑み、共に前進していくことを期待したい。

[注14] 内閣府 https://www.npo-homepage.go.jp/toukei/sonota-chousa/kigyou-katudoukibo-chousa（2024/11/30閲覧）

[注15] 経済産業省 https://www.meti.go.jp/policy/local_economy/sbcb/index.html （2024/11/30閲覧）

〈参考文献〉

・岡崎久彦（1999）『繁栄と衰退と―オランダ史に日本が見える―』文藝春秋

・オランダ政府（2020）「Vision on the future of industry in the Netherlands」

・小立敬（2021）「社会的インパクトに焦点を当てるソーシャル・バンク―トリオドス銀行の事例に学ぶ―」野村サステナビリティクォータリー 2021 Spring

・重頭ユカリ（2010）『ヨーロッパのソーシャル・ファイナンス』農中総研

・重頭ユカリ（2022）「欧州の協同組合銀行におけるサステナブルファイナンスの取組み」『農林金融』11月号

・鈴木良隆（2014）『ソーシャル・エンタープライズ論』有斐閣

・谷本寛治（2006）『ソーシャル・エンタープライズ―社会的企業の台頭―』中央経済社

・塚本一郎・山岸秀雄（2008）『ソーシャル・エンタープライズ―社会貢献をビジネスにする―』丸善

・ハニーマン,ライアン＆ティファニー・ジャナ（2022）『B Corp ハンドブック』バリューブックス・パブリッシング

・林宏美（2022）「生物多様性の視点を投資判断に結合することを目指す取組み―オランダの大手資産運用会社ロベコの事例―」野村サステナビリティクォータリー 2022 Summer

・藤井敦史・原田晃樹・大高研道（2013）『闘う社会的企業』勁草書房

・松島斉（2024）「第3章 6 社会的企業」『サステナビリティの経済哲学』岩波書店

・水島治郎（2019）『反転する福祉国家―オランダモデルの光と影―』岩波書店

・山本隆（2014）『社会的企業論』法律文化社

・Karré, Phillip Marcel(2021), "Social Enterprise in the Netherlands."

・Proveg international & smart protein (2024), *Evolving appetites:An in-depth look at attitudes towards plant based eating the Netherlands.*

・Remme, Joop H.M. (2015), "Corporate Social Responsibility in the Netherlands," *Corporate Social Responsibility.*

機関投資家の
ESG投資と受託者責任

専修大学
湯山 智教

第1章 はじめに

　資産運用の分野では、米国における第二次トランプ政権誕生を受けた逆風を懸念する向きもあるものの、ESG投資に対する注目が依然として高いといえる。しかしながら、ESG投資は、通常の投資で着目するリスクとリターンの要素に加えて、E（環境）、S（社会）、G（ガバナンス）についても着目して投資を行うものであることから、従前から、機関投資家にとっては受託者責任の観点からの是非について、しばしば議論がなされてきた。本稿では、この点について最近の情勢を踏まえて改めて考えてみたい[1]。

　本稿の構成は、次のとおりである。第2章で我が国の機関投資家の有する受託者責任とは何かを概観し、第3章でESG投資と受託者責任との関係について議論する。第4章で米国ERISAにおけるESG投資の扱いに関する変遷を概観し、第5章でインパクト投資と受託者責任の関係について、そして最後の第6章でリスク・リターンを棄損しないでESG投資を行うことは可能なのか否かについて考えてみたい。

第2章 我が国の機関投資家の有する受託者責任とは何か

　年金基金や保険会社などの機関投資家は、資金の信託を受ける側、すなわち受託者（Fiduciary）として、資産運用の委託者（年金受給者や保険契約者等）である受益者（Beneficiary）の意向を受けて、忠実かつ賢明な方法で運用を行う必要があるという意味での受託者責任（＝信認義務、フィデューシャリー・デューティー）を有すると考えられる[2]。そして、我が国の機関投資家は、法的にも、①忠実義務（民法第644条、信託法第28条1項、金商法第42条1項等）、②善管注意義務（信託法第

---

[1] 本稿は、湯山編著『ESG投資とパフォーマンス』第4章「ESG投資と受託者責任に関する議論」の議論について、その後の情勢を勘案し、さらに改訂したものである。なお、本稿の内容は、筆者の現在または過去の所属機関等の見解ではなく、個人的見解であることを申し上げておく。

[2] 受託者責任は、フィデューシャリー・デューティー（Fiduciary Duty）の訳語であるとされるが、その概念には英米においても微妙に異なるいくつかのものが考えられる。例えば我が国でも後述する金融庁の出した「顧客本位の業務運営」という訳語もあるが、本稿では、「受託者責任」とする趣旨で統一する。また、友松（2023）などは、受託者責任と同趣旨を「信認義務」と称している。本文中において、特に必要のない限りは「フィデューシャリー・デューティー」や「信認義務」とは表さずに、基本的に「受託者責任」という用語で統一する。

29条2項、金商法第42条2項等）、③誠実公正義務（金融サービス提供法第2条）、の3つの受託者責任に関する義務を有すると考えられる[3]。

「①忠実義務」は、「自己の利益のためにではなく受益者の利益のために行為をすべき義務」とされ、典型的には利益相反の行為を制限すること等とされる。「②善管注意義務」は、受益者は投資リターンを高めることを期待して機関投資家に資金運用を委ねるものと想定されるため、機関投資家は専門家として投資リターンを高めるために高度な注意を尽くす必要があるとされる。そして、「③誠実公正義務」は、最近、改正金融サービス提供法（2024年11月1日施行）によって追加された概念であるが、上記の善管注意義務ないし忠実義務よりも上位の一般概念とされ、「顧客等の最善の利益を勘案しつつ」との文言が付け加えられたものである。

さらに、年金基金の運用については、それぞれの根拠法（例えば、確定給付企業年金法など）にも規定が定められて受託者責任が課せられており、例えば、年金基金については理事に忠実義務が課せられている。また、厚生労働省が「確定給付企業年金に係る資産運用関係者の役割及び責任に関するガイドライン」（一般に「受託者責任ガイドライン」とも呼ばれる）を発出している[4]。これは米国のERISA（従業員退職所得保障法：Employee Retirement Income Security Act）等の英米の法制度における考え方精神をできる限り参考としつつ、現行法における「善管注意義務」や「忠実義務」の概念を、事業主等が管理運用業務を行う場面を想定し、具体的な行動指針として記述されている。

例えば、注意義務としての分散投資義務に関しては、①投資対象の種類等について分散投資に努めなければならない、②リスクの高い資産等であっても、資産全体のリスクとリターンとの関係において合理的と考えられれば、法令に違反しない限り、事業主等自らの判断によりこれらの資産等に運用することができる、③当該資産等への運用が資産全体のリスクとリターンに与える影響に配慮する、④少なくとも毎事業年度ごとに、資産全体の構成割合を時価で把握しなければならない、と記載されている。これは、米国における、いわゆる「プルーデント・インベスター・ルール（あるいはERISAの1979年規定改訂後のプルーデント・マン・ルール）」に類似しており、これにより我が国において、受託者責任の一環として、分散投資義務が課されていると解されると考えられる。

第3章　ESG投資における受託者責任とは何か

ESG投資の文脈からは、受託者責任の考え方として大きく3つが考えられる[5]。

1つ目は、ESG投資によって通常投資で想定されるリターンを下回り、損失を出した場合には受

---

[3]　有吉（2023）に基づく。続く受託者責任の法的説明部分も同じ。

[4]　2002年3月に確定給付企業年金法の施行に合わせて策定されたガイドラインであり、「厚生労働省年金局長通知「厚生年金基金の資産運用関係者の役割及び責任に関するガイドラインについて」（平成9年（1997年）4月2日年発第2548号）」の内容等を踏まえたものであり、事業主（法人）及び基金、運用機関などの受託機関のそれぞれの役割と責任などを規定している。
なお、同ガイドラインは、2017年に、「確定給付企業年金に係る資産運用関係者の役割及び責任に関するガイドラインについて」（平成29年（2017年）11月8日年発1108第1号）において改正されている（飯尾2018）。これは2012年に発覚した、AIJ事件を契機として受託者責任を徹底させる必要があることを反映したものであり、やはり、2012年に同事件を受けて改正された厚生年金基金のガイドライン（平成14年（2012年）3月29日年発第0329009号）を踏まえたもの。

[5]　湯山（2020）でも指摘した考え方である。

- 67 -

託者責任に反するのではないか、という論点から生じる考え方であり、もっとも伝統的な意味での受託者責任の考え方といえる。いわば、「①市場平均リターン達成義務としての受託者責任」といえる。善管注意義務との関係でいえば、ESG投資を行うことで期待リターンを下回ることが、受託者責任のうちの善管注意義務に違反するのではないかという視点であろう[6]。

2つ目は、長期的にサステナブルな社会実現のためには、ESG要素を考慮しないで投資すること自体が、受託者責任に反するのではないか、という論点から生じる考え方であり、いわば「②ESG配慮義務としての受託者責任」の考え方といえる。これは、主に欧州で主流とする考え方といえ、一部機関投資家や、PRI（責任投資原則）などのESG投資を広めたい団体もこうした考え方を推奨しているといえる。例えば、投資判断においてESG課題を含めて長期の投資価値を考慮しないこと自体が、受託者責任に反するとの考え方は、PRI他(2015)等で指摘されている。善管注意義務との関係でいえば、②は善管注意義務によって、ESG投資自体が義務付けられているのではないか、といった視点となる[7]。ただし、よくよく考えてみると、長期的リターンを確保するためには、むしろサステナビリティの考慮が必要という考え方であり、逆にいえば、サステナビリティの考慮の結果、長期的リターンが得られなかったらどう考えればよいかという疑問も生じる。つまり、この考え方でも長期的リターン確保自体は必須であり、通常投資と同程度の経済的リターンが得られるのは前提としているようにも思われ、その意味では、①は②の前提のようにも思われる。

3つ目は、忠実義務の視点から、受益者以外の第三者の利益のための投資は忠実義務違反となりうることから、ESG投資が受益者の利益とは離れた社会課題の解決のために行われる場合には忠実義務違反となりうるが、委託者及び受益者がその社会的課題のために行うことを認めている場合には忠実義務違反とはならないとされるものである[8]。これに関連して、ESG投資が主に個人投資家の利益を考えた形で行われているか、という論点から生じる考え方もあり、顧客との利益相反を制限する忠実義務の視点からの、いわば「③顧客本位としての受託者責任」の考え方といえる。金融庁が提起した「顧客本位の業務運営に関する原則」から提起された見方である[9]。当時、問題が指摘されていた回転売買や系列金融機関商品販売などの手数料問題が念頭にあるものと考えられる。顧客利益よりも自己利益を重視していないか、といった視点から生じており、「顧客等の最善の利益を勘案しつつ」という観点から、新たに定められた誠実公正義務に含まれるとも考えられ、ESG投資の経済的リターンとはそれほど関係ないかもしれない。ただし、「顧客本位の業務運営」が、フィデューシャリー・デューティー（受託者責任）の言い換えの用語として使われることには違和感があり、混乱が生じる恐れがあるとの指摘もみられる（松元2017）。

もっとも、①と②の関連においても、村田(2023)は、広義と狭義の受託者責任の概念のもたらす混乱が生じている可能性があると指摘している。すなわち、忠実義務や善管注意義務は法的に定められたもの（法的規範としての受託者責任）であり、投資信託ならば、信託目的である「受益

---

[6]　有吉（2023）による指摘。

[7]　有吉（2023）による指摘。

[8]　後藤（2021）、有吉（2023）による指摘。

[9]　「顧客本位の業務運営に関する原則」については、金融庁ウェブサイトを参照。
（https://www.fsa.go.jp/policy/kokyakuhoni/kokyakuhoni.html）（最終閲覧日：2025年3月20日）

者のための利殖」を実現するために信託行為を行うのが資産運用業者の最優先の責務となる。これに対して、近年、広まりつつあるものとして、「広義の受託者責任（フィデューシャリー・デューティー）」は、「法的拘束力はないけれども人々の行動を拘束する社会規範、すなわちソフトロー上の規範」と定義される（神作2019）。例えば、企業のフィデューシャリー宣言などで、「資産運用業者の社会的使命」や「地球環境に配慮した企業への投資」が世間の耳目を集めるが、あくまでも資産運用業者が受益者に提供しなければならないのは「利殖」であり、その他の資産運用業者の行動規範は、法的規範としてのフィデューシャリー・デューティーが確立した上で初めて成立するものと指摘する（村田2023）。両者を混用することにより、法で定められた義務をかえって蔑ろにする危険があることには留意すべきであり、法的義務を広義のフィデューシャリー・デューティーと同列に扱うことで、法的な受託者責任から免れることがあってはならず、運用（経営）不振の言い訳にしてはいけないと指摘している。

小括すれば、ESG投資と受託者責任の関係については、既に多くの議論や研究、分析がなされており、だいたいの方向性は示されていると考えられ[10]、すなわち、ESG要素を考慮して投資を行うことは、機関投資家にとって受託者責任にただちに反するものではないが、あくまでも受益者の利益最大化に資する範囲内においてであるといえ、米国における有力な学説も同様の見解である（Schanzenbach and Sitkoff 2020）。そして、ESG投資によって、受益者の利益が蔑ろになることが

ないような牽制・抑止（濫用の歯止め）する機能を受託者責任が果たしているとされる[11]。

第4章 米国ERISAにおける受託者責任とESG投資に関する議論の変遷

次に、政権交代のたびごとに解釈が変更されて揺れる米国におけるERISAにおける受託者責任とESG投資に関する議論を概観してみたい。既述の通り、我が国における年金基金等の受託者責任の考え方も、米国ERISAにおける考え方に類似したものとなっているからである。

米企業年金の受託者責任（フィデュシャリー・デューティー）については、ERISAにおいて、①注意義務、②忠実義務、③分散投資義務、が規定されている。そして、ESG投資は、まずは、①注意義務をしっかりと果たしているか、という点で受託者責任上の論点になりうる[12]。つまり、環境や社会的要因などの他要因を考慮することによって、通常得られるようなリターンに対して、受益者の利益を棄損していないかという論点が生じる（第3章の①の考え方と同様）。そして、ERISAの解釈権限を有する米国労働省では、ESGに対して寛容か抑制的かで、民主・共和政権の間で揺れてきたとの指摘が多くみられる[13]。すなわち、ESG投資を推奨する傾向の民主党と、利益達成義務をより厳格に捉える共和党の間で、労働省のERISA解釈も揺れ続けてきた（表1）。

もっとも、このなかでも、基本的に「付随的な社会政策的な目標を促進するために投資リターンを犠牲にしたり、投資リスクを負担したりする投

---

[10]　友松（2023）による指摘。

[11]　友松（2023）による指摘。

[12]　米国におけるERISAに関する記載は、神作編（2019）第7章を主に参考にしている。また、条文・通達の訳文・概要等においても同論文で用いられている訳文や表現を用いている。

[13]　ERISAを巡る解釈の変遷については、阿部（2023）、岡田・中村（2021）、鈴木（2021、2023）、福山（2022）、吉野・湯山（2023）等に日本語でも詳しく書かれており、これらも参考としている。

金融・資本市場リサーチ

表1 米国における ERISA 法解釈・規制を巡る最近の変遷

	政権		規制・解釈の ESG 投資への影響
1994年 6月	クリントン（民主）	○	最初の解釈通知。リスク・リターンが同等なら考慮可能。
2008年	ブッシュ（共和）	△	慎重な扱い（何か紛争が生じたときに、他投資対象と同等の価値を有していたとの文書が必要）。
2015年 10月	オバマ（民主）	○	ESG 投資に寛容へ。証明の文書は不要へ。
2016年 12月	同上	◎	ESG 要素を考慮することを禁止してはいないと明確化。
2018年 4月	第一次トランプ（共和）	△	これまでの通達は、ESG を考慮する必要があるとまでは述べていないと注意喚起。経済的利益が最優先。
2020年 11月	同上	×	金銭的要因のみ考慮を明示すべきとし、非金銭的目的を考慮する場合には、選定理由の文書化などが必要。
2021年 3月	バイデン（民主）	○	上記の前トランプ政権通達の執行停止
2023年 1月	同上	◎	リスク・リターン改善に資する限り ESG 要素を考慮しても構わないと明確化。文書化は不要。
2023年 2月	同上	－	共和党多数派となった議会で上記規則差し止めの決議案可決
2023年 2月	同上	○	バイデン大統領が、上記差し止め決議に拒否権発動
2024年 6月	同上	？	連邦最高裁で政府による法解釈の権限「シェブロン法理」を無効化する判決。上記解釈への影響がどうなるか？
2025年 1月以降	第二次トランプ（共和）	×	おそらく、第一次トランプ政権と同様の方向になるものと予想される。

(出所) 神作編（2019）、岡田・中村（2021）、鈴木（2021、2023）等をもとに筆者作成

資手法をとることは許されない」とする立場は、1994年以来、一貫しているとも指摘される（Schanzenbach and Sitkoff, 2023）。つまり、リスク・リターンへの改善に資する限りという条件は両党間で共通であるものの、微妙な表現の差によって、その実質的な影響が生じているようにみえる。この結果、両党間での ESG 投資に対する姿勢に差が生じて政治問題化したといえる。

具体的には、経済的リターンやリスクが、ESG ファンドと非 ESG ファンドの間で同等の場合には、ESG 要素を考慮することで、リスク・リターンの改善に資する限りは許容されるが（＝タイ・ブレーカー基準といわれる）、そのための経済価値向上に寄与することの文書化や証明が必要か否か、ESG 考慮が許されるケースの発生可能性に関する認識の差、つまり ESG ファンドと非 ESG ファンドの間での経済的リターンとリスクが同等のケースが生じるのは "rare（まれ）" か否かに関する認識の差があげられる。そして、この「タイ・ブレーカー基準」が発動されるようなケースは、ほとんど生じないだろう（rare（まれ））というのが共和党であり、同等と考える要件を緩く解釈するのが民主党の考え方であるとする。こうして、民主党政権は ESG 投資に寛容的な姿勢を示し、逆に共和党政権は ESG 投資に抑制的な姿勢を示してきたといえる。この考え方を示したものが図1であり、A 点から B 点への移行は、リスク・リターンが同等であり許容されるが、A 点から C 点への移行はリスク・リターンが悪化するので許容できないということである。

図1　リスク・リターンが同等な条件下でのESG要素の考慮の意味

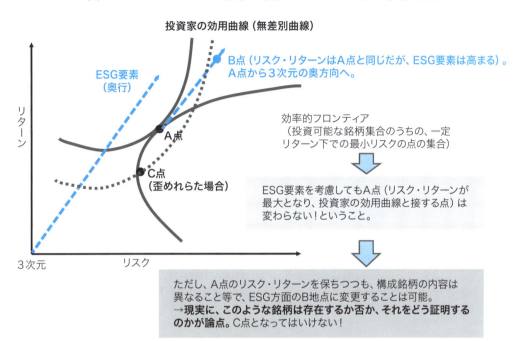

（注） ESG考慮によって、リスク・リターンの点で最適配分ではなくなる可能性については、吉野・湯山（2023）も参照されたい。図1は同論文内での議論を発展させたものである。
（出所） 筆者作成

　この他に、②忠実義務の点でもESG投資に関連して問題となったケースもある。2025年1月に、テキサス州連邦裁判所は、アメリカン航空がESG利害の影響によりERISAの忠実義務（duty of loyalty）に違反したと認定との判断を示した[14]。すなわち、集団訴訟において、アメリカン航空とアメリカン航空従業員福利厚生委員会が、ESG目的が従業員退職年金の運営に影響を及ぼすことを許容した、具体的にはアメリカン航空の大株主でもある投資顧問会社（ブラックロック社）との関係が年金運営に影響を及ぼすことを許容したことにより、年金受給者に対するERISA忠実義務に違反したと認定したという。もっとも、同裁判所は、ERISAの注意義務（duty of prudence）については、「ESG投資が退職年金にとって最善の財務的利益にならないことを明らかにした証拠からすれば衝撃的な結果」としながらも、一般的な業界慣行に従って行動したものとして、注意義務違反はなかったという結論を示した。

　なお、2025年1月に第二次トランプ政権（共和党）によって、おそらく連邦レベルでは、労働省（DOL）がERISAにおけるESG関連規則を改め

---

[14] Spence v. American Airlines, Inc., 2024 WL 733640 (N.D. Tex. 2024)
同訴訟にかかる判決文は以下からダウンロード可能。また訴訟経緯も以下サイトに詳しい。
（https://climatecasechart.com/case/spence-v-american-airlines-inc/）（最終閲覧日：2025年3月20日）

て見直す可能性が高いともいわれている（2025年3月時点の見通し[15]）。前民主党バイデン政権下での解釈がそれ以前のもの（すなわち、非金銭的目的を考慮する場合には、選定理由の文書化などが必要）に戻る可能性が高いと考えられる。このため、年金基金の受託者責任に関連してESGへの配慮を争う訴訟も増加すると予想される。

ただし、政府の法解釈権限「シェブロン法理」を無効化する最高裁判決（2024年6月）の影響も懸念されるところではある[16]。上記はERISAに関する労働省の解釈・規則に過ぎないので、そもそも労働省によるERISA解釈権限についての疑義が生じる可能性があり、大ドンデン返しとなりかねない判決であるともいえる（当時のバイデン政権は同判決に失望を表明した）。今後は裁判所判断に移行せざるを得ない可能性も考えられるが影響は未知数である。

第5章　インパクト投資と受託者責任

次に、最近注目されるインパクト投資と受託者責任の関係について考えてみたい。インパクト投資の定義は、経済的リターンと並行して、ポジティブで測定可能な社会的および環境的インパクトを同時に生み出すことを意図する投資とされ、広くESG投資にも含まれる[17]。つまり、投資判断は、リスク・リターン・インパクトの三次元評価となるわけである。そして、インパクト投資の4要素として、①意図があること、②財務的リターンを目指すこと、③広範なアセットクラスを含むこと、④社会的インパクト評価を行うこと、があるとされる。

そして、インパクト投資については、最近（2024年6月）、「新しい資本主義のグランドデザイン及び実行計画2024年改訂版」において、「GPIF・共済組合連合会等が、投資に当たり、中長期的な投資収益の向上につながるとの観点から、インパクトを含む非財務的要素を考慮することは、ESGの考慮と同様、「他事考慮」に当たらない」と指摘した点が注目される[18,19]。具体的には、インパクト投資は、明確にインパクトを狙うことを意図したものであり、一般に考えたらリスク・リターン以外の「他事考慮」となるのではないかという疑問が生じる。

しかしながら、「新しい資本主義のグランドデザイン及び実行計画2024年改訂版」においても、「中長期的な投資収益の向上につながるとの観点から」とあるため、やはり経済的リターンが前提のようにみえる（つまり、最低でも通常レベルの経済的リターンの伴わないものは許容しにくいように思われる）。たしかに、インパクト投資においても、通常の経済的リターンを確保する類がある

---

[15]　例えばロイターによる報道に基づく。Reuters（February 12, 2025）「Top 5 ESG considerations for US investors under the Trump-Vance administration」（https://www.reuters.com/legal/legalindustry/top-5-esg-considerations-us-investors-under-trump-vance-administration-2025-02-11/）（最終閲覧日：2025年3月20日）

[16]　シェブロン法理に関する最高裁判決については、日本貿易振興会（2024）を参照。

[17]　SIIFウェブサイトより抜粋。
（https://www.siif.or.jp/strategy/impact_investment/）（最終閲覧日：2025年3月20日）

[18]　内閣官房「新しい資本主義のグランドデザイン及び実行計画2024年改訂版」については、以下のウェブサイトを参照。この56ページに、インパクト投資における「他事考慮」に関する記載がみられる。（https://www.cas.go.jp/jp/seisaku/atarashii_sihonsyugi/pdf/ap2024.pdf）（最終閲覧日：2025年3月20日）

[19]　GPIFの宮園雅敬理事長（当時）は過去に「GPIFは投資収益を上げるということを唯一の目的とした組織で、インパクトを目的に投資することはできない。それは投資に規律を持たせる上でも大事なことだ」（2022年度ESG活動報告）と指摘した。

機関投資家のESG投資と受託者責任

図2 インパクト投資にも市場競争力ある経済的リターンがある類（四角で囲われた部分）

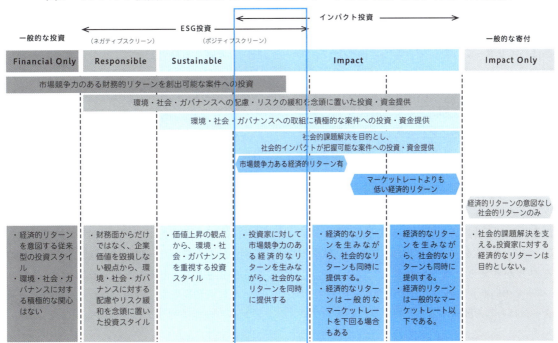

(出所) SIIF「インパクト投資拡大に向けた提言書2019」より抜粋。G8社会的インパクト投資タスクフォース（Social Impact Investment Taskforce）ALLOCATING FOR IMPACT（2014）を基に SIIF 作成を抜粋。

模様であり（図2の四角で囲った部分）、この部分の投資のことに言及していると思料される。残りの問題は、④の「社会的インパクト評価を行う」か否か、そして、その際のコストはどう考えるか、そもそもインパクト評価は可能なのか、という点になるだろう。

第6章 リスク・リターンを棄損しないESG投資は存在するのか

我が国の受託者責任に関する法的規定、米国のERISA、インパクト投資等のこれまでの議論を踏まえても、結局のところ、受託者責任としては、通常と同等の経済的リターンの確保が大前提のようにみえる。米国に限らず、欧州も、そして我が国においても、ESG投資、インパクト投資ともに、そのような傾向があるようにみえる。しかしながら、このような投資は可能なのだろうか。つまり、リスク・リターンを棄損しないで、ESG要素（インパクト含む）を考慮することは可能なのだろうか。

ESG投資としては、以下の4つがある。1つ目は、①ESG要素を考慮してマーケットリターン対比の超過リターン（すなわち、アルファー）を目指す投資であるが、これは効率的市場仮説の存在（いまだ完全否定は困難）や、おそらくそのファクター（アノマリー）も次第に消えていくだろうという点、などから確かなことはいえない。2つ目は、②既存ポートフォリオの銘柄入れ替えを通じて、リスク・リターンを同等水準に維持しつつ、ESGパフォーマンス（インパクト）を上げることを図ることである（スクリーニング）。理論的にはもちろん可能だが、米国の例でもわかるように、こうした例は極めて"rare（まれ）"なケースか、あるいは同等とみなす要件次第ともいえる。また、外された銘柄企業の反発リスクもある上に、実は、

- 73 -

むしろ現段階でESGパフォーマンスが低い企業の方が、将来は高リターンが期待できることも、銘柄入替で外すリスクといえる（通常は、ハイリスクはハイリターンが期待できる[20]）。3つ目に、③既存ポートフォリオに対して、エンゲージメントを行うことを通じて、リスクを低下させて企業価値の向上を図ることが考えられ、リスク・リターンはむしろ改善することになる。これは効率的フロンティアの左シフトを志向するものであり、「リスク・リターンを棄損しないで、ESG要素（インパクト含む）を考慮する投資」として十分に成立しうるだろう（図3のA点からB点への移動）。最後に、④市場銘柄全体に対して、エンゲージメントを行い、リターンあたりのリスクの低減を図ることが考えられる（いわゆる、GPIFがいう「ベータの向上」戦略[21]）。この場合も、リスク・リターンはむしろ改善することになり、効率的フロンティアの左シフトを志向するものであり（同様に、図3のA点からB点への移動）、「リスク・リターンを棄損しないで、ESG要素（インパクト含む）を考慮する投資」として十分に成立しうるといえる。

総括すれば、最近の方向性としては、ESG投資と受託者責任の関係を考える場合、カーボンニュートラルを目指す風潮や、それに応じた受益者の意向も背景に、サステナビリティへの配慮と経済的リターンの確保と両立する投資となっていることがもっとも望ましい。ただし、どちらがより優先されるかというと、受託者責任の観点からは、ESG要素を優先することに関しての受益者との明示的な合意がない限りは、経済的リターンの方が優先されると考えるのが一般的といえるだろう。特に機関投資家に資金を委ねる場合には、通常レベルの経済的リターンの確保が前提であり、

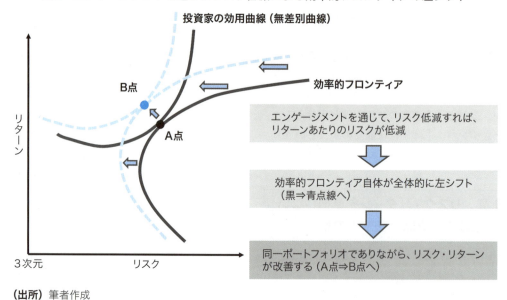

図3　エンゲージメントを通じたリスク低減による効率的フロンティアの左シフト

（出所）筆者作成

---

[20] 例えば、Hong and Kacperczyk (2009) は、著名学術誌に掲載された有名な論文であるが、有害（sin）銘柄の方がむしろリターンが高かったと指摘。

[21] ベータの向上については、湯山編著 (2020) での説明を参照。

それ以外の目的ならば、他の方法をとるだろう。他方で、仮にESG要素を考慮しないとしても、ESG投資のパフォーマンスが確定的にいえない段階では、これをもって善管注意義務違反となることも考えにくい。機関投資家には、一般に投資運用に広範な裁量が認められるためである。そして、エンゲージメントを通じたESG投資によって、「リスク・リターンを毀損しないで、ESG要素（インパクト含む）を考慮する投資」は実現しうる。

ただし、いずれにせよ、近年は、ESG要素への考慮の欠如、ESG要素の過度な考慮、そして経済リターンの欠如のどれもが受託者責任の観点からの疑義が呈される可能性もあり、受託者責任を有する運用者はより難しいミッションを課されたといえる。

参考文献

阿部賢介（峰尾洋一監修）「ウォークでゆれるESG投資〜ESG投資と気候変動情報開示をめぐる米国の動向〜」丸紅ワシントン報告、2023年4月

有吉尚哉「日本法の下でのESG／SDGsを考慮した投資と法的責任」（神作裕之編『フィデューシャリー・デューティーの最前線』有斐閣、2023年の第5章収録）

飯尾昌弘「受託者ガイドラインの改正」ラッセル・インベストメント・コミュニケ、2018年春号

岡田功太、中村美江奈「米国の企業年金プランによるESG投資を巡る議論」金融・資本市場レポートNo.21-12、野村資本市場研究所、2021年

神作裕之編『フィデューシャリー・デューティーと利益相反』岩波書店、2019年

後藤元「ESGと信託」『信託』286号、一般社団法人信託協会、2021年

日本貿易振興機構ニューヨーク事務所「米最高裁、政府による法解釈の権限「シェブロン法理」を無効化」『米国環境エネルギー政策動向マンスリーレポート』Vol1.1、2024年6月（https://www.jetro.go.jp/ext_images/world/n_america/us/biden_administration/report/2024_1.pdf）（最終閲覧日：2025年3月20日）

鈴木裕「ESG投資を後押しする米国労働省規則改正 米国労働省が企業年金におけるESG投資を促す規則改正案を公表」大和総研、2021年

鈴木裕（2021）「ESG投資を後押しする米国労働省規則改正 米国労働省が企業年金におけるESG投資を促す規則改正案を公表」大和総研、2023年

友松義信「ESG投資と信認義務」（神作裕之編『フィデューシャリー・デューティーの最前線』有斐閣、2023年の第4章収録）

福山圭一「米国におけるESG投資をめぐる対立—州政府の動向を中心に—」年金シニアプラン総合研究機構、2022年

松元暢子「金融分野における「フィデューシャリー・デューティー」の用語法についての一考察」（能見善久・樋口範雄・神田秀樹編『信託法制の新時代』弘文堂、2017年、内に収録）

村田一馬（投資信託協会）「資産運用業者の受託者責任－フィデューシャリー・デューティーの淵源を探る－」投資信託協会調査広報室レポート、2023年

湯山智教編著『ESG投資とパフォーマンス』きんざい、2020年

吉野直行・湯山智教「米国におけるESG議論の混迷と資産選択の歪み」月刊資本市場2023年7月号、公益財団法人資本市場研究会

Hong, Harrison, and Marcin Kacperczyk. "The price of sin: The effects of social norms on markets." *Journal of Financial Economics* 93.1 (2009): 15-36.

PRI, UN Global Compact, UNEP FI, & UNEP Inquiry (2015) "Fiduciary Duty in the 21st Century"

Schanzenbach, Max M., and Robert H. Sitkoff. "Reconciling fiduciary duty and social conscience: the law and economics of ESG investing by a trustee." *Stan. L. Rev.* 72 (2020): 381.

Schanzenbach, Max M.,and Robert H.Sitkoff. (2023) "ESG Investing After the DOL Rule on "Prudence and Loyalty in Selecting Plan Investments and Exercising Shareholder Rights"", Harvard Law School Forum on Corporate Governance, (https://corpgov.law.harvard.edu/2023/02/02/esg-investing-after-the-dol-rule-on-prudence-and-loyalty-in-selecting-plan-investments-and-exercising-shareholder-rights/)（最終閲覧日：2025年3月20日）

サステナビリティ・コミュニケーションの考察
～「陽徳善事」のすすめ

株式会社ストラテジー・アドバイザーズ
資本市場本部　執行役員
三菱UFJモルガン・スタンレー証券株式会社
法人支援部

荒竹 義文

1．はじめに

　日本企業の社会的責任への意識については、江戸時代の近江商人の経営理念を表す「三方よし」「陰徳善事」にその萌芽が見られる。1956年には経済同友会が「経営者の社会的責任の自覚と実践」を決議し、1970年代には公害や欠陥製品問題、オイルショックの便乗値上げなどを受けて企業のあるべき姿が問われ、1980年代にはフィランソロピーやメセナを通じて企業市民としての性格が強調されるなど、社会的責任は長年にわたり意識されている。近年は、法・制度の改正、指針提示、行動規範の策定などにより、サステナビリティ経営の導入が図られている。2015年に国連サミットで決議されたSDGsは、企業をはじめ政府・自治体・個人と様々な主体がサステナビリティに取り組むきっかけとなっている。2010年には組織の持続可能な発展に向けた社会的責任の手引きであるISO26000が制定されている。コーポレートガバナンス・コードや日本版スチュワードシップ・コードにもサステナビリティの考え方が取り込まれている。伊藤レポート3.0（SX版伊藤レポート）の策定や、TCFD、TNFDといった企業の情報開示の枠組みの提供など様々な取り組みが行われている。

　サステナビリティ経営として、企業は「社会の持続可能性の向上を図るとともに、自社の長期的かつ持続的に成長原資を生み出す力（稼ぐ力）の向上と更なる価値創出へとつなげる」ことを求められている[1]。川井（2024）は、「サステナビリティ経営はこれまでの経営と全く違う経営手法であり、これまでのルールや常識は通用しない」としている[2]。経営陣の取り組みだけでサステナビリティ経営は完結しない。従業員はサステナビリティを意識した業務遂行により売上・利益を増加させ、消費者はサステナブルな購買行動を通じて企業の価値創造に貢献し、投資家は企業価値の創造を株価に反映させる、といったことが必要である。各ステークホルダーの意識・行動を変化させるには、企業のサステナビリティ経営に共感するようなコミュニケーションが求められる。本稿では、サステナビリティ経営に対する企業、従業員、投資家、消費者の近年の意識と行動を確認する。さらに、コミュニケーションによりサステナビリティ経営への共感を得る手法について実務的に考察する。

---

[1]　経済産業省「伊藤レポート3.0（SX版伊藤レポート）」（2022年8月30日）

[2]　川井健史（2024）『サステナビリティ経営のジレンマ 企業価値向上を阻む5つの障壁』、ダイヤモンド社、pp.20

2. サステナビリティ経営に対する企業の意識と行動

ISO26000においては、「社会的責任を組織の戦略の主要要素として含めるべき」とされている。企業は社会的責任を経営課題として意識し、目標設定／実行／評価といった活動サイクルに組み込むことを求められている。図表1は、企業の「CSR、CSV、事業を通じた社会課題の解決」に対する経営課題意識についてのアンケート調査結果である。「現在の経営課題」と意識する割合は5％前後と低く、20項目程度ある選択肢の中で最下位に近い順位で推移している。2010年代から順位は低下している。「3年後の経営課題」「5年後の経営課題」とする割合・順位は「現在の経営課題」を上回っている。2010年代と比較すると上昇傾向だが、2020年代に入りやや低下している。社会的責任については、3年後、5年後の経営課題と意識されているが、喫緊の経営課題とみなされていない。

図表1.「CSR、CSV、事業を通じた社会課題の解決」に対する経営課題意識について
〈意識している企業の割合、選択肢の中での順位〉

年度		2010	2014	2019	2020	2021	2022	2023
割合(%)	現在	4.7	5.6	3.3	3.4	7.5	6.4	5.3
	3年後	5.9	-	7.5	8.6	13.2	11.8	8.9
	5年後	2.7	-	7.7	7.7	13.0	9.3	8.3
順位	現在	14	15	19	20	16	18	18
	3年後	15	-	14	12	9	10	13
	5年後	11	-	4	5	2	4	3

出所：一般社団法人日本能率協会「当面する企業経営課題に関する調査」より筆者作成

図表2は、2020年以降の企業の社会課題解決に向けた取り組みに関する目標設定／評価についての実施／開示状況を示している。7割程度の企業は目標を設定しているが、評価している割合は6割程度にとどまっている。目標設定をしていない企業が3割程度あり、さらに目標を設定しながら評価を行わない企業があることが示唆される。割合としてはほぼ横ばいであり、近年取り組みが進んでいるとはいえない。開示の割合は、2022年以降に目標／評価共に5割前後に低下している。

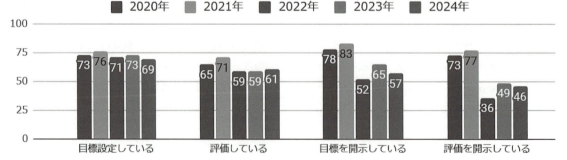

図表2．企業の社会課題解決に向けた取り組みへの目標設定／評価についての実施／開示状況（単位：％）

出所：公益財団法人東京財団政策研究所「CSR白書」より筆者作成

サステナビリティ・コミュニケーションの考察
～「陽徳善事」のすすめ

2020年代に入り、企業の社会的責任に対しての課題意識は先送りの傾向が見える。目標設定や評価の実施は横ばいであり、開示は低調となっている。サステナビリティ経営の導入は踊り場を迎えている。

2010年代に進んだコーポレートガバナンス改革では、ステークホルダーとの対話やアクティビスト活動、厳格化した議決権行使などが改革を後押しした。サステナビリティに関しては、機関投資家は投資責任原則への署名や投資判断へのESG課題の組み込みを通じて企業との対話を深めている。次章では、その他のステークホルダーとして従業員、消費者、個人投資家の意識と行動について確認する。

3．サステナビリティに対する従業員／消費者／個人投資家の意識と行動

(1) 従業員の意識と行動

従業員1,000名以上の企業に勤める正社員に対してのアンケート調査によると、サステナビリティ経営推進に関心がある層の中で、「サステナビリティ推進の取り組みにとても共感して行動に移している」とする割合は2割を切っている。「できる範囲で行動している」との割合を合わせても6割前後である。サステナビリティ経営推進に関心の少ない層では、ミドル・マネジメント層は自らの業務に無関係であること、具体的な行動が分からないこと、必要性が分からないことを関心が少ない理由として挙げている。いわゆるサステナビリティウォッシュへの懸念があることや企業の

利益優先の体質なども理由としている。20代層はサステナビリティ自体が良く分からないとする理由が多い[3]。

従業員がサステナビリティを意識して業務を行うには、サステナビリティに関心を持ち、理解し、共感して実践に移るというステップを踏む必要がある。関心を持つ、実践に移る、というステップが障害になっている。従業員に対して関心を持たせるような情報提供、共感・実践につなげるコミュニケーションが必要である。

(2) 消費者の意識と行動

消費者のサステナビリティに関する意識と行動は図表3のようになっている。SDGsについて「名前を聞いたことがある」人の割合（知名率）は、2022年に8割超にまで急上昇し、「内容をよく知っている／ある程度知っている」人の割合（認知率）も5割超まで上昇している。買い物時のサステナビリティに対する意識を表す社会購買実践度も徐々に上昇している。しかしこの傾向は2022年頃を境に横ばいに転じている。サステナビリティへの意識と行動の高まりは、頭打ちとなっていると考えられる。

成人に対して行った世論調査においては、「社会のために役立ちたいと思っている」割合は、2000年代後半には7割近くに上昇したが、その後は低下して6割台前半となっている[4]。長期的には社会貢献意識が上昇しているわけではない。SDGsは2010年代後半から認知を拡大し、社会購買の実践割合を高めるなどの効果が見られたが、足元でその流れは一段落している。

---

[3]　一般財団法人企業活力研究所「「サステナビリティ経営の推進に向けた従業員の共感拡充・行動変容を加速するための対策のあり方」に関する調査研究報告書」（2024年3月）

[4]　内閣府「社会意識に関する世論調査」

図表3．「SDGs」知名率、認知率および社会購買実践度

年	2019	2021	2022	2023	2024
「SDGs」知名率（％）	26.8	55.2	82.0	83.3	80.7
「SDGs」認知率（％）	8.9	28.8	52.2	55.7	51.7
社会購買実践度	4.66	4.88	5.08	5.15	5.12

出所：株式会社博報堂　博報堂SXプロフェッショナルズ「生活者のサステナブル購買行動調査」より筆者作成

注：2021年までは20歳～69歳の回答、2022年以降は16歳～79歳の回答

注：「社会購買実践度」は、「普段あなたが買い物をする際、その商品が環境や社会に与える影響をどの程度意識していますか」という問いに対し「1. 全く意識していない～10. いつも意識している」の10段階で回答されたものの平均

（3）個人投資家の意識と行動

サステナビリティへの投資手法の一つであるESG投資について、個人投資家の認知・投資状況は図表4のとおりである。ESG投資について「内容を知っており投資したことがある」割合はわずかに増えているものの、「内容を知っており興味もあるが投資したことはない」「内容を知っているが興味はない」割合は減っている。「内容を知っている」割合は2021年から3割程度で横ばいであったが、2024年に掛けて低下している。

金融庁調査によれば、「ESGを知っているが投資したことはない」個人投資家の中で半数以上が「ESG投資による資産形成のイメージが沸かない」としている。「機関投資家と同じように個人投資家もESG投資のチャンスが欲しい」と考えている個人投資家は1割程度である[5]。個人投資家はESG投資に関する認知が低下しているだけでなく、認知しても資産形成のイメージが湧かずに投資行動につながっていない。ESG投資のチャンスが欲しいとの意向も少ない。2024年から開始した新NISAによって個人の投資意欲は高まっているが、サステナビリティやESGを活用した投資には意識が向いていない。

足元では従業員、消費者、個人投資家のサステナビリティに対する意識・行動が高まってはいない。企業のサステナビリティ経営の導入が踊り場となっているのと呼応している。これは、サステ

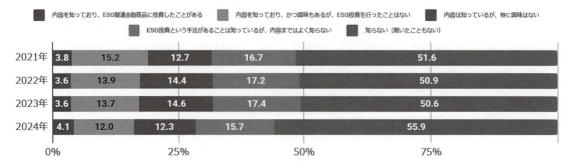

図表4．ESG投資の認知・投資状況

出所：日本証券業協会「個人投資家の証券投資に関する意識調査」より筆者作成

---

[5] 金融庁「サステナビリティ投資商品の充実に向けたダイアログ」（令和6年7月）

ナビリティに関して企業とステークホルダーのコミュニケーションが不十分であることを示唆している。

　近江商人の経営理念である「陰徳善事」は、見返りを求めずひそかに善行を施すことを良しとしていた。その善行は、地域住民の雇用創出のためのお助け普請や不作時の年貢の肩代わり、米の安値販売、治水のための植林事業や社寺建立、公共事業への投資[6]などフィランソロピーに近い活動であり、企業が主体となって負担することで完結する活動であった。また従業員は主に近江出身者を雇い入れ、全国の支店に派遣して共同生活を送るという勤務形態[7]であり、資本は剰余金の積み上げを主としつつ他の商人との共同出資[8]を行っていた。従業員とは近江商人の精神を共有しやすい環境にあり、出資者は少数であり理念を共有しやすかった。「陰徳善事」が成立していたのは、ステークホルダーとの関係が現代とは大きく異なっていたためと考えられる。

　現代のサステナビリティ経営に対しては、「陰徳善事」から一歩踏み出した対応が必要である。企業の経営陣には、サステナビリティに関して企業理念の整備や組織対応、評価制度への組み込みなどを進めつつ、ステークホルダーの意識・行動を変化させるコミュニケーションを行うことが求められている。従業員、消費者、個人投資家に向けたコミュニケーションとしては、①共感を呼ぶ要素を含んだ魅力的なストーリー作成および②ストーリーを適切に伝達するコミュニケーション手法が有効である。次章では、サステナビリティに関するストーリー作成とコミュニケーション手法

について実務的に検討する。

4．意識・行動変化を促すサステナビリティ・コミュニケーション

(1) サステナビリティに関するストーリー作成

　企業のストーリーは、「①現在の姿」「②将来のありたい姿」「③戦略・施策」で構成される。サステナビリティに関して今まで行ったこと、将来の社会のありたい姿、そこに向かう自社の戦略・施策・貢献を論理的に語ることとなる。将来のありたい姿に共感し、企業の戦略・施策に納得感があればステークホルダーの意識・行動の変化に近づく。さらに、サステナビリティに関する個人の意向を組み込むことできれば望ましい。内閣府の世論調査によれば、「社会のために役立ちたいと思っているのはどのようなことか」という問いに対しての回答は「自分の職業を通じて」「自然・環境保護に関する活動」「社会福祉に関する活動」「防災・災害援助活動」「交通安全に関する活動」の順に多い[9]。業務を通じて社会に貢献したいとの意向はあり、従業員に対しては企業の「③戦略・施策」が従業員個人の業務と関連していることを示すのが良い。消費者に対しては、購買によって自然・環境保護、社会福祉などに貢献していることを強調すべきである。

　ストーリーを魅力的にするには、企業の実績や今後の戦略が持つ物語性を表現するのが良い。大塚（2008）は、物語の基本的なパターンは「欠落したものが回復する」「行って帰る」だとしている。

---

[6]　有馬敏則（2010）「「三方よし」と「陰徳善事」」『彦根論叢』386、pp.118-130

[7]　上村雅洋（1992）「近江商人谷口兵左衛門家の経営：雇用形態を中心に」『滋賀大学経済学部附属史料館研究紀要』25、pp.1-43

[8]　原田敏丸（1956）「近江商人の経営形態に関する一考察：日野の豪商中井源左衛門家の場合」『彦根論叢』34、pp.51-70

[9]　内閣府「社会意識に関する世論調査」（令和6年10月調査）

「鶴の恩返し」「千と千尋の神隠し」「ナルニア国物語」などの国内外・新旧のストーリーがそのような構造を持っているとしている[10]。サステナビリティに関しては、失われつつある自然環境、生物多様性、エネルギーの持続可能性など現在の社会に欠落している点を、企業の戦略・施策によって具体的に回復するストーリーがその構造を持つ。企業が持つDNAや模倣困難性を元にサステナビリティに関連する領域に進出し、社会に貢献しつつ企業として一回り成長するストーリーを描くことも望ましい。また橋本（2017）は面白いストーリー展開の法則として「危機と克服」を挙げている[11]。企業活動によって顧客や社会の危機を克服してきたことや、自社の危機を社会的責任を果たすことで克服したことの訴求は有効である。ビジネスを取り上げたTV番組や書籍にも同様の物語性はよく見られる。このようなストーリー展開は魅力的に映り、従業員、消費者、個人投資家の共感を得やすくなる。

　優れたサステナビリティ経営を行う海外企業において、動画を活用して魅力的なストーリーを提示している例がある。シュナイダーエレクトリック社がWebページ上に掲載しているサステナビリティに関するストーリーの動画は、以下のような展開となっている[12]。

1. 15年にわたりサステナビリティの変革をリードしてきた。
2. しかしそれでは足りない。加速しなければならない。6の長期コミットメントと12のターゲットを設定した。
3. 私たちは成長と持続可能性を結びつける準備ができている。

「15年にわたりサステナビリティの変革をリードしてきたが、足りないほどに世の中が変化してしまった。補うために新たなコミットメント／ターゲットを定め、成長と持続可能性を結びつける行程に今から乗り出す」との宣言である。「欠落したものを回復させる」行程に今から行くということである。6の長期コミットメントとは、気候、資源、信頼、公平、世代、地域に関するものであり、自然・環境保護や社会福祉に貢献したい人の共感を呼ぶ内容となっている。

　P&G社の動画では以下のようなことを訴求している[13]。

1. 創業者のミッションは、人々の生活を向上させるという今日の当社のパーパスを形作っている。
2. 人々の生活を向上させるという私たちのコミットメントは変わらないが、私たちが提供しているものは変化している。
3. パートナーシップを組むことで、全員にとってよりよい未来を作ることができる。

　創業者のミッションが今日のパーパスを形作っているとし、DNAを引き継いでいることを示している。提供する製品を変化させたりパートナーシップを組むなど新しい取り組みを行うことで、より良い未来が作れるとしている。持っているDNAから新しい取り組みを行い、一段成長した形でパーパスの達成を目指すという「行って帰る」の構造となっている。

　両社の動画は「①現在の姿」「②将来のありたい姿」「③戦略・施策」を描きつつ、「欠落したものを回復させる」「行って帰る」といった構成となっ

---

[10]　大塚英志（2008）『ストーリーメーカー　創作のための物語論』、アスキー新書、pp.26

[11]　橋本陽介（2017）『物語論　基礎と応用』、講談社、pp.152

[12]　Schneider Electric "Sustainability Strategy 2021-2025"（URL　https://www.se.com/jp/ja/about-us/sustainability/）

[13]　Procter & Gamble "P&G Ambition 2030"（URL　https://us.pg.com/environmental-sustainability/）

ている。さらに「私たち（We)」という表現を用いており、従業員、消費者、個人投資家に対して魅力を感じさせつつサステナビリティへの参加を促す表現となっている。

統合報告書は IIRC や GRI スタンダード等の開示基準に沿って作成することが一般的だが、サステナビリティについてのストーリーは必ずしも基準に沿う必要はない。従業員、消費者、個人投資家の意識・行動変化を促すために、魅力あるストーリーの再構成を心掛けるべきである。

(2) 従業員に対するコミュニケーション手法

経営陣がサステナビリティに関して企業理念の整備を行った後には、従業員へ理念を浸透させ、意識・行動の変化を促すこととなる。企業理念浸透のプロセスとして、図表5のようなモデルがある。

図表5. 理念・ビジョンの浸透プロセス ― SUPP モデル

	S	U	P	P
組織の ステイタス	① Share 共有	② Understand 理解	③ Personalize 自分ごと	④ Practice 実践
個人の ステイタス	耳で聞く	頭でわかる	腹に落ちる	体が動く
コミュ ニケー ション 施策例	社内報、発表会、 会議体などで発表	対話の機会、 ワークショップ、 報奨の仕組み	企画・提案の機会、 自らストーリー テリング	企画の実践 実践結果への報奨

出所：柴山慎一・清水正道・中村昭典・池田勝彦（2018）「先進事例にみる日本企業のインターナル・コミュニケーション」『広報研究』No.22、pp.25-39　より筆者作成

企業理念を浸透させるには、①共有⇒②理解⇒③自分ごと⇒④実践のプロセスが必要である。このプロセスでは、③自分ごとへの段階で断絶があるとされる。自分ごとを促すためには、オフィシャルな場で従業員自らストーリーテリングすることが望ましい。経営陣がミドル層に向けてサステナビリティ経営についてストーリーテリングする場およびミドル層が自分の経験に基づいてサステナビリティ経営を実践した話を若年層に語る場を作ることが有効である。若年層が自らの業務に近い話を聞くことで、共感・行動につなげやすい。ミドル層のサステナビリティ意識向上もつながり、ミドル層・若年層含めた相互の啓蒙のきっかけにもなる。役職が上の層から③自分ごとを進めていくべきである。

富士通株式会社は、「イノベーションによって社会に信頼をもたらし世界をより持続可能にしていく」としたパーパスを軸とした Fujitsu Way を定め、動画によってサステナビリティの方針をわかりやすく伝えるとともに、対話プログラムである「Purpose Carving®」を実施している。同プログラムでは、個人が歩んできた道のりや大切にしている価値観を振り返り、未来に向けて想いを馳せながら、個人のパーパスを明確化している。個人のパーパスと企業のパーパスとの重なり合いを変革の原動力としている。さらに一連の理念浸透のプロセスを Web にて公開している。理念浸透を効果的に進めている事例である。

オフィシャルな場と従業員自らストーリーテリングする機会を設けたことを Web 上にて開示すれば、オフィシャルな性格を強めることができる。従業員が企業外への発信主体であることを意識することで、企業のサステナビリティ経営の実行主体であることが再認識される。

(4) 消費者、個人投資家に対する
    個人投資家向け IR の活用

　消費者、個人投資家に対して企業のサステナビリティへの取り組みを伝える手段としては、統合報告書、CSR 報告書、企業 Web サイトに留まっている傾向が見られる[14]。その他にもメディア経由・投資系インフルエンサーコラボ等によるマスへの情報発信や、広告・ネットを活用した企業ブランディングとしての訴求等の手段がある。直接的にコミュニケーションを取る手段としては、個人投資家向け IR イベントがある。類型とその目的は図表6の通りとなる。

図表6. 個人投資家向け IR イベントの類型と目的

類型		IR フェア	セミナー、説明会	グループミーティング	個別ミーティング
アクセス形式		多対多	多対多、1対多	1対少	1対1
目的	認知拡大	◎	◎	○	
	情報処理促進	◎	◎	◎	◎
	購買検討促進	○	○	◎	◎

出所：筆者作成

　個人投資家は、認知→情報処理→購買検討というプロセスを経て投資に至る。個人投資家向け IR イベントについては、企業の個人投資家への認知度、個人投資家に情報が処理される度合い等を鑑みて、イベントの目的を定めて実施するのが良い。認知拡大を目的とするのであれば、IR フェアやセミナー、説明会のように多人数を相手として高効率に情報発信を行うことが効果的である。企業によってはサステナビリティへの取り組みを中心に認知拡大を図ることも可能である。購買検討を促進するのであれば、投資系インフルエンサーを活用したグループミーティングなど少人数を対象に、個々人の質問に答えることが望ましい。BtoB系で事業でのサステナビリティの貢献が見えにくい企業は、認知拡大を目的としたイベントを多用し、ストーリー構成の中で「①現在の姿」「②将来のありたい姿」に重きを置いて説明するのが良い。BtoC系で自然・環境保護へのつながりが見えやすい企業などは、情報処理促進や購買検討促進を目的としたイベントを用いて「③戦略・施策」に重きを置いた説明が有効である。

　個人投資家向け IR イベントでの説明手法には「プレゼンテーション」「座談会」「Q & A」がある。プレゼンテーションは一般的に用いられるが、プレゼンターの力量による部分が大きい。特に多対多や1対多では、サステナビリティに関して物語性を伝え、声の大きさや抑揚、表情や身振り手振りなども用いて十分に引き付ける時間とする力量が求められる。動画の活用も効果的であろう。座談会も有力である。イベントに参加する個人は投資家であり消費者である。マーケティングや営業部門の従業員とサステナビリティを語ることも有効である。それぞれからサステナビリティに関する方針を語り、企業の DNA を感じてもらえればさらに望ましい。自ら情報発信を行うことで、従業員のサステナビリティ意識向上にもつながる。

---

[14]　山﨑方義 (2019)「SDGs 推進に求められるコーポレート・コミュニケーション　ー 企業価値向上へのアプローチー」『BtoB コミュニケーション』51.2、pp.19-26

サステナビリティ・コミュニケーションの考察
〜「陽徳善事」のすすめ

Q＆Aは、あらかじめ企業について知識を持った個人投資家が集まるイベントであれば効果が高い。

本章ではサステナビリティ・コミュニケーションの実務について考察した。サステナビリティは基準に沿った開示を行うのみではなく、ステークホルダーの意識や行動を変化させるコミュニケーションが必要である。企業に対して従業員、消費者、個人投資家が共感することで、サステナビリティ経営が推進される。

5．おわりに

2024年に入り、日本企業の経営環境は変化している。金利上昇、円安進展、原材料価格・賃金等の上昇により、足元の利益追求を優先しがちな状況である。11月の米トランプ大統領当選により、米国による化石燃料の積極利用、パリ協定からの再離脱が進行している。欧州もウクライナ戦争をきっかけとしたエネルギー価格高騰、経済の停滞により、環境投資が停滞している。世界的にサステナビリティへの取り組みが後退しており、日本企業のサステナビリティへの取り組みが改めて問われる時期にある。

近年日本企業のステークホルダーにも変化が起きている。従業員の企業依存度は低下し、より良い労働環境や成長機会を求めて職を変わる傾向は強まっている。消費者はインフレ下で節約とプレミアム消費を同時に追求し、購買行動を変化させている。新NISAの開始により個人株主数は増加しているが、海外株への資金流出も大きい。企業としては、従業員、消費者、個人投資家といったステークホルダーを引き付けることが難しくなっている。経営陣はサステナビリティに関して具体的にどのようなストーリーを作成し、どのようにコミュニケーションを行うか、実務の面での検討が必要である。サステナビリティ・コミュニケーションによりステークホルダーの意識・行動を変化させることが期待されている。

サステナビリティ経営は「陰徳善事」で行うことはできない。経営者は「陽徳善事」の考え方を持ち、社会の持続可能性の向上への貢献を魅力的なストーリーで説明すべきである。ステークホルダーを引き付けて長期的かつ持続的に成長原資を生み出す力を向上させ、価値創出を行うことで持続可能性への継続的な貢献が可能になる。多くの企業が「陽徳善事」に転換することで、従業員、消費者、個人投資家がサステナビリティ経営に共感して行動が変化し、社会の持続可能性は向上していく。

日本証券史
1998年～2000年　その1

| 総説　1998年～2000年 [1] | 執筆
川崎　健　（日本経済新聞社）
幸田　博人（「金融・資本市場リサーチ」編集長）[2]
柴崎　健　（「金融・資本市場リサーチ」編集長）[3] |

①　1995年～1997年の項目について（「金融・資本市場リサーチ」16号）

　前回、1995年から現在までの「日本証券史」をスタートし執筆するにあたって、まずは、1995年～1997年の3年間をひとくくりとして、「日本証券史」を再開した。

　1995年から1997年の3年間は、「金融・資本市場」にとって、まさに激動の時代で、経済の血流である「金融・資本市場」の存亡をかけ、日本の社会・経済が、今後どこに向かうのか定かではなく、場合によっては漂ってしまう危機的状況も見据えた3年間であった。政府や金融関係者は、とにかく「金融・資本市場」が底割れしないようにセーフティネット対応を行いながらも、同時に将来に向けた「金融・資本市場」の再生の道筋として新しい「金融・資本市場」のビジョンを「日本版金融ビッグバン」という形で示す大実験も同時に行った。しかしながら、1997年12月末時点では、「金融・資本市場」の新たな道筋は、まだ全く描けていなかった。「金融・資本市場」のビジョンを同時並行的に進めることが果たして可能かどうかは、確信が持てない状況下でもあった。

　1995年～1997年は、以下の項目立てで記述した。

金融危機と金融不祥事を巡る経緯
　　（1）金融メルトダウン
　　（2）山一証券の自主廃業

---

[1] ①②③は主に幸田博人が執筆、④は主に柴崎健が執筆、全体を川崎健が確認したもの。
[2] 一橋大学経営管理研究科客員教授・京都大学経営管理大学院教授・SBI 大学院大学教授。
[3] SBI 大学院大学教授。

日本証券史　1998年〜2000年（その1）

制度や金融・資本市場の政策に係る事項

（3）日本版金融ビッグバン（96/11金融システム改革案、97/6最終答申）

（4）金融規制の見直し

（5）大蔵省改革：財政と金融の分離（財金分離）

（6）財政構造改革（財政健全化：96/12「財政健全化目標について」、日本銀行法の改正）

② 1998年〜2000年のポイントと項目たてについて

　今回の1998年から2000年の3年間のスタート時点の1998年は、1997年11月の北海道拓殖銀行の破綻、山一証券の自主廃業などから、金融・資本市場へのダメージは極めて大きい状況であった。先が見えない惨状からどう立ち直るかについて、確たる見通しがないまま、1998年1月は始まったという極めて困難な状態であった。

　そうした底割れも懸念される状況下で波乱万丈な環境だからこそ、新たな勃興が、並行進的に湧き上がっていった変革も同時に進んだ3年間でもあった。ポスト4大証券、ネット証券の勃興、銀行の大再編、資本市場の新たな息吹など、それまでのアンシャンレジームから、様変わりした新たな3年間の息吹も見て取れるとの評価となろう。そうしたことが「証券史」の項目たてとしてカバーできるように、本「証券史」1998年〜2000年（その1）では、各論として、以下の3つの項目を記述したい。

各　論

（1）証券不祥事と世代交代

　　　野村：氏家体制　資産管理型営業への展開

　　　大和：原・鈴木体制　SMBC との全面提携

　　　日興：金子・有村体制　トラベラーズ／シティグループの資本参加

　　　山一：メリルリンチの営業店買収

（2）金融の市場化

　　　邦銀の不良債権売却とハゲタカの台頭

　　　不動産証券化（セールス＆リースバック）

　　　金融の市場化（シンジケートローン、市場型間接金融、証券化)

（3）金融制度・金融行政の変革

　　　金融ビッグバン（金融システム改革）の実施

　　　金融ビッグバンにおける投資信託の整備と課題

　　　金融監督庁と金融庁発足

　　　ペイオフ解禁と預金保険制度

③ 1998年〜2000年の政治・社会・経済情勢など

　この1998年から2000年は、バブル崩壊後の金融危機をどう乗り越えていくかが問われた3年間であり、政治や社会情勢においても、この金融危機をどう乗り越えていけるかが、特筆すべき中心的なテーマとなった3年間であった。

　1998年は、2月に冬季長野オリンピック開催という日本にとって歴史的なイベントがあったにも関わらず、浮かれるわけにはいかず、経済・社会は、年初から、大蔵省、金融界の接待問題に大揺れとなった。そうしたさ中に、金融のセーフティネットの観点から、大手行など21行は、預金保険機構に公的資金の投入を申請し、3月には承認され、経営健全性確保計画を策定、公表した。このように1998年は、年初から金融を巡る深刻な事態が続き、その対応に追われる状況であった。

　金融危機は、1998年の経済状況の大きな悪化を招き、経済成長が戦後最大のマイナスを記録するなど不況に陥った。このような経済状況ではあったものの、金融・資本市場改革としての日本版金融ビッグバンは、1998年4月1日から、改正外為法の施行などで動き出し、金融危機対応と金融・資本市場改革が進み、両者が併存して動き出すという極めて異例な状況となった。

　政治においては、1998年7月の参議院選挙で自民党が惨敗し、橋本政権が退陣、小渕恵三内閣が発足する事態となった。1998年の年末に向けて、金融危機は一層深刻化し、10月の日本長期信用銀行の特別公的管理（一時国有化）、さらには、12月に日本債券信用銀行の特別公的管理と事態は一層悪化の道を辿った。そうした中で、政治は、1999年1月には、小渕自民党と、小沢一郎の自由党が連立政権を組み、いったん政治の安定に向けて動き出し、10月には、公明党も加えた3党連立体制に移行した。その後、2000年4月には、小渕総理が倒れ、森喜朗総理の誕生となった。

　金融危機については、1999年2月に、金融再生委員会による大手銀行等15行に公的資金による資本注入（7兆4,500億円規模）が実現し、ようやく金融危機が一服つける状態となった。

　各金融機関は依然として続く経営の難局をどう乗り越えていくかを将来に向けて模索し、統合なども含めた大きな戦略での取り組みが、いよいよ待ったなしとなった。1999年後半から、様々な動きが出てきた。1999年8月の第一勧業銀行・富士銀行・日本興業銀行の3行統合発表、10月の住友銀行・さくら銀行の統合発表など様々な動きにつながった。証券界においては、金融界の再編に先んじて、1998年6月に日興証券・米国トラベラーズ・グループの包括的業務提携、7月には、住友銀行・大和証券のホールセール分野での包括提携など生き残りをかけた対応が次から次へと生じた。

　そうした中で、金融ビッグバンの一環で、1999年10月には、株式手数料自由化が行われた。また、東証においては、1999年11月に、マザーズ市場を開設し、大証では2000年6月にナスダック・ジャパンが取引を開始するなど、株式市場の活性化に向けた動きが加速化した。

日本証券史　1998年〜2000年（その1）

④　1998年〜2000年の経済・金融情勢など

　日本経済は1998年の金融危機による大きな落ち込みを経て、1999年1月から2000年11月までの短い景気拡張期に入った。しかしながら、実質GDPは1999年度に0.6%、2000年度でも2.6%に留まり、回復感が乏しい景気拡大期であったといえる。その主な要因は、「3つの過剰（雇用・設備・債務の過剰）」という構造問題を抱えた民需の低迷、円高そしてデフレの長期化である。1997年7月のアジア通貨危機の余波を受けて、1998年8月にはロシアが国債の利払いの停止と、ルーブルの切り下げを実施した（ルーブルショック）。これを契機に金融市場は大混乱となり、同年9月にはヘッジファンドのLTCM（ロング・ターム・キャピタル・マネジメント）が破綻し、大手金融機関による救済とFRBによる緊急利下げが実施された。このようなリスクオフ局面で安全通貨である円の価値が高まったのである。その後も円高基調は2000年にかけて続くことになる。

主要経済指標（1998〜2000年）

(単位：%)

（年度）	1998	1999	2000
国内総生産	-1.0	0.6	2.6
内需	-1.2	0.6	2.5
個人消費	0.0	1.2	1.7
民間住宅	-10.1	2.8	1.0
民間設備投資	-3.5	-1.6	6.1
公的固定資本形成	2.2	-0.6	-7.3
輸出等	-3.8	6.1	9.7
輸入等	-6.6	6.6	10.3
経常収支（100万ドル）	109,630	119,500	126,048
円相場（年平均、円）	130.89	113.85	107.74
日経平均（円）	15,327.29	16,871.33	17,082.52
東証一部売買高（1日平均、千株）	492,291	617,144	683,865
経常増益率			
全産業	-23.9	27.2	33.2
製造業	-34.2	24.9	45.4

(注) 実質増加率、2015年基準、円相場、日経平均、東証一部株式売買高は暦年基準。
経常増益率は法人企業統計年報
(出所) 経済企画庁「国民経済計算」など

　実体経済を見ると、バブル崩壊や金融危機の影響を受けて、民間需要の伸びが緩やかに留まるなか、政府による景気の下支えが日本経済のアンカーであった。しかし、景気回復局面に入ると、直ちに財政再建を優先するといったストップアンドゴー政策が繰り返されたことで、経済成長は長続きしなかった。1998年は最終需要が低迷するなか、雇用や所得環境の悪化を続けており、企業マインドも後退する状況であった。このような状況を受けて、総事業

費16兆円超といった過去最大の規模の総合経済対策が策定され、特別減税（追加継続を含めた4兆円規模）が実施されたが、先行き不透明感もあって消費マインドは高まらなかった。それでも、1998年7-9月期、10-12期には総合経済対策の効果からGDP成長率はプラスに転じたが、民需中心の自律的な景気回復とは言い難い状況であった。

1999年になると、金融機関への公的資本投入によって、金融システムの安定化が経済に良い影響を与えたことで、緩やかな景気回復が続いた。アジアをはじめとする海外景気の持ち直しから純輸出が増加たことも、経済成長に寄与した。2000年には、引き続き外需の伸びや補正予算の執行に伴って公共投資が増加に転じた。また、企業収益の改善を受けて、設備投資の増加が続くともに、家計所得の増加を通じた個人消費の回復もあって、緩やかな景気回復が続いた。ただし、雇用の過剰感が残るなかで、企業の人件費の抑制スタンスは大きく変わらなかったことから、民需主導での景気回復には限界があった。

実質GDPの増加率

(注) 年率換算の実質季節調整系列（前期比）
(出所) 内閣府

当時の景気回復が「実感なき景気回復」といわれた背景には、GDP成長率が過去の景気拡大局面と比べて小さかったことと、デフレによって名目成長利率が実質成長率を下回っていたことが大きい。日本は1990年代半ばから一時的にデフレの状況が見られたが、デフレが定着したのは1998年以降であり、その後25年間もの長いデフレ環境が続くことになる。

このような環境の下、日本銀行は金融緩和策を継続し、1999年2月には「無担保コールレート（オーバーナイト物）を、できるだけ低めに推移するよう促す」とするゼロ金利政策を実施した。その後、ゼロ金利政策を2000年8月に終了し、誘導目標金利を0.25％に引き上げた。このゼロ金利政策の解除は、異常な金融政策を早めに解除して正常化したいとの思惑とともに、自律的な景気回復局面入りを見込んだものであったが、その金融政策の転換は、程なく

修正を余儀なくされる。その後の景気減速を受けて2001年3月に日本銀行は量的緩和政策を導入することになる。当時の景気判断について、白川日本銀行総裁（当時）は2009年4月のジャパン・ソサエティNYにおける講演において、一時的な景気回復に過ぎなかったことを「偽りの夜明け（false dawn）」と表現している。

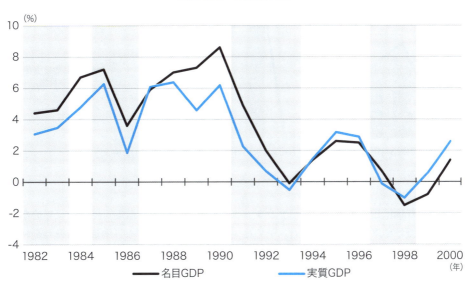

名目GDPと実質GDP

（注）網掛け部分は景気後退期を示す
（出所）内閣府

　デフレからの脱却のために、日本では金融財政政策による景気刺激を行ってきたが、利下げ余地が乏しくなるなか、1990年代後半には巨額の経済対策が実施された。1998年度には2度の大規模の経済対策が実施され、事業規模はあわせて40.5兆円と対GDP比8％の規模まで膨らんだ。その後も毎年のように経済対策が実施されたが、事業規模は景気回復とともに縮小している。

　景気低迷によって一般会計税収は1990年度にピークとなる60.1兆円から2000年度には50.7兆円まで減少する一方で、一般会計歳出は同期間で69.3兆円から89.3兆円に増加していた。財政赤字が拡大するなかで、一連の経済対策は国債発行によって賄われたのである。この結果、国債依存度（国の一般会計歳入予算に占める国債収入の割合）は、同期間で9.2％から36.9％となった。また、普通国債の残高の対GDP比率は同期間で36.8％から68.4％まで上昇した。

　1998年には財政構造改革を優先したことが一因となり、景気が減速し、自民党が参議院選で惨敗したことを受けて、橋本首相が退陣を余儀なくされた。このため、続く小渕政権では、景気回復を優先し、財政構造改革法の殆どの施行を停止する事態となった。このような政治的な転換が財政赤字の急拡大を生んだのである。

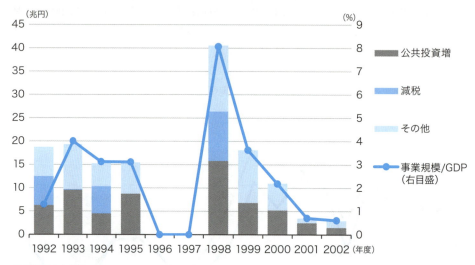

経済対策の事業規模

(出所) 日本銀行

　日経平均株価は1998年8月のルーブルショック、10月のLTCM破綻を受けた世界的な株価下落懸念を受けて下落圧力を高めた。その後、FRBの緊急利下げや日本銀行のゼロ金利政策の導入等を受けて景気回復期待が高まるなか、株価は緩やかな上昇基調を続けた。その後も世界景気の回復や大手行の再編の動きが本格化したこともあり、日本経済の先行き期待から、2000年3月に、日経平均株価は再び20,000円の大台を回復する。しかし、ITバブルが崩壊し、世界的な株価下落が続くなかで日経平均株価も下落に転じた。

　ドル円は、1995年4月に戦後最高値を更新する1ドル79円75銭を付けた後、ドル高基調を続けてきた。この間、金融危機やデフレ不況、そして日本銀行の金融緩和の継続もまた、ドル高の要因であった。1998年には4月と6月に円買い介入を実施したが、円相場の反発は一時的なものであった。しかし、LTCM破綻後のFRBの連続利下げ以降は、再び円高ドル安に転換することになる。2000年に入ると、ムーディーズによる日本国債の格下げや、そごうの経営破綻等を契機とした日本経済に対する先行き不透明感が高まったことから円安が進行した。

　長期金利は、世界的な株安を契機とした安全資産への逃避の動きが強まった。さらに、金融緩和や先行き経済の見通しが慎重化したことから、10年金利は1998年10月に過去最低となる0.74％まで低下した。その後は、同年12月に財政赤字の拡大に伴う国債増発懸念から長期金利は上昇に転じた。1999年度の国債発行計画や資金運用部による国債買い入れ停止が公表されたことで、債券市場の需給悪化懸念が高まり、長期金利は1999年2月には2.5％まで上昇した。この急激な金利上昇は運用部ショックといわれる。日本銀行がゼロ金利政策を実施したことで長期金利は安定的に推移した。その後も、景気回復期待やゼロ金利政策解除の思惑が台頭したが、概ね2％割れの水準で安定的に推移した。

日本証券史　1998年〜2000年（その1）

日経平均株価、円相場、長期金利の推移

(注) 長期金利は10年国債金利
(出所) FactSet

　次回の「日本証券史」1998年〜2000年（その2）では、(1) マーケット・ITバブル・株券電子化、(2) ネット証券の勃興、(3) 長信銀消滅と銀行大再編、証券分野への進出の3つの各論を予定している。

各論（1）　証券不祥事と世代交代

執筆　川崎　健（日本経済新聞社）

崩れた大手4社寡占

　1990年代に証券界は大手4社を舞台とする2つの大きな不祥事を引き起こした。1度目は1991年に表面化した大口顧客への損失補填問題であり、2度目は1997年に表面化した総会屋への利益供与事件である。いずれも大手証券各社が一般の顧客をないがしろにする裏で特定顧客を優遇してきたことを示すものであり、誰もが平等な立場で取引に参加できるはずの公正なマーケットを汚す行為として捜査当局のみならず、国民からも強い批判を浴びた。

　折からのバブル経済の崩壊と重なった2度の証券不祥事は、日本のマーケットを寡占によって牛耳ってきた大手4社の経営を追い詰め、最後尾にいた山一証券は1997年11月に自主廃業に追い込まれた。残った野村証券、大和証券、日興証券の3社もバブル期から経営を取り仕切ってきた主流派の経営陣は総退陣となり、やむなく非主流派や若い中堅幹部らが経営を担わざるをえなくなる世代交代が起きた。

　当然、大手4社による不祥事を長年放置してきた大蔵省による護送船団方式の証券行政にも国民の批判は向かった。このため大蔵省は「フリー・フェア・グローバル」を掲げる金融ビッグバンを打ち出し、証券業者の事前規制・秩序重視型から事後監視・競争重視型の行政

スタイルへとカジを切っていく。証券各社にとって金融ビッグバンは「ハシの上げ下げまで」と揶揄されるほど業務の細部まで目を光らせる代わりに難事には陰に陽に経営を支援してくれた大蔵省の後ろ盾を失うことを意味した。同時に金融ビッグバンによって参入障壁が一気に下がった海外金融機関やネット証券といった新興勢との競争にさらされることとなった。

野村、大和、日興の大手3社の新世代の経営陣は、バブル経済の崩壊、2度の証券不祥事、金融ビッグバンの本格化によって激変した環境に翻弄されながら、新たな経営体制を模索していくことになる。

野村の「自白会見」

1997年3月6日、野村証券は東京証券取引所で緊急記者会見を開き、同年1月からの社内調査の結果として「ある法人顧客に対し、一任勘定取引や自己勘定からの利益の付け替えなど違法性があるとみられる取引があった」と明らかにした。

会見した副社長の斉藤惇はこの法人顧客の親族は野村の株主となっている総会屋であり、「証券界とは長い付き合いがある」と説明した。総会屋の小池隆一との取引を野村が初めて認めた会見であり、野村を皮切りに小池隆一との違法取引にそろって手を染めていた山一、大和、日興の大手4社すべてと、株取引の資金を小池隆一に無担保で融資していた第一勧業銀行が糾弾されることになった総会屋への利益供与事件が公式に初めて明るみに出た会見であった。

3月6日の野村の「自白会見」は、会社の内部調査で違法取引を発見したという体裁をとっていたが、実際は野村側が「もうこれ以上は隠しておけない」と判断した結果だった。すでに1995年には小池隆一の親族が経営する「小甚ビルディング」との不審な取引を見つけた野村元社員が証券取引等監視委員会（以下、監視委員会）に情報を持ち込んで内部告発していたとされ、この段階で監視委員会の内偵が相当進んでいた。

マスコミもこうした当局の動きを嗅ぎつけており、北海道新聞が1996年9月4日にこの疑惑を初めて報じていた[4]。1996年12月31日には朝日新聞が追随し[5]、経営企画担当の副社長だった斉藤は同報道をきっかけとして年明けから自らをヘッドとする4人の特別チームで社内調査を進めていた。

迫る司直の手と「VIP口座」

野村が過ちを半ば渋々と認めた3月6日以降、疑惑解明に向けて一気に追い込みをかける捜査当局の動きと防戦に回りながらも経営刷新を急ぐ野村の動きが混然一体となって進行していった。

---

[4] 北海道新聞「野村、巨額損失補てんか　大物総会屋に数億円規模　証券取引委が聴取」（1996年9月4日朝刊）

[5] 朝日新聞「野村証券、銀行株売買で4000万円　総会屋親族企業に利益供与か」（1996年12月31日朝刊）

日本証券史　1998年〜2000年（その1）

　3月10日、小池隆一との違法な取引を主導していた株式担当常務の松木新平と総務担当常務の藤倉信孝が常務職を辞任した。

　1993年3月、小池隆一は小甚ビルディング名義の口座を野村に開設し、野村は小池の資金を一任勘定で運用していた。顧客の指示を受けず証券会社が独自の判断で売買する一任勘定取引は1991年の大口顧客向けの損失補填問題で利用され、翌年の証券取引法改正で明確に禁止された取引だ。だが、総会屋として野村の経営に隠然たる影響力を持つ小池に対し、野村は一任勘定による便宜を図っていた。

　「もうけさせたい客がいる。いいニュースがあったら教えてほしい」。株主総会を担当する総務部で前任者から小池を引き継いだ藤倉は、株価下落で小池の一任勘定で生じた数億円の損失を補填するための利益供与を、自己勘定取引を取り仕切る松木に依頼していた。

　1995年3月15日、松木の指示で野村が買い付けていた富士銀行株約400万株のうち50万株分を、小甚ビルディング名義の取引であるかのように社内の伝票操作で付け替え、約3,800万円分の利益を小池側に供与した。証券業界では「花替え」とも呼ばれる違法取引だった。野村は五洋建設株、第二電電株、不動建設株などでも同種の付け替えを実施し、社内外の目を欺くため伝票の偽装を繰り返していた。

　3月14日、野村は臨時取締役会を開催し、社長の酒巻英雄が相談役に退くとともに、ピンチヒッターとして会長の鈴木政志の社長を兼務する同日付の人事を決めた。同日の社長交代会見で「二人の常務がマーケットの中で起こした問題を深く受け止めている。2人が固い決意で退任を申し出た。そのとき、私も責任があると退任を決意するに至った。最高経営責任者とはそういうものだ」と辞任の理由を語った。

　この会見では「総会屋への利益供与を以前から知っていたのか」との記者の質問も出た。これに酒巻はこう答えた。「知らなかった。その顧客とは面識もない。違法取引があったと聞いて驚愕した」。これが虚偽の説明だったのが判明するまでに、そう時間はかからなかった。

　3月25日、東京地検特捜部と監視委員会は商法違反や証券取引法違反の容疑で、東京・日本橋の野村本社や酒巻英雄宅、鈴木政志宅など関係先十数カ所の強制捜査に踏み切った。異例な規模に及んだ強制捜査にあたり、地検特捜部と監視委員会は総会屋として長年付き合ってきた小池隆一に便宜を図るため、野村は会社ぐるみで利益供与をつづけてきたと疑っていた。

　地検特捜部は強制捜査で「VIP口座」のリストを押収し、野村が社内元帳にVIPの記号をふった全国1万人近い上顧客を一般顧客とは区別して管理していたことも明らかになった。コンピューターに打ち込んだVIP口座は「特A指定」を最高ランクとし「A指定」「B指定」など重要性に応じて顧客の扱いをランク付けし、それに応じた優遇措置をとっていたという[6]。VIP口座の存在は、小池のような総会屋だけでなく、有力政治家や高級官僚といった有力顧客には取引を通じて特別な便宜をはかり、持ちつ持たれつの関係を維持する野村の古い営業体質を示していた。

　野村のVIP口座の存在で垣間見えた「政治と証券会社の不透明な関係」が表になることは

---

[6]　毎日新聞「野村証券、『VIP口座』は1万件　東京地検特捜部がリスト押収」（1997年3月27日朝刊）

－ 95 －

めったにないが、小池隆一が秘書を務めていたという風評を否定するために記者会見を開いた元衆院議員の糸山英太郎はこう語っている。「政治家は選挙資金として株を買う。それが下がると、大蔵委員会で質問するぞとか言って証券会社を脅す。だから、新規公開株なんかを出して損を減らす。そんな例は、私が知る限りでも数十件あった」[7]。

「経営に断層をつくる」

4月22日、野村は5日1日付で実施する経営陣の大幅な刷新を発表した。酒巻が社長を退任した3月16日以降、臨時措置として社長を兼務していた会長の鈴木政志が代表権のない会長に退き、常務の氏家純一が社長に昇格する。代表権を持つ斉藤惇、村住直孝など5人の副社長と4人の専務は全員が顧問に退き、この9人を含む取締役15人が退任する全面刷新だった。斉藤惇は、鈴木政志や村住直孝と協議し「もはや断層をつくるしかないという結論になった」と後日明かしている[8]。斉藤と村住は「問題は、野村が戦後の日本経済の復興過程で抱えてしまったもの。過去を全く知らない人間にバトンタッチしなければならない」と代表権のある役員らに話し、全員の辞表をとりまとめた。

総会屋事件のあおりで顧客の機関投資家による売買発注停止や政府・自治体や企業による債券発行における「野村外し」が相次いでおり、収益だけでなく社員たちの士気も急激に低下していた。野村は代表権を持つ経営陣全員が退くことで経営が生まれ変わることを社内外にアピールする必要もあった。

新たに社長に就く氏家純一は、日産自動車からの中途入社組であり、米シカゴ大学大学院経済学博士という異色の経歴から社内では「宇宙人」や「火星人」とも呼ばれていた。野村の主流派である国内営業の経験がなく国際畑を中心に歩いてきた氏家を後継社長に指名した鈴木政志には、2度の不祥事を招いた過去と決別するとともに金融ビッグバン時代に向けて野村が経営を一気に変えるねらいがあった。

「会社ぐるみ」だった利益供与

捜査当局が次に動いたのが5月中旬だった。5月13日、監視委員会は野村証券と松木・藤倉の元常務ら3人を東京地検特捜部に告発し、14日に特捜部は3人に出頭を求めてそのまま逮捕した。15日には小池隆一と小甚ビルディング社長を務める実弟も逮捕した。

そして5月30日、地検特捜部は野村前社長の酒巻英雄を逮捕した。1982年の商法改正で総会への利益供与が禁止されて以降、東証1部上場企業の経営トップが逮捕された初めてのケースだった。

---

[7]　毎日新聞「ガリバーの背信　野村証券事件　一般顧客は"ドブ"　VIP口座、優遇『当然』」(1997年5月17日朝刊)

[8]　日本経済新聞「バブル崩壊そして再生（4）産業再生機構社長斉藤惇氏（人間発見）」2005年7月7日夕刊

日本証券史　1998年〜2000年（その1）

　当事者たちの一斉逮捕で明らかになったのは、野村と小池隆一の間でつづいてきた「腐れ縁」ともいえる不健全で不透明な関係と、弱みにつけ込んでくる総会屋との関係を断ち切る覚悟のない経営トップが自ら主導した「会社ぐるみ」の利益供与の構図だった。

　小池隆一が総会屋の活動を始めたのは1970年ごろにさかのぼる。都内の古参総会屋グループに所属し、72年に製紙会社、75年にビニール会社の総会が妨害された事件で活躍し、当時「若手総会屋ナンバーワン」という呼び名をものした。80年ごろにはこのグループから離れ、大物総会屋で大物政治家や右翼とも親密だった木島力也のグループに入り、活動をつづけてきた[9]。

　小池が野村証券に初めて関与したのは1989年2月だった。木島の口利きで第一勧業銀行から31億円の融資を受け、野村、大和、日興、山一の4大証券の株式をそれぞれ30万株購入した。各社に役員人事などの株主提案を出せる保有株数であり、小池は株取得をテコに証券界への影響力を高めることをねらっていた。

　野村証券では1991年6月、「1度目の不祥事」である大口顧客への損失補填問題の責任を取って会長の田淵節也と社長の田淵義久が辞任し、酒巻英雄が社長に就任した。翌年の92年6月の株主総会は新社長の酒巻にとって初めて取り仕切る総会であり、世間を騒がせる不祥事に関する質問が相次ぎ、厳しい総会運営が予想されていた。

　92年3月、小池は野村社内が来たる株主総会に神経質になっていたタイミングをねらったように株主提案を行使する議案提案の予告文書を内容証明付郵便で送りつけた。さらに同月末には証券不祥事の責任問題に言及した100ページ近い質問状も郵送していた[10]。

　総会が迫った5月、東京・新宿の野村ビル48階にある社員向けサロン「野村クラブ」で酒巻は小池と面談した。衆院予算委員会の参考人招致で酒巻は「当時の専務に『社長、1回あいさつしてもらえませんか』といわれた」「そういう方（総会屋）だろうな、会いたくないなと思ったが、逃げるわけにはいかなかった」と当時の経緯や心境を語り、面談の内容については雑談に終始したと説明した。だが、直後に小池は質問状を撤回しており、6月の総会には小池は出席せず、総会屋からの質問も一切出なかった。この一件を機に小池は「与党総会屋」として野村への影響力を強めたことになる。

現金3億2,000万円を手渡し

　1997年6月19日、酒巻英雄、藤倉信孝ら3人は東京地検特捜部に商法違反の容疑で再逮捕された。1995年の株主総会を控えた3月24日、藤倉は東京・日本橋の野村本社の向かいに建つ第1江戸橋ビルの「総務部別室」と呼ぶ秘密の応接室で小池隆一に現金3億2,000万円を手渡ししていた。酒巻は直接その場に同席していなかったものの、事前にゴーサインを出して

---

[9]　毎日新聞「『企業が育てた総会屋』　疑惑の人物・小池隆一とは？　地検、野村証券を捜索」（1997年3月26日朝刊）

[10]　朝日新聞「『組織ぐるみ』強まる　酒巻英雄・元野村証券社長聴取　利益供与事件」（1997年5月29日夕刊）

－ 97 －

いた。3億2,000万円は93～94年に小池が第一勧業銀行から融資を受けて野村が一任勘定で運用し、大量に購入したNTT株の値下がりや先物取引の失敗で出した損失額に相当していた[11]。

地検特捜部の調べに対し、酒巻は「損失補填には、株主総会で田淵節也・元会長と田淵義久・元社長の取締役復帰に協力してもらいたいという趣旨もあった」と説明したという[12]。91年の「1度目の不祥事」で引責辞任した田淵節也、田淵義久の2人は95年6月の株主総会で「取締役相談役」として復帰した。総会屋に3億円を超える多額の現金を社内で手渡しするという前代未聞の事態は、非主流派から突然社長に引き上げられた酒巻が、社内に依然強い影響力を持っていた両田淵を自らの求心力を高める後ろ盾として復帰させたことに起因していた。「1度目の不祥事」を境に野村が古い体質から決別するために登場したはずの酒巻の関心は社内改革には向かわず、不祥事を引き起こした旧体制の経営陣と同じこと繰り返してしまった。そんな酒巻の弱さに、小池は巧妙につけ込んでいった。

大手4社は総崩れ

小池隆一は総会屋としての証券界への関与を始めた1989年に、大手4社の株を30万株ずつ取得していた。当然、小池隆一への利益供与は野村にとどまらなかった。

利益供与事件の構図はすべて同じだった。小池は第一勧業銀行から引き出した多額の資金を持ち込んで違法な一任勘定取引を求め、株価下落で運用に失敗した大手証券各社が損失を穴埋めするために自社取引で得た利益を付け替えていたことが明らかになった。1997年10月までに山一証券、大和証券、日興証券の順番で大手4社の経営トップが責任をとってすべて退陣する異例の事態に発展した。

山一証券は、1994年12月から1995年1月にかけて、小池に対してシンガポール国際金融取引所での株式指数先物取引の利益1億700万円の付け替えをしていた。8月11日に会長の行平次雄、社長の三木淳夫ら経営陣は責任をとって退任した。後任には専務の野澤正平が社長、専務の五月女正治が会長に就任した。

大和証券は、1995年1月から12月にかけて、小池に対して株の自己売買益約2億280万円の付け替えをしていた。また、複数の関連会社を使って93年にゴルフ会員権の取引を装って約2億円を、94年には迂回融資の形で約8億円を小池に不正提供していた。97年9月24日には会長の土井定包、副会長の同前雅弘、社長の江坂元穂ら首脳陣が退任し、後任には常務の原良成、会長に副社長の楠田智昭がそれぞれ昇格する人事を内定した。

最後に発覚した日興証券は、小池に対して1995年1月から12月にかけて、株の自己売買益約1,410万円の付け替えをしていた。97年10月3日、会長の岩崎琢弥、社長の高尾吉郎が同日付で退任し、副社長の金子昌資が社長、専務の今田肇が会長にそれぞれ昇格する人事を決めた。

---

[11]　毎日新聞「野村証券事件　秘密応接室で札束35キロ　現金手渡しに社員あぜん」(1997年6月20日朝刊)

[12]　読売新聞「野村から小池容疑者への利益供与　『両田淵氏復帰のため』　酒巻元社長認める」(1997年6月20日夕刊)

日本証券史　1998年〜2000年（その1）

　小池への利益供与の責任をとって辞任した大手4社の取締役は合計で46人に達した。一部の例外があるが、各社とも代表権を持つ役員のほぼ全員が辞任した。小池に翻弄される形で4社そろって首脳の顔ぶれが「総入れ替え」となる大幅な世代交代が一気に起きた。

ノルマ廃止と資産管理型営業への転換

　「2度目の不祥事」で誕生した新世代の経営者で最初に動いたのは、野村証券の社長に主任した氏家純一だった。97年9月19日に東京・高輪の研修センターで開いた全国部店長会議で80年代に全世界を揺るがした米スリーマイル島の原発事故、旧ソ連のチェルノブイリ原発事故を引き合いに出したうえで、「野村に3度目はない」と話した。仮に3度目の不祥事を起こせば、そのときは会社が潰れて野村はなくなってしまうだろうという強い危機感を幹部社員に向けて訴えた。

　この部店長会議で氏家は重要な営業方針の変更を宣言した。証券や投信の売買手数料で稼ぐ従来型のスタイルから、預かり資産残高の拡大に伴う残高手数料で稼ぐ「資産管理型営業」への転換である。

　これに伴い、半年ごとに各部店に割り振っていた「総収入予算」と呼ぶノルマを10月から廃止し、投資信託を軸とした資産の純増額を唯一の評価軸とすることにした。壇上に立った国内営業担当常務の毛塚富雄は地道に投信直販で残高拡大に取り組んだ米フィデリティの投信残高が50兆円に増えて米メリルリンチを2倍以上引き離した例を引き合いに出し、こう説明した。「顧客が10億円保有する株式投信を売却し、その資金で手数料3％の別の投信を買うと3,000万円の手数料が入る。一方、保有したままだと投信報酬は月約60万円。良い投信の長期保有が顧客の利益になると確信しているから、60万円を積み重ねて3,000万円を凌駕してほしい」。これを受けて氏家はこう訴えた。「あまりに理念先行で現実はそういかないと思うかもしれないが、それでは会社をつくりかえることはできない。私はこの理念に賭ける」[13]。

　「そんなことを言っても会社が赤字になったらどうするのか」。氏家が突然打ち出したノルマ廃止宣言に野村社内には戸惑いが広がった。野村は各社員レベルまで落とし込んだノルマの日々の達成率で社員を競わせてきた。野村社内では「数字（営業成績）は人格」という言葉が代々語り継がれてきた。社内で「ペロ」と呼ぶ顧客からの取引伝票を数多く切った社員が入社年次にかかわらず速く出世し、給与も大きく上がっていった。そんな成果主義に基づく激しい社内競争が、戦後大阪から東京に進出した際に大手4社の中で最下位だった野村が、80年代のバブル期には「ガリバー」と呼ばれるほど圧倒的な業界トップになるまで急成長する原動力になってきた。

　氏家は、そんな手数料収入の最大化に向けて社員が一斉に突っ走る営業姿勢が、野村の強みであるとともに、2度の不祥事を引き起こした「収益至上主義」を生む土壌になっていることを見抜いていた。氏家が先鞭をつけたノルマ廃止と資産管理型営業への転換は、その後改革の進展と後退を繰り返しながらも、野村社内で徐々に定着していくことになった。

---

[13]　日経金融新聞「証券売買から資産管理に軸　野村の変身、営業現場困惑」（1997年9月25日）

金融・資本市場リサーチ

野村証券と日本興業銀行の戦略提携

　氏家が次に打った手が、日本興業銀行の大型提携だった。1998年5月13日、氏家と興銀頭取の西村正雄は共同で記者会見を開き、デリバティブ（金融派生商品）など金融先端分野と、投資信託が確定拠出型年金など個人の資産運用部門で提携すると発表した。金融先端分野ではデリバティブなどの新商品や新手法を顧客に提供する共同出資会社「IBJ・ノムラ・ファイナンシャル・プロダクツ」を設立し、個人の資産運用分野では投信や確定拠出型年金、財形貯蓄の管理や顧客応答サービスを手掛ける「ノムラ・IBJ・インベストメント・サービシズ」を設立する計画を明らかにした。

　興銀の西村は「自国市場を外資に取られないことが何よりも大事。日本連合で外資に対抗し、国内にある1200兆円の個人金融資産を生かす」と強調した。一方、野村の氏家は「デリバティブと資産運用・管理業務をとにかく採算に乗せたい」と提携のねらいを説明した。2人の会見の発言からも分かるように、興銀側が将来は証券事業の統合も視野に入れた「野村との国内連合」を全面に押し出したい考えだったのに対し、野村側は「あくまで収益性重視」のスタンスだった。

　金融業界を驚かせた興銀・野村の大型提携は、最初から両社の間に微妙な「温度差」があり、最後までそれを埋めることができなかった。両社の思惑のズレは共同会社の経営の足並みの乱れにつながり、期待した成果を上げることなくデリバティブ会社は2001年に解散が決まった[14]。

日興証券とトラベラーズの資本提携

　次に大きな賭けに打って出たのは、野村の氏家と同じ「宇宙人」の呼び名を持つ日興証券社長の金子昌資だった。

　野村・興銀の提携発表から1カ月もたたない6月1日、日興証券は米トラベラーズ・グループとの資本提携を発表した。トラベラーズは会長のサンフォード・ワイルが一代でつくりあげたグローバル金融グループであり、傘下には米大手証券のソロモン・スミス・バーニーを抱えるほか、4月には「世紀の合併」と呼ばれた米シティコープとの経営統合を決めていた。合意した提携の大枠は、トラベラーズが日興の株式と転換社債で計25％を出資するとともに、日興とトレーディング業務に強みを持つソロモン・スミス・バーニー証券との間で法人向け証券会社を共同で設立する内容だった。

　提携の結果、1999年4月には法人向け証券である合弁会社の日興ソロモン・スミス・バーニー証券が発足し、日興本体は法人向け事業を切り出したリテール向け証券である日興コーディアル証券として再スタートした。

　金子はメインバンクで3％の株式を保有する筆頭株主である東京三菱銀行を差し置いて、米

---

[14]　日本経済新聞「ニッポンこの20年　第2部民力低下（5）衰えた金融機能　破綻懸念遠のき革新怠る」（2010年10月30日朝刊）

日本証券史　1998年〜2000年（その1）

巨大金融グループと手を結ぶことを決めた。このため資本提携を発表した6月1日の記者からこんな意地悪な質問も飛んだ。「今回の提携は日興が顧客と市場を米国企業に差し出す『トロイの木馬』との指摘がある」。それに対する金子はこう答えた。「日本を守るという発想は古い。日興や日本企業の経営陣はグローバルな市場で戦っている。いいサービスを提供することが一番重要で、そこに存在意義がある」[15]。トラベラーズとの資本提携の決断は、「国際派」でならし、旧来型の日本の証券経営にとらわれない「宇宙人」である金子の真骨頂だった。

　そんなグローバル競争を見据えた提携のねらいの裏には、日興の差し迫った「台所事情」も大いに関係していた。1997年に山一証券が経営破綻し、日興は大手の中で最下位という位置づけだった。月次決算は赤字がつづき、米格付け会社からは格下げの憂き目にあって運転資金の調達に苦労する状況になっていた。トラベラーズとの提携交渉は「決裂すれば山一の二の舞」という極限状況の中、トラベラーズからの資本注入とそれによる信用補完をねらったものでもあった[16]。

大和証券と住友銀行の大型提携

　最後に大型提携に動いたのが、大和証券社長の原良也だった。7月28日、大和証券と住友銀行は法人向け金融サービス（投資銀行業務）、デリバティブ業務、投信・投資顧問業務（アセットマネジメント業務）で3つの合弁会社を新設し、それぞれ関係会社を含め統合すると発表した。さらに大和証券は1999年4月に持ち株会社に移行し、傘下にそれぞれの共同出資会社をぶら下げる形を想定していた。

　翌日朝刊の日本経済新聞朝刊は「やっと本物金融再編が出現」と題した社説を掲載し、「両社の提携で注目すべきなのは、両社とも何でも自社単独でやろうとする自前主義を捨てたことである。自らは得意な分野に特化し、それ以外の業務分野によって強化し、大和証券・住友銀行グループ全体であらゆる金融サービスを提供できればよいとの方針を明確にした」と評した[17]。

　原にとってメインバンクである住友銀行を提携先に選ぶのは自然な流れだったが、悠長に提携交渉を進める余裕はなく、ライバルの動きやマーケットに急かされながら迅速にまとめた交渉であった。

　発端は山一証券が自主廃業を決めた2日後の1997年11月26日だった。「大和にも飛ばしがあるのではないか」という出所不明の「風説」が株式市場で流れ、大和の株価は100円安の468円と値幅制限いっぱいのストップ安に急落した。「簿外債務など一切ない」。常務の山村信一は緊急の会見で風説を否定した。加速度的な株価下落に見舞われたこの日から、大和は株価対策に邁進するようになった。

---

[15]　日経金融新聞「日興とトラベラーズ提携　両社首脳ら会見」（1998年6月1日）

[16]　日本経済新聞「日興コーディアル（下）トップこそ実績主義（金融戦略を解く）」（2005年7月1日朝刊）

[17]　日本経済新聞「やっと本物の金融再編が出現（社説）」（1998年7月29日）

- 101 -

そして12月末、原は住友銀行頭取の西川善文と昼食をともにした。「何かできるのではないか」（西川）、「一緒にできることがあるはずだ」（原）――。なかなか収まらない金融不安の中で２人の思いは重なり、交渉は急ピッチで進んでいった。

大和側の顔色が変わったのが翌年５月に入ってからだった。野村証券が日本興業銀行と、日興証券が米トラベラーズ・グループと立て続けに大型提携を発表した。大和の社員の間では金融再編の流れに取り残されるという不安の声が広がり、原は社員向けサテライト放送で「世間の風潮に流された拙速な決断があってはならない」と社員に説明した。

それでも原は内心焦っていた。ショックだったのは、６月に入りトラベラーズとの提携に踏み切った日興に株価が抜かれたことだった。株価を経営に対する市場の評価と考える原にとって日興との株価逆転は衝撃だった[18]。

交渉の最大のヤマ場は、共同出資で新設する法人向け証券の出資比率だった。過去に住友銀行が50％未満の出資を実施したことはなかったが、内心では「業務内容を考えれば大和が９割でもやむを得ない」と考えていたという。住友銀行が「証券業務に全力を尽くす」と表明すると、比率は大和60％・住友銀行40％ですんなりと決着した[19]。これで提携の骨格が固まった。

当初両社は８月下旬の基本合意に向けて準備を進めていたが、６月末から７月にかけて米格付け会社２社が大和や関連会社の格付けを引き下げたことで交渉は一気に加速した。結果的に大和が住友銀行と合意した提携は、発表で先行した野村や日興の動きに焦りながらまとめたものではあったが、結果的に２社と比べて全く遜色のない内容になった。

（敬称略）

各論（2）　金融の市場化 ・・・・・・・・・・・・・・・ 執筆 柴崎　健・川崎　健（日本経済新聞社）[20]

①　邦銀の不良債権売却とハゲタカの台頭

不良債権問題への対応

1997年の北海道拓殖銀行の破綻は、都市銀行でも救済されないという事実を預金者に認識させることになり、全国的に預金の取り付けに近い動きが広がることになった。1998年には、日本長期信用銀行と日本債券信用銀行の国有化が行われ、金融危機は一旦のピークを迎える

---

[18]　日本経済新聞「ビッグバン勝ち組へ連合　住友銀・証券業務リストラ、大和証券・大手の座維持狙う」（1998年７月28日朝刊）

[19]　日本経済新聞「住友銀と大和証券、金融再編加速に危機感　ドキュメント　大和、格下げ受け急ぐ」（1998年７月29日朝刊）

[20]　バルクセールの隆盛、収益還元法とノンリコースローンの普及は川崎健、それ以外は柴崎健が執筆した。

こととなる。金融システム不安を鎮静化させるために、与野党を超えた政治対応がなされ、預金保険法の改正、金融再生法、金融機能早期健全化法などを成立させることで、システマティックな破綻処理の枠組みを構築できたことが金融危機を鎮静化させることに繋がった。

　当時、日本の不良債権問題は世界の金融市場の不安材料となっており、ニューヨーク・タイムズが1998年7月30日の1面記事で「邦銀の不良債権は1兆ドル（約140兆円）に達しつつある」と掲載したことも、大きな話題となった[21]。この推計値はかなり大雑把なものとされるが、金融監督庁は同年3月末での不良債権が87兆円であることを公表しており、ニューヨーク・タイムズの金額は公表額の2倍弱の規模であった。米政府筋や金融専門家でも信ぴょう性を持って受け止められており、小渕首相も同年10月15日には、「金融機関は数字はまだはっきりしないが、100兆円近い不良債権を抱え、にっちもさっちも行かなくなっている」と語っている[22]。不良債権処理の期間における不良債権処分損は、1992年度から2004年度の累計で96兆円となったことからも、不良債権の実際の規模は、国内では過小評価されていたことが窺える。

間接償却から直接償却への転換

　不良債権処分損は、ピークとなる1998年度で13.6兆円、その後も1999年度、2000年度と6兆円程度と巨額の損失を計上している。ただし、不良債権処理は貸倒引当金繰入による間接償却の割合が大きい。これは、銀行のバランスシートに不良債権が依然として残っており、担保価値の減少や実際の処分によっては更なる損失が発生する可能性が残る手法である。一方、銀行のバランスシートから不良債権を外す直接償却は、貸出金償却やバルクセールで行われる。不良債権処理では自行の不良債権をまとめて売却する「バルクセール」による直接償却が多かった。銀行は海外証券会社や投資ファンドに不良債権を積極的に売却しており、1998年度には簿価ベースで8兆円規模となった。

　都市銀行が外資系金融機関にバルクセールを活用してきた一方で、地方銀行が抱える不良債権は金額が小ロットとなることが多く、個別行での売却にはハードルがあった。このため、共同債権買取機構が複数の地方銀行の担保付不良債権を買い取り、これをまとめて外資系金融機関に売却することで不良債権処理を進めた。

　1998年には貸出金償却による処分損がバルクセールのそれを上回って、直接償却の相当の部分を占める状況になっている。これは、債権譲渡について整理回収機構（RCC）[23]による不良債権処理の機能を拡充したこと、法的整理について会社更生法や民事再生法を改善したこ

---

[21]　日本経済新聞「米誌「邦銀不良債権は1兆ドル」」（1998年7月31日夕刊）

[22]　日本経済新聞「金融機関の問題債権、首相「100兆円近い」、根拠ただされ「87兆円」に訂正。」（1998年10月16日朝刊）

[23]　整理回収機構（RCC）は、住宅金融債権管理機構と整理回収銀行が合併して設立された預金保険機構全額出資の公的機関であり、破綻金融機関や旧住専などから不良債権を買い取り、債権回収や企業再生を行っている。後述する米整理信託公社（RTC）をモデルとして設立されたことから、日本版RTCともいわれた。

と、私的整理について、私的整理のガイドラインを策定して関係間の調整手続きを明確化したことが大きい[24]。RCCは従来破綻金融機関からの不良債権の買取や回収を行っていたが、改正金融再生法によって健全行からの不良債権の買い取りも可能となった。このため、外資系金融機関への不良債権の売却との条件を比較して、RCCを活用した。RCCが健全行からの不良債権買取において、銀行の民事での貸し手責任を問わないとの意向を示したことも、金融機関のRCC活用の要因となった[25]。

不良債権処分損とリスク管理債権

出所：金融庁「金融再生法開示債権の状況等について」

バルクセールの隆盛

　巨額の不良債権が最終処理に向けて動き始めるきっかけとなったのが、外資系投資銀行や外資系ファンドによる邦銀の不良債権の積極的な購入だった。

　モデルとなったのが、1980年代後半から1990年代初頭にかけて米国で実施された不良債権処理だった。米政府は不動産市況の悪化で相次ぎ破綻した米貯蓄貸付組合（S&L）の処理を目的とする米整理信託公社（RTC）を1989年に設立し、RTCはS&Lから接収した不動産担保付き債権を外部投資家に売却していった[26]。米RTCを通じた不良債権投資で利益を得た米

---

[24]　内閣府「平成13年度 年次経済財政報告」（2001年12月）（https://www5.cao.go.jp/j-j/wp/wp-je01/wp-je01-00202.html）

[25]　日本経済新聞「興銀・三和など3行回収機構に売却へ―不良債権、健全行で初」（1999年6月23日夕刊）

[26]　米貯蓄貸付組合（S&L）は、個人の零細貯蓄と住宅ローン等の貸付を行う組合型の金融機関である。1970年代のオイルショックによる短期金利高騰を受けて長短金利が逆転したことで逆ザヤとなり、不動産市場の低迷も相まって全米でS&Lの破綻が広がった。このため政府は1989年に米整理信託公社（RTC）を設立し、破綻したS&Lの資産を管理し、売却を行った。最終的な破綻処理コストは1,450億ドルに達した。

日本証券史　1998年〜2000年（その1）

投資銀行やファンドは、米国での経験を日本でも生かせるとみて邦銀に不良債権の売却を働きかけていった。

　外資の購入対象となった不良債権は、利払いがしばらく滞った債権や債権者が経営破綻した債権だった。銀行側はこれらの不良債権にすでに貸倒引当金を計上しており、帳簿上の処理は済ませたものの、回収が困難で今後は利益が見込めないうえ管理コストもかかるため、外部投資家に売却することで不良債権の最終処理を進めようとした。売却対象となったのは、主に中堅・中小企業向けの貸出債権であり、これらを数十件から数百件まとめて一括売却（バルクセール）する手法が取られた。

　買い手側の外資の狙いは不良債権の担保となっている不動産であり、主に担保不動産の裁判所による競売や任意売却などを通じて投資資金の回収をめざした。

　当時の外資による不良債権の買い取り価格は、債権簿価のおおむね10％程度だったとされる。すでに地価は大きく下落しており、日本の不動産価格は底入れが近いという見通しが外資参入の背景にあったのは間違いないが、仮に不動産価格が上昇しなくても十分採算が取れるよう外資は大幅に割り引いた価格で不良債権を購入した。米国では不良債権を大幅にディスカウントした価格で買う投資家を動物の腐肉を漁る猛禽類にちなんで「バルチャー・インベスター（ハゲタカ投資家）」と呼ぶことがあるが、日本でも1990年代後半の外資の不良債権投資を機に「ハゲタカ」や「ハゲタカファンド」という呼び名が一般社会の間にも定着していった。

　外資の不良債権投資の嚆矢となったのが、1997年3月期に東京三菱銀行が米カーギルとの間で実施した取引だった[27]。東京三菱銀行はパイロットケースとして計20〜30件、額面で総額50億円の不良化した不動産担保付き債権を一括してカーギルに売却した。カーギルは米ミネアポリスに本拠を置く世界最大の穀物商社であり、傘下の投資会社であるカーギル・フィナンシャル・サービシズを通じて世界各市場の株式・債券やコモディティー、不動産に多額の自己資金を投じていた。1990年代初頭の米RTCによる米国のバルクセールでは大口の買い手として多くの利益を稼いでおり、次なる市場として日本への参入機会を探っていた。そこに東京三菱銀行側から取引を持ちかけ、国内初となるバルクセールが実現した。

　東京三菱銀行による初のバルクセールの成功を受け、1998年3月期には住友銀行やさくら銀行、三和銀行、富士銀行、三井信託銀行など多くの大手銀行が追随した。住友銀行は不動産ファンドの「ホワイトホール・ファンド」を運用する米ゴールドマン・サックスに簿価400億円の不良債権を売却した[28]ほか、さくら銀行は米メリルリンチと米テキサスに本拠を置くローンスター・オポチュニティ・ファンドの投資家連合に簿価ベースで総額4,000億円の不良債権を売却する大型案件をまとめた[29]。当時は過去最大規模となったさくら銀行のバルク

---

[27]　日本経済新聞「不動産担保付き不良債権　20−30件まとめ売却　東京三菱銀、米投資家に」（1997年4月7日朝刊）

[28]　日本経済新聞「不良債権を一括売却　住友銀、米投資家に400億円分」（1997年10月6日朝刊）

[29]　日本経済新聞「さくら銀、不良債権4000億円売却　米2社に　簿価の15％　財務改善」（1998年3月27日朝刊）

− 105 −

セールは最も高い価格を提示した投資家に売却する競争入札に多数の外資が名乗りを上げ、最終的な売却価格は平均的水準である10％を超えて15％まで上昇したとされる。

先行したこれらの外資に加え、米ジャンク債取引のパイオニアだった米ドレクセル・バーナム・ランベールの出身者が設立した不良債権ファンドである米サーベラス・キャピタル・マネジメントが日本でも相次いで大型売却案件をものにし、買い手として存在感を増していった。さらに、ドイチェ・モルガン・グレンフェル、バンカース・トラスト、モルガン・スタンレー・ディーン・ウィッター、クレディ・スイス・ファースト・ボストン、リーマン・ブラザーズ、ソロモン・スミス・バーニーといった米欧の投資銀行も自己資金や顧客投資家から集めたファンド資金を使って日本での不良債権投資を積極化していった。

加えて、米国で破綻企業の再生ビジネスで名をはせて「キング・オブ・バンクラプシー（倒産王）」の呼び名を持つロスチャイルド出身のウィルバー・ロス氏率いる WL ロス＆カンパニーや、米不動産ファンドのセキュアード・キャピタル、カリスマ投資家のルイス・ベイコン氏が設立した米大手ヘッジファンドのムーア・キャピタル・マネジメントといった外資も、ハイリスク・ハイリターン型の投資機会を求めて続々とバルクセールに参入してきた。

2000年3月期までには不良債権の売り手は大手銀行からクラウン・リーシング、山一ファイナンス、日本リースといった経営破綻したノンバンク、千代田生命保険といった法的整理手続きに入った生命保険会社にも広がっていった。日本経済新聞社の推計では、1998年3月期以降、不良債権処理がおおむね一巡した2000年3月期までの3年間で国内金融機関が実施したバルクセールは簿価ベースで総額30兆円近くに達した[30]。

収益還元法とノンリコースローンの普及

1999年代後半に活発になった外資による不良債権投資は、日本の不動産市場に2つの重要な変化を呼び起こした。「収益還元法」による不動産の価格算定方法とノンリコースローン（非遡及型融資）の普及である。

バブル期までの日本の不動産取引の値決めは、近隣で成立した別の不動産の売買価格を参考にしながら最終的には売り手と買い手の交渉で決める「取引事例比較法」が大半だった。これは地価が将来も上がり続けるという「土地神話」が前提になっており、上物の建物が老朽化していたり、テナントの質に問題があったりしても立地が都心の一等地にあるという理由だけで高値で取引されていた。こうした当時の不動産売買の値決めの慣行が、バブル期の地価高騰の元凶になったという批判も多い。

一方、不良債権投資を通じて日本の不動産の値付けする外資は、不動産が将来生み出すキャッシュフローをもとに不動産の価値を算出する「収益還元法」という全く異なったアプローチで不動産価格を算出した。収益還元法とは、個々の不動産が生み出すオフィス賃料など定期的な収入と将来予想される不動産の売却益を予想し、こうした不動産が生み出す将来

---

[30]　日本経済新聞「不良債権受け皿、外資が主役に　97年以降、簿価30兆円分　購入額9割安く」（2001年6月19日朝刊）

日本証券史　1998年〜2000年（その1）

キャッシュフローの合計額を、金利水準を勘案して現在価値に割り引いて算出する。こうした将来キャッシュフローをもとに現在価値を算出する方法は、債券や株式など有価証券の適正価格を算出する方法と基本的には同じアプローチである。外資によって導入された収益還元法の値付け手法は、債券や株式と同じ金融商品として日本の不動産を市場で売買するベースをつくったといえる[31]。

　収益還元法によるキャッシュフローをもとに不動産が値付けされるようになってはじめて利用が可能になったのが、ノンリコースローンである。不動産ローンにはリコース（遡及型融資）とノンリコースの2種類があり、日本の不動産向け貸出はほぼすべてがリコースだった。これは金融機関が融資を実行する際に不動産を担保に取る一方、債権者が破綻した場合は債務者のすべての資産に求償権が及ぶ貸出形態である。貸し手は不動産担保と与信先のクレジットの両方を確保できるため、融資の安全性が相対的に高い。

　一方、米国の不動産融資はノンリコースローンが主流である。融資の求償権が担保物件に限られる貸出形態であり、貸し手にとってはリスクが高い分、金利や手数料がリコースローンよりも高く設定される。

　ノンリコースローンを組成する場合、担保不動産が将来生み出すキャッシュフローが返済の元手となるため、貸し手の金融機関は収益還元法で算出した不動産価格をもとに融資額や金利水準を設定する。一方、ノンリコースローンは債務者の信用力とは完全に切り離され、担保不動産の収益力だけで融資の価値が決まるため、融資を実行した金融機関は融資を第三者に売却しやすくなる。こうした収益還元法にもとづくノンリコースローンを金融商品として不特定多数の外部投資家に売却できるようにしたのが、CMBS（商業用不動産ローン担保証券）といった不動産の証券化商品である。

　収益還元法とノンリコースローンを不動産の値付けや融資に本格的に導入したのが1990年代初頭の米RTCだった。RTCは収益還元法をもとにした「DIV（派生投資価値）」[32]と呼ぶ担保不動産の価格算定式を開発し、誰にも利用できるよう外部にも公表した。誰が計算しても算出式に代入する数値が同じであれば同じ結果が出る透明な値付け手法を導入することで不良債権の担保不動産を流動化する道を開いた。

　さらに、RTCは、担保不動産を売却する際に買い手に対して貸し出したノンリコースローンを不特定多数の投資家に売却する証券化のスキームを使って大量の担保不動産を迅速に処分し、一気に不良債権の回収を進めていった[33]。

　1990年代初頭の米国で不動産流動化を後押しした収益還元法による不動産の値付けとノンリコースローンの2つが日本で初めて実際の取引で活用されたケースが、1997年12月に東京三菱銀行が同行として2例目となるバルクセールとして総額125億円（簿価ベース）の不良債

---

[31]　日本経済新聞「不良債権は宝の山？　買い上げる欧米勢のソロバン勘定」（1998年3月22日朝刊）

[32]　DIV（Derived Investment Value）の推定では、不良債権を種類（オフィスビル、ホテル等）や稼働状況に基づいて分類し、それぞれに見合った割引率を想定したうえで割引現在価値を計算した。

[33]　日本経済新聞「土地流動化にこの一手（上）日本総合研究所主任研究員　翁百合氏（リレー討論）」（1998年5月17日朝刊）

－ 107 －

金融・資本市場リサーチ

権をゴールドマン・サックスに売却した取引だった。

東京三菱銀行がバルクセールの対象にした不良債権の担保は、都内の商業地や住宅地など約10件の不動産だった。この売却価格の算定には日本で初めて米RTCが開発した収益還元法であるDIVが導入され、DIVの算定式に代入する値を互いに擦り合わせながら売却価格を決めていった。

収益還元法とともに、東京三菱銀行がこのバルクセールで導入したのがノンリコース型のセラーファイナンス（買い手に対する買収資金融資）であり、これが不動産向けノンリコースローンの日本初の実施例となった。セラーファイナンスは、売り主が物件代金の一部を買い主に融資するものであり、米国の不良債権処理では広く活用されてきた手法である。買い手は、投資資金のレバレッジ比率を高めて最終的な投資利回りを引き上げられるメリットがある。一方、売り手は、通常の不動産ローンよりも高めに設定されたノンリコースローンの金利収入や融資組成の手数料を通じて不良債権の回収が進んだ際のリターンの一部を買い手から受け取ることができる。

このバルクセール案件をまとめた東京三菱銀行の取引責任者は、当時「これまでの日本の不動産市場にはなかった不動産時価の概念が外国人によって導入された意義は大きい」と指摘している[34]。1990年代末にかけて盛り上がったバルクセールは、国際標準であるキャッシュフロー・ベースの不動産の値付けを日本にもたらし、その結果として、金融機関のバランスシートで長く塩漬けになっていた担保不動産が動き出して不動産市場が活性化するきっかけをつくったといえる。

② 不動産証券化（セール＆リースバック）

不動産証券化が広がった背景

バブル崩壊後の「失われた20年」では、株価や不動産価格の下落によって、保有資産の価値が目減りすることで、景気低迷のスパイラルが発生した。1990年代後半からはデフレが恒常化しつつあり、景気低迷を長期化させる「バランスシート調整」色彩が強まった。このため、企業は低収益資産である過剰設備や持ち合い株式、そして本社ビルを含めた保有不動産の整理を進めることとなった。特に、不動産業界では、過剰債務を抱えていた面もあり、保有不動産の圧縮の動きを加速した。これは、不動産価格の下落が続くなかで、リスク抑制のために、不動産の所有と経営を分離することが求められたことが大きい。また、不良債権処理の過程で企業の格下げも続いており、資金調達環境にも厳しい状況にあった。このため、不動産の売却が難しい場合には、不動産を小口化して金融資本市場を通じて資金調達を行う不動産証券化が資金調達の重要な手段となった。

証券化とは、資産が生み出すキャッシュフローを投資家に提供することで、社債や借入のように資金の取手・借手側の信用リスクとは無関係に資金調達を行う手段である。不動産証

---

[34] 日経公社債情報「〈外資の不良債権ビジネス〉担保不動産に値付けの洗礼」（1998年2月23日）

券化では、従来流動性が低く、規模の大きい不動産を小口化し、多種多様な投資家ニーズに応じた商品提供を行うことで、不動産への新たな投資機会を創出するものである[35]。

不動産証券化の法整備

これまでも1931年に抵当証券法に基づく抵当権付き債権の流動化が認められており、不動産の抵当権付き貸付債権を流動化した証券抵当証券が存在した。しかし、不動産証券化が拡大したのは、1995年の「不動産特定共同事業法」の施行である。これは、バブル崩壊によって不動産小口化商品が元本割れする事例が多くなり、事業者を規制する目的で制定されたものである。

その後、1998年には日本初の総合的な資産証券化のための法律である「特定目的会社による特定資産の流動化に関する法律（旧SPC法）」が制定された。なお、旧SPC法は2001年に改正されて資産流動化法（SPC法）となり、企業や金融機関の保有資産のオフバランス化や資金調達が進むことになる。

2000年には、「証券投資信託法」が「投資信託及び投資法人に関する法律（投信法）」に改正されて、J-REIT（不動産投資信託）の組成が可能となった。実際にJ-ERITが東京証券取引所に初上場するのは、2001年9月であり、日本ビルファンド投資法人とジャパンリアルエステイト投資法人の2銘柄であった。

不動産証券化の仕組み

証券化の基本構造は、証券化の対象となるキャッシュフローを生み出す原資産（不動産等）、キャッシュフローを享受する投資家、そして、原資産と投資家を繋ぐ導管体の役割を担う特別目的事業体（SPC、SPV）で構成される。原資産（不動産等）の所有者であるオリジネーターは原資産の所有権を特別目的会社に確実に移転することで、特別目的事業体との倒産隔離を確保する。さらに、特別目的事業体を信託や商法上の組合としたり、一定の配当・分配ルールを満たせば、投資家への配当金・分配金を費用として損金算入することができる特別目的事業体（特定目的会社、J-REITのための投資法人等）を用いることで、特別目的事業体の所得に対する課税と投資家の所得に対する課税の二重課税を回避することができる。

不動産証券化案件では、不動産の売却後も継続してその物件を利用するセール＆リースバックを使う場合も多い。特に、1990年代後半以降は、この手法を活用して不動産開発を行い、新たに建設した本社ビルを自社利用することも多かった。これは自社ビルを売却することで利益を計上するとともに、資産をオフバランスとすることで効率的な財務戦略を志向したためと考えられる。

---

[35]　不動産証券化協会「不動産証券化の標準的実務手順等に関する調査【調査報告書】」3頁。（平成19年度国土交通省総合政策局 不動産業課委託調査

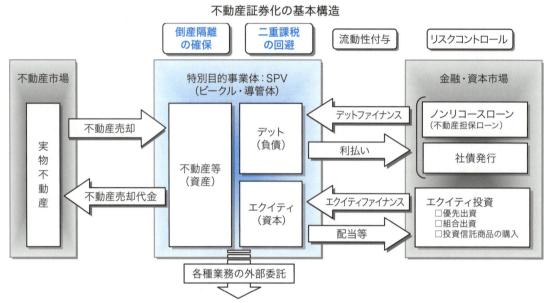

出所：不動産証券化協会「不動産証券化の標準的実務手順等に関する調査【調査報告書】」（2008年3月）

③ 金融の市場化（シンジケートローン、市場型間接金融、証券化）

市場型間接金融

　不良債権処理を進める過程で、銀行の自己資本は大きく毀損したため、銀行の貸出能力は大きく低下して、必要以上に厳しい与信管理が取られた。このような「貸し渋り」ともいえる状況は、企業と銀行の関係を大きく変えることとなった。メインバンクが企業を支えるために人もカネも融通するという状況は維持できなくなり、国際基準行といわれる大手行では、バーゼル自己資本比率規制（BIS規制）を遵守するために、資産圧縮の動きを強めた。資産を増やせないなか、銀行は保有する貸出資産を売却したり、証券化したりすることで、新たな与信行為の余力を生み出したのである。この結果、銀行の与信エクスポージャーは、貸出債権流通市場を通じて、資本に余裕がある国内外の銀行、機関投資家、海外ファンドなどに転化されることとなり、実質的にはノンバンクによる企業向け与信行為が、銀行のバランスシートを介して行われる構造となった。

　貸出債権の流動化市場の創出は、これまで銀行による相対与信の条件を市場取引でプライシングするというものであり、非市場型の間接金融との対比で市場型間接金融といわれる新たな金融仲介を生み出した。

　2004年10月より開始された「資金循環における市場型間接金融の役割に関する研究会」では、市場型間接金融を、次図における①「資金の供給者（A）と市場」、もしくは、②「資金

の需要者（B）と市場」をつなぐ働きをするような金融仲介活動と定義している[36]。①の例としては、投資信託や年金といった機関投資家が個人マネーを獲得して、これを市場で運用するものがある。②の例としては、住宅ローン証券化があり、証券を発行して市場から資金を調達し、その資金を住宅取得者に貸し付けるものがある。

このように、伝統的な間接金融では、銀行が金融仲介を担う構造であるのに対して、市場型間接金融では銀行以外の一般企業でも、市場を通じることで資金供給者（A）と資金需要者（B）を繋ぐことができる構造である。銀行のリスク許容度が低下するなかで、リスクマネーの供給力を高める点でも、様々なリスク特性を持った経済主体が金融仲介を担う、複線型金融仲介構造への転換が期待されたのである。市場型間接金融においては、銀行もまた、市場での売却を前提としたシンジケートローンのオリジネーションや証券化商品の発行によって、自らのバランスシートに計上しないで、金融仲介を行うことが可能となった。銀行としては、このような資産回転型ビジネスモデルを実施することで、資産効率を高めることを企図したと考えられる。

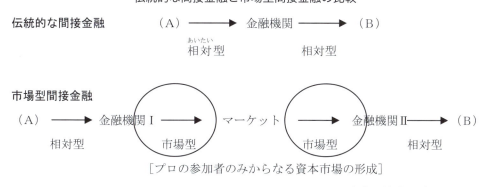

出所：財務総合政策研究所「資金循環における市場型間接金融の役割に関する研究会」報告書について

シンジケートローン

市場型間接金融の重要な基盤であるシンジケートローンは、複数の金融機関による協調融資であり、1990年代半ば以降、米国で急速に拡大した。その拡大の背景には、主要市場参加者を中心に1995年に任意団体が発足し、各種契約書雛形、行為規範、取引ルールの制定と、ローン債権に係る気配値の提供が行われることで、貸出債権のセカンダリー市場が拡大したことがある[37]。

---

[36] 財務総合政策研究所「資金循環における市場型間接金融の役割に関する研究会」報告書について（2005年8月）

[37] JSLA会長「日本ローン債権市場協会（"JSLA"）の取組について」（2003年6月30日）

金融・資本市場
リサーチ

　日本のシンジケート組成額も、1998年0.5兆円、1999年4.2兆円、2000年9.8兆円と拡大している[38]。日本では大手行を中心にシンジケートローンのオリジネーションが行われ、その貸出債権を貸出が伸び悩む地域金融機関が保有する場合が見られた。

　シンジケートローンが普及した背景には、貸し手である銀行と企業との関係性の変化がある。戦後のメインバンク制では、銀行が企業への貸出だけでなく株式を相互保有していたため、メインバンクと企業の利害関係は一致しやすい構造であった。その結果、メインバンクは貸出の個別採算管理の意識が強くなく、総合営業のなかで収益最大化を目指す行動に繋がりやすかった。しかし、デフレが長期化するなかで持合株式構造が崩れ、また与信管理が精緻化する過程で、貸出の個別採算性が求められる時代となったことから、売却可能で、財務制限条項が付与されたシンジケートローンは、リスク管理上の高度化の観点からのメリットもあった。また、企業からすれば、シンジケートローンの幹事行が窓口となって複数の金融機関と交渉して、同一条件でのローンを取り纏めるため、大規模な資金調達が可能となる。ただし、企業サイドからは、自らが債務者であるローン債権が転売されることに、必ずしも積極的でない場合もあった模様である。

証券化

　証券化は、シンジケートローンとともに市場型間接金融の基盤を担う重要なものであった。バブル崩壊以降、銀行貸出が低迷するなかで、企業は保有資産を活用して金融資本市場を通じた資金調達を積極化しており、日本の証券化市場は1997年から急速に拡大している。1998年時点において、原資産としては、リース、クレジット・消費者ローン、貸出債権が多い。CDO（Collateralized Dept Obligation）の残高が大きいことは、銀行の与信管理の高度化によって貸出ポートフォリオを機動的に動かし始めたことが影響している。その後、CDOは自らが保有する貸出資産のヘッジだけでなく、CDS（Credit Default Swap）を活用したシンセティックCDO等の組成による運用商品の提供等大きく広がっていく。

　相対貸出が主体となる金融仲介の世界から、クレジットリスクをコントロールする形で与信リスクを第3者に移転することを基本とした市場型間接金融モデルは、銀行のリスク管理の高度化を促す。また、不良債権処理によって「貸し渋り」に対する批判が生じる状況では、金融仲介を複線化することのメリットもある。その一方で、オリジネーターがリスクを負わないことで、第3者の投資家に伝搬させる可能性があり、エージェンシー関係がより重層化することで、エージェンシーコストが増加するデメリットも指摘された[39]。

---

[38]　数字はIFRデータベース。日本ローン債権市場協会「JSLAからのお知らせ」（2003年11月）

[39]　池尾愛子（監修、塩入篤・向井基信編集『池尾和人と語る』（文藝春秋企画出版部、2022年6月）38頁

- 112 -

日本証券史　1998年〜2000年（その1）

各論（3）　金融制度・金融行政の変革 　　　　　　　　　　　　執筆
上田亮子

①　金融ビッグバン（金融システム改革）の実施

ⅰ．金融ビッグバンの背景

　金融ビッグバンとは、日本においては1996年から2001年にかけて実施された、大規模な金融システム改革である。

　金融ビッグバンの背景には、（1）我が国金融の自由化・国際化の進展、（2）バブル経済の発生・崩壊に伴う金融システムの棄損、（3）欧米市場との競争激化等、当時の我が国金融・資本市場を取り巻く厳しい環境が存在した。バブル経済の発生と崩壊に伴ってわが国の金融・資本市場が混乱するなか、欧米ではユーロ圏の成立等の金融・資本市場の国際的な競争が激化した。これらの背景を踏まえて、日本の金融市場を2001年までにロンドン、ニューヨークに匹敵する国際金融市場として再生するための金融システム改革の必要性が高まった。

　日本版金融ビッグバンは、1996年11月11日に、橋本龍太郎総理大臣のイニシアティブで、三塚博大蔵大臣、松浦功法務大臣に対して、「我が国金融システムの改革〜2001年東京市場の再生に向けて〜」（図表1）とする指示を発出したことから開始された。この指示に基づいて、当時の大蔵省に設置されていた5審議会（証券取引審議会、企業会計審議会、金融制度調査会、保険審議会及び外国為替等審議会）は、2001年までに改革が完了するプランの検討を開始した。また、改革を一体的なものとして円滑に推進するため、各審議会代表者による「金融システム改革連絡協議会」を設置し、各審議会相互に関連する問題等について議論を行った。これらの議論に基づいて、1997年6月13日「金融システム改革のプラン〜改革の早期実現に向けて〜」が公表された[40]。

図表1　「我が国金融システムの改革〜2001年東京市場の再生に向けて〜」

> ### 1．目標〜2001年にはNY、ロンドン並みの国際市場に
> （1）優れた金融システムは経済の基礎をなすものである。21世紀の高齢化社会において、我が国経済が活力を保っていくためには、国民の資産がより有利に運用される場が必要であるとともに、次代を担う成長産業への資金供給が重要。また、我が国として世界に相応の貢献を果たしていくためには、我が国から世界に、円滑な資金供給をしていくことが必要。
> 　このためには、1,200兆円もの我が国個人貯蓄を十二分に活用していくことが不可欠であり、経済の血液の流れを司る金融市場が、資源の最適配分というその本来果すべき役割をフルに果たしていくことが必要。

---

[40]　本プランに基づく、政府全体としての金融ビッグバンの枠組み整備に先行して、外国為替管理制度の見直しと持株会社の解禁による銀行持株会社制度の整備が実施された。

(2) 欧米の金融市場はこの10年間に大きく変貌し、これからもダイナミックに動こう
としている。我が国においても、21世紀を迎える5年後の2001年までに、不良債権
処理を進めるとともに、我が国の金融市場がNY・ロンドン並みの国際金融市場と
なって再生することを目指す。
　これには、金融行政を市場原理を基軸とした透明なものに転換するだけでなく、
市場自体の構造改革をなし遂げ、東京市場の活性化を図ることが必要。
(3) 上記の目標を実現するため、政府・与党を挙げて、次の課題について直ちに検討
を開始し、結論の得られたものから速やかに実施し、今後5年間の内に完了するこ
ととする。

２．構造改革への取り組み～２つの課題（「改革」と「不良債権処理」）

　目標達成に向けて、市場の活力を甦らせるためには、市場の改革と金融機関の不良
債権処理とを車の両輪として進めていく必要がある。

(1) 改革～3原則（Free、Fair、Global）
　① Free（市場原理が働く自由な市場に）～参入・商品・価格等の自由化
　② Fair（透明で信頼できる市場に）～ルールの明確化・透明化、投資家保護
　③ Global（国際的で時代を先取りする市場に）～グローバル化に対応した法制度、
　　会計制度、監督体制の整備

(2) このような徹底した構造改革は、21世紀の日本経済に不可欠なものとは言え、反
面様々な苦痛を伴うもの。金融機関の不良債権を速やかに処理するとともにこうし
た改革を遂行していかなければならないので、金融システムの安定には細心の注意
を払いつつ進めていく必要がある。

[具体的検討項目の例]
改革～3原則（Free、Fair、Global）
① Free（市場原理が働く自由な市場に）
　・新しい活力の導入（銀行・証券・保険分野への参入促進）
　・幅広いニーズに応える商品・サービス（長短分離などに基づく商品規制の撤廃、証
　　券・銀行の取扱業務の拡大）
　・多様なサービスと多様な対価（各種手数料の自由化）
　・自由な内外取引（為銀主義の撤廃）
　・1,200兆円の個人貯蓄の効率的運用（資産運用業務規制の見直しとディスクロー
　　ジャーの充実・徹底）
② Fair（透明で信頼できる市場に）
　・自己責任原則の確立のために十分な情報提供とルールの明確化（ディスクロー
　　ジャーの充実・徹底）
　・ルール違反への処分の積極的発動
③ Global（国際的で時代を先取りする市場に）
　・デリバティブなどの展開に対応した法制度の整備・会計制度の国際標準化
　・グローバルな監督協力体制の確立（G7サミット・蔵相会議等で確認）

出所：大蔵省（1996年11月11日）

ⅱ．金融ビッグバンの具体的プラン

　「金融システム改革のプラン～改革の早期実現に向けて～」（1997年6月13日）における改革プランは、1996年11月11日の橋本総理大臣のイニシアティブにおいて明確化された理念のもと、「Free（市場原理が働く自由な市場に）」、「Fair（透明で信頼出来る市場に）」、「Global（国際的で時代を先取りする市場に）」の3原則に照らして必要と考えられる改革を全て実行することとされた。そして、5つの審議会において取りまとめられた具体的プランの内容は、利用者の立場に立った改革という観点から、「投資家・資金調達者の選択肢の拡大」「仲介者サービスの質の向上及び競争の促進」「利用しやすい市場の整備」「信頼できる公正・透明な取引の枠組み・ルールの整備」の4つの視点を網羅することが求められた。これらの具体的プランの策定と実行を通じて、金融機関の不良債権問題の速やかな処理を促進するとともに、早期是正措置の導入やディスクロージャーの拡充などを通じて金融機関等仲介者の健全性確保に努め、金融システムの安定につながることが期待された。

図表2　「金融システム改革のプラン～改革の早期実現に向けて～」
における具体的プランの内容

事　項	措　置　内　容	スケジュール
証券デリバティブの全面解禁	証券取引所における個別株式オプション取引を導入する。	97年7月に、東京・大阪両証券取引所において取引開始予定。
	有価証券関連の店頭デリバティブ取引の導入のための環境整備を行った上で、証券デリバティブを全面解禁する。	次期通常国会に法案提出予定。
	有価証券及び商品関連の店頭デリバティブ取引について、原資産の受渡しを伴わない範囲で、銀行等が行える業務とする。	次期通常国会に法案提出予定。
「証券総合口座」の導入	「証券総合口座」を導入する。	97年度中に実施予定。
銀行等の投資信託、保険の窓口販売の導入	銀行等の本体による投資信託の販売を導入する。	次期通常国会に法案提出予定。
	銀行の店舗貸しによる投資信託委託会社の直接販売を導入する。	97年度中に実施予定。
	保険については、弊害防止措置等を講じた上で、住宅ローン関連の長期火災保険及び信用生命保険の販売を認める。	2001年を目処に実施予定。
ABS（資産担保証券）など債権等の流動化	ABSの発行体であるSPC（特別目的会社）についての法的整備を行う。	次期通常国会に法案提出予定。
	金銭債権信託受益権について、有価証券の発行根拠を法定し、流通性を改善する。	次期通常国会に法案提出予定。
内外資本取引等の自由化	クロスボーダーの証券取引、海外預金等の自由化により、企業や個人の資金運用、資金調達の選択肢を拡大する。	今国会で外為法の抜本的改正が成立し、98年4月1日より施行。

事　項	措　置　内　容	スケジュール
(2) 仲介者サービスの質の向上及び競争の促進		
持株会社制度の活用	持株会社形態の利用を可能とするとともに、預金者、投資者、保険契約者の保護等金融上の観点から必要となる諸措置を講ずるため、所要の法整備等を行う。	改正独占禁止法の施行をにらみ、所要の法的整備を可及的速やかに行う。
証券会社の免許制の見直し	現行の免許制を改め、登録制を原則とする。その上で例えば店頭デリバティブ業務や引受業務など、業務の専門性やより高度なリスク管理が求められる特定の分野については、認可制とする。	次期通常国会に法案提出予定。
業態別子会社の業務範囲等	証券子会社、信託銀行子会社に係る残余の業務制限を解禁する。	99年度下期中に解禁。
	保険会社と金融他業態との間の参入について実現を図る。 保険会社による銀行・信託・証券業務への参入、証券会社による保険業への参入等については、時期を早めて実施する。	2001年までに実現。
普通銀行における長短分離制度に係る業務上の規制の撤廃等	普通銀行による普通社債等の発行等を認める。	99年度下期実施。
	外国為替銀行法を廃止する。	次期通常国会に法案提出予定。
証券会社の業務の多角化	専業義務を廃止し、業務の多様化・差別化を可能とする。	次期通常国会に法案提出予定。
株式売買委託手数料の自由化	株式売買委託手数料を完全自由化する。	99年末には完全自由化。その前段階として、98年4月に自由化部分を現行の売買代金10億円超から5千万円超まで引下げ。
電子マネー・電子決済	電子マネー・電子決済に関し、法律関係の明確化、新規参入の促進、個人利用者の保護等に関する検討を進め、所要の措置を講ずる。	速やかに具体的な施策に関する検討を進め、所要の措置を講ずる。
ノンバンクの資金調達の多様化	貸付資金調達に係る社債・CP発行を禁止する出資法等の制約について基本的に廃止する。	法改正を要する事項については次期通常国会に法案提出予定。
算定会の改革	火災保険、自動車保険等の料率につき、損害保険料率算出団体が算定する料率の使用義務を廃止する。	関係法令の改正を経て、98年7月までに実施予定。
外国為替業務の自由化	為銀制度、両替商制度、指定証券会社制度を廃止し、外為業務に着目した規制を撤廃することで、外為業務への自由な参入・退出を確保するとともに、外貨売買・通貨スワップ等顧客のニーズに合わせた多様な金融サービスを提供することを可能にする。	今国会で外為法の抜本的改正が成立し、98年4月1日より施行。

日本証券史　1998年〜2000年（その1）

事　項	措　置　内　容	スケジュール
(3) 利用しやすい市場の整備		
取引所集中義務の撤廃	取引所外における取引の公正性確保の観点から、証取法の改正を含め所要のルール整備を図った上で、取引所集中義務を撤廃する。	次期通常国会に法案提出予定。
店頭登録市場における流通面の改善	取引所市場の補完との位置付けを見直すとともに、流通面の改善策を実施することにより、その機能を強化する。	97年度以降推進。
未上場、未登録株の証券会社による取扱いの解禁	未上場・未登録株式の証券会社による取扱いを解禁する。	97年7月に実施予定。
金融先物取引のあり方	金融先物取引について、新商品の開発、取引手法の整備、投資者保護措置の整備に向けた検討等を進める。	日本円短期金利先物に係るスプレッド取引については98年中にも導入。
短期金融市場の整備	短期金融市場について、取引慣行の見直しや日本銀行当座預金決済の即時グロス決済（RTGS）化等の導入を図る。	RTGS化については今世紀中に導入。
内外資本取引等の自由化	対外決済や資本取引に係る事前の許可・届出制度を原則廃止する。	今国会で外為法の抜本的改正が成立し、98年4月1日より施行。
(4) 信頼できる公正・透明な取引の枠組み・ルールの整備		
連結財務諸表制度の見直し	連結ベース中心のディスクロージャーへの転換、連結手続の抜本的見直しを行う。	99年3月期から段階的に実施。
金融商品に関する会計基準の整備	有価証券・デリバティブ等の金融商品に関し、時価評価を導入する等、会計基準の整備を図る。	98年夏までに取りまとめる企業会計審議会の最終意見書を踏まえ、早急に実施。
会計士監査の充実	監査の事後的審査の実施等国際的に遜色のない水準の監査実務、監査体制の整備を進める。	公認会計士審査会提言に基づき早急に実施。
有価証券定義の拡大	新たな商品が出現するのに伴い、公正取引ルール等の投資家保護の措置の適用範囲を適切に定める観点から有価証券の定義を拡大する。	次期通常国会に法案提出予定。（一部政令で実施）
証券取引法のルールの拡充等	有価証券関連の店頭デリバティブ導入等の取引形態の多様化等に対応して、公正取引ルールの拡充を図る。また、インサイダー取引等について罰則の強化を図る。	次期通常国会に法案提出予定。
検査・監視・処分体制の充実	証券取引等監視委員会の機能強化を始めとした検査・監督・処分体制の充実を図る。	97年度以降、推進。
証券取引における紛争処理制度の整備	証券取引法に定める自主規制機関のあっせん等の制度を法制化する等により、紛争処理制度の整備・充実を行う。	次期通常国会に法案提出予定。

事　項	措　置　内　容	スケジュール
早期是正措置の導入	経営の健全性を確保していくための透明性の高い監督手法である早期是正措置を導入する。	98年4月より導入。
決済リスクの削減策の強化	決済システムに関して、リスク削減策の強化に向けた体制整備等を図る。	一括清算ネッティングについては次期通常国会に法案提出を目指す。
金融機関等の利用者の保護	消費者信用保護の諸施策については、統一的な消費者信用保護法の法制も視野に入れ検討を進め、所要の措置を講ずる。	97年度中に結論を得、速やかに所要の措置を講ずる。
	非預金商品に係る説明ルール作り等を行う。	97年度中に実施。
分別管理の徹底及び寄託証券補償基金制度の拡充	顧客資産の分別管理を徹底するとともに、寄託証券補償基金を証券取引法上の法人として位置づけ、その制度を整備・拡充する。	次期通常国会に法案提出予定。
経済制裁等の国際的要請への対応	国際的な要請に応じて、経済制裁等を機動的かつ効果的に実施し得るメカニズムを確保する。	今国会で外為法の抜本的改正が成立し、98年4月1日より施行。
マネーロンダリング防止等に対する国際的要請への対応	銀行等や両替業務を行う者に本人確認義務を法律上課すとともに、現金等の支払手段の輸出入について税関に対する事前届出制度を導入する。	今国会で外為法の抜本的改正が成立し、98年4月1日より施行。
事後報告制度の整備	国際収支統計の作成、市場動向の的確な把握等のため、簡素化を図りつつ、内外資本取引等に関する効率的かつ実行性のある事後報告制度を整備する。	今国会で外為法の抜本的改正が成立し、98年4月1日より施行。

出所：大蔵省（1997年6月13日）

iii．金融システム改革法の成立

　1998年6月5日には金融システム改革法が成立した。同法は、「フリー」「フェア」「グローバル」という金融システム改革の理念に基づいて、国民に、よりよい資産運用と資金調達の道を提供するため、ニューヨーク・ロンドンと比肩しうる、自由で公正な金融システムを構築することを目的として、金融の各業態を越えた総合的な改革を一括して行うものである。金融システム改革を一体的に進める上での中核的な法律であり、証券取引法（当時）、証券投資信託法（当時）、銀行法、保険業法等の関係法律24本[41]の改正を一括化したものとなってい

---

[41]　関連する法律は以下の通りである。証券取引法、外国証券業者に関する法律、金融制度及び証券取引制度の改革のための関係法律の整備等に関する法律、金融機関の更生手続の特例に関する法律、証券投資信託法、有価証券に係る投資顧問業の規制等に関する法律、株券等の保管及び振替に関する法律、銀行法、長期信用銀行法、外国為替銀行法、信用金庫法、労働金庫法、中小企業等協同組合法、協同組合による金融事業に関する法律、農業協同組合法、水産業協同組合法、農林中央金庫法、商工組合中央金庫法、保険業法、損害保険料率算出団体に関する法律、金融先物取引法、信託業法。

る。金融システム改革法は、一部の改正を除き、原則として1998年12月1日に施行された[42]。金融システム改革法は大きく4つの骨子から構成されている[43]。

1．資産運用手段の充実

投資家の多様化するニーズに応え、より有利な資産運用を可能とするため、投資信託の整備、有価証券店頭デリバティブの導入等、資産運用手段を充実させる。

2．活力ある仲介活動を通じた魅力あるサービスの提供

市場利用者が、金融機関等において、さまざまな質の高いサービスを受けられるようにするため、証券会社等の提供するサービスの自由化、価格の自由化、参入の促進を始めとする改革を進める。

3．特色ある多様な市場システムの整備

投資家や資金調達者が、従来の取引所市場のみならず、多様な市場と資金調達のチャンネルを利用できるよう、各種の市場を整備する。また、我が国市場の空洞化を防止するため、市場の効率性と魅力を高めるべく改革を進める。

4．利用者が安心して取引を行うための枠組の構築

自己責任を原則としつつ、公正で信頼される市場とするため、ディスクロージャーの充実や公正取引ルールの整備を進める。また、透明なルールの枠組みの下で、仲介者の健全性を確保するとともに、破綻の際も投資家・保険契約者保護が図られるよう、枠組みを整備する。

図表3 金融システム改革の進捗状況

1．資産運用手段の充実等

（1）投資信託等の整備

① 証券総合口座の導入（1997年10月）

② 会社型投信の導入（1998年12月）

③ 私募投信の導入（1998年12月）

④ 未上場・未登録株の投信への組入れ解禁（1997年9月）

⑤ 銀行等の投信窓販の導入（1998年12月）

（2）証券デリバティブの全面解禁（1998年12月）

---

[42] 施行時期の例外は以下の通りである。損害保険の算定会の改革（損害保険料率算出団体に関する法律の改正）（1998年7月1日）、連結ベース主体の開示への移行（証券取引法の改正）（1999年4月1日）、株式売買委託手数料の完全自由化（証券取引法の改正）（1999年12月31日までの政令で定める日）、銀行系証券子会社の業務制限の撤廃（金融制度改革法附則の改正）（1999年10月1日から2000年3月31日までの政令で定める日）。

[43] 大蔵省「金融システム改革法の骨格」（1998年）

２．企業の資金調達の円滑化・多様化

（１）社債発行の円滑化［MTN の利用促進］（1997年６月）
（２）SPC の制度整備（1998年９月）
（３）上場・公開等の円滑化［株式の上場承認の事前届出制への移行］（1998年12月）
（４）店頭登録市場の機能強化
　　　① 借株制度の導入（1997年７月）
　　　② 店頭市場の補完的位置付けの見直し（1998年12月）
　　　③ マーケットメーカー制度の導入（1998年12月）
（５）未上場・未登録株式市場の整備［証券会社による未上場・未登録株の取扱いの解禁］（1997年７月）

３．多様なサービスの提供

（１）証券会社の専業義務の撤廃（1998年12月）
（２）株式売買委託手数料の自由化（1999年10月）
（３）保険算定会料率の遵守義務の廃止（1997年７月）
（４）普通銀行による普通社債の発行の解禁（1999年10月）
（５）金融業者の資金調達の多様化（1998年５月）
（６）資産運用業の強化
　　　① 外部委託の導入（1998年12月）
　　　② 信託約款の承認制から届出制への移行（1998年12月）
（７）証券会社の免許制から原則登録制への移行（1998年12月）
（８）証券子会社・信託子会社の業務範囲制限の撤廃（1999年10月）
（９）保険会社の子会社形態での銀行業務への参入（1999年10月）
（10）持株会社の活用（1997年３月）

４．効率的な市場の整備

（１）取引所集中義務の撤廃（1998年12月）
（２）PTS（私設取引システム）の導入（1998年12月）
（３）貸株市場の整備（1998年12月）
（４）証券取引・決済制度の整備［社債受渡し・決済制度の整備］（1997年12月）
（５）一括清算ネッティングの整備（1998年12月）

５．公正取引の確保等

（１）公正取引ルールの整備・充実
　　　① 新商品導入等に対応した公正取引ルールの整備等（1998年12月）
　　　② 空売り規制の見直し（1998年10月）
（２）罰則の強化等
　　　① インサイダー取引等の罰則強化（1997年12月）
　　　② インサイダー取引等による不正利得没収規定の整備（1998年12月）
（３）利益相反防止に関する行為規制の整備（1998年12月）
（４）紛争処理制度の充実［あっせんの法制化］（1998年12月）
（５）有価証券定義の拡充（1998年12月）

６．仲介者の健全性の確保及び破綻処理制度の整備

（１）金融機関等のディスクロージャーの充実（1998年12月）
（２）銀行・保険等の子会社規定の整備（1998年12月）

（3）破綻の際の利用者保護の枠組み整備（1998年12月）
　　　　① 分別管理の徹底［全般的法制度整備］（1998年12月）
　　　　② 投資者保護基金の創設（1998年12月）
　　　　③ 保険契約者保護機構の創設（1998年12月）

　7．証券税制の見直し
　　　○ 有価証券取引税・取引所税の撤廃（1999年4月）

出所： 財政金融統計月報575号（2000年）

iv．金融ビッグバンの課題

　日本の金融システム改革はバブル経済の崩壊により大きな痛手を被った金融機関にとっては、新しいビジネス機会の創出により、生き残る可能性を高める手段を与えるものとして歓迎された。そこでは、合従連衡ともいうべき、銀行や保険、証券等の各セクター内における経営統合や連携、またはセクターを超えた結び付きも生まれ、21世紀の日本における金融機関のありようの礎を作ったといえよう。

　しかしながら、金融ビッグバンにおいては、時間的な制約があるなかで金融セクターの改革に焦点が当てられ、社会課題として議論が行われることとなった結果、金融サービスを受ける立場にある消費者や投資家等のステークホルダーについての配慮は必ずしも十分ではなかった。金融機関が破綻した場合の預金者保護等については、バブル経済崩壊に伴う混乱を経て制度が整備されたが、自ら選択して金融サービスを受けることとなった消費者については、自己責任原則論のもとで十分な保護の枠組みが構築されてこなかった。

　金融機関が健全な金融サービスの提供を行うことは、消費者にとって金融を通じた資産所得の向上や安心した経済生活を構築する機会を得ることにつながる。しかしながら、逆もまた然りで、金融サービスの利用者である消費者が安心して金融サービスを利用することは、金融サービス業の健全な発展のために必要である。残念ながら、バブル経済の崩壊により社会全体が金融セクターに対する不信感を高めていたなかでは、金融システム改革に重点が置かれていた。健全な金融サービスの提供と利用者保護とは表裏一体の関係にあるが、後者の利用者保護のあり方、および金融機関が顧客本位の行動をとるべきであることについては、当時は十分議論が行われてこなかった。利用者視点での制度が整備されるまでは、金融ビッグバンがその成果を完全に発揮することはできなかった。

　なお、本パートは、前回の「1995-1997」証券史の（3）日本版金融ビッグバン（96/11金融システム改革案、97/6最終答申）（幸田博人執筆）と一部内容が被るところあるが、その後の「日本版金融ビッグバン」の取り組みの連続性に鑑み、概要について詳細に記述しているものである[44]。

---

[44]　「日本版金融ビッグバン」そのものの詳細な評価については、前回の（3）日本版金融ビッグバン（96/11金融システム改革案、97/6最終答申）（幸田博人執筆）を参照されたい。

金融・資本市場リサーチ

② 金融ビッグバンにおける投資信託の整備と課題

ⅰ．金融システム改革法における資産運用手段の整備

金融ビッグバンにおいては、金融・資本市場の担い手である投資家の多様化するニーズに対応する観点から、資産運用手段の充実と多様化のための環境整備が進められた。投資信託は、専門的能力を活用した簡便かつ効率的な資産運用手段を提供し、個人投資家等の証券市場への参加を容易にするもので、市場改革における中核的な役割を果たしていくことが期待されると位置づけられた。このような観点から、一連の金融システム改革を通じて、投資信託の商品の多様化、商品性の改善、販売チャンネルの拡充等が図られた。

1951年に制定された「証券投資信託法」は、金融ビッグバンにより1998年には「証券投資信託及び証券投資法人に関する法律」に改正された[45]。同改革により、新しい投資信託商品の導入、商品設計等の自由化、銀行等の投資信託の窓口販売の導入など、投資信託の高度化と自由化が進展した。

新しい投資信託商品としては、証券投資法人（いわゆる会社型投信）および私募投信の導入を可能とするための改正が行われた。これにより、欧米で活用されている多様な種類の投資信託の商品を解禁し、我が国の様々な投資家が利用できる投資商品の多様化を図った。

信託約款の承認制を届出制に変更することで、商品設計等の自由化を促進するための改正も行われた。多様な商品開発を可能とすることで、投資家が自らのニーズに合った商品を選べるようになることが期待された。また、証券投資信託委託業等の運用指図の外部委託も認められ、多様な商品開発につながるとともに、専門性の高い運用も可能となった。

個人投資家による投資信託へのアクセスをしやすくするため、銀行等の様々な金融機関において投資信託の窓口販売（いわゆる窓販）の導入が行われた。窓口販売を行おうとする金融機関は、証券取引法（当時）における登録を行い、本体での投資信託の窓口販売を行うことができるようになった。また、投資信託委託会社に対する銀行の店舗貸の形による窓口販売については、先行して1997年12月から実施された。

ⅱ．資産運用改革への道は遠い

金融ビッグバンによる金融の自由化と投資環境の整備の進展を背景に、個人投資家の投資意欲は高まった。しかしながら、金融システム改革を急ぐあまり、金融システムの重要な参加者でありステークホルダーである消費者の保護については、ビッグバンの本格始動には間に合わなかった[46]。これは、のちにわが国の資産運用の発展が大きく出遅れてしまう遠因となった。

---

[45] さらに2000年の改正により「投資信託及び投資法人に関する法律」（いわゆる、投信法）へと改正されている。

[46] 日本経済新聞「ビッグバン市場、遅れる消費者保護策—金融サービス法求める声」（1998年2月23日）

日本証券史　1998年〜2000年（その1）

　地方銀行を含む銀行の多くは、投資信託の窓口販売の解禁により、新しいビジネス機会への舵を切った。銀行においては、バブル経済の崩壊により大きな痛手を被った融資を中心とする伝統的な銀行ビジネス以外での収益を獲得する可能性の拡大につながることから、投資信託の窓口販売への期待は高かった。さらには、保険の販売についても、当初の予定を超えてさらなる自由化を求める意見も出てきた[47]。そのようななかで、大手銀行の中には、自ら証券会社を設立したり、大手証券会社との提携を進める銀行も出現した。また、事業会社が銀行業に進出したり[48]、広告代理店が投資信託の窓口販売を支援するビジネスを開始したり[49]するなど、個人投資意欲の拡大、金融サービスへの近接により、周辺産業も活性化した。

　しかしながら、このような金融ビッグバンが目指した資産運用改革は、金融機関や周辺産業においてビジネス機会を与えることにはつながったが、長期・分散という資産運用の基盤を提供することはできなかった[50]。

　資産運用を定着させるためには、自己責任が基本の投資家を保護するための枠組みの整備を通じた健全な投資環境の育成、また、資産運用商品を提供する資産運用会社の資産運用力が本質的に必要である[51]。しかしながら、金融ビッグバンにより金融商品の多様化が急速に進んだにもかかわらず、これらの課題は置き去りにされていた。投資家保護については、販売会社の顧客本位の姿勢が何よりも必要であることから、日本版金融サービス法である「金融商品の販売等に関する法律」（いわゆる金販法）が2000年5月31日に成立、2001年4月1日に施行された。金販法の施行は、1998年12月1日に銀行における投資信託の窓口販売が解禁されたのち、実に2年半が経過していた。その間、米国のITバブルとその崩壊が日本へも影響を及ぼし、これらのIT企業を多く組み入れていた投資信託の販売が人気であったことなどから、個人投資家のなかには痛手を被った者が少なくなかった。また、当時は投資信託の乗り換えも多かったことから、販売会社にとっては手数料を獲得する機会が増加したものの、個人投資家にとっては長期投資という個人の資産運用における重要な行動原則を身に着ける機会を得ることにはつながらなかった。資産運用を取り巻く業界が顧客本位で運営されるようになるには[52]、その後長い時間が必要となった。

　資産運用会社の資産運用力については、投資信託の商品の多様化は進んでいるにもかかわらず、肝心の資産運用の専門家人材の育成や共有等は十分とは言えず、個人投資家の信頼を獲得することにはつながらなかった[53]。金融ビッグバンにより投資信託へと急激に流入した

---

[47]　日本経済新聞「銀行窓販、保険商品来年4月解禁、大蔵省―まずは住宅・貯蓄関連。」（2000年2月24日）

[48]　ただし、その多くは、決済機能の提供を企図していた。

[49]　日本経済新聞「投資信託販売、博報堂が戦略支援―金融機関に提案」（1998年9月21日）

[50]　日本経済新聞「投信大競争（1）〜（5）」（1998年11月30日〜12月5日）

[51]　日本経済新聞「21世紀市場創造（40）金融ビッグバン―自己責任原則、個人投資家への啓発急ぐ。」（1998年12月7日）

[52]　日本経済新聞「国民本位の証券市場へ脱皮目指せ（社説）」（1998年12月1日）

[53]　日本経済新聞「日本株問われる真価（上）（中）（下）」（2000年4月21日〜23日）

個人投資家の資金が、2000年半ばには残高が減少するなど、急速に投資家の心理を冷やすこととなった。その背景には、個人投資家も投資信託の運用パフォーマンスに対する感度が高まったことが考えられる。

当時、日本の投資信託の歴史において大きな足跡を残したファンドが生まれた。2000年2月に、野村アセットマネジメントによる「ノムラ日本株戦略ファンド」が設定され、同ファンドは瞬く間に国内の投資信託としては初めて1兆円の残高を超える巨大ファンドに成長した[54]。しかしながら、ITバブル崩壊に伴う運用パフォーマンスの低迷は、同時に個人投資家の投資意欲の減退につながり、資産運用会社の資産運用力に課題があることを浮き彫りにした。その後も低迷を続けた同ファンドは、2025年2月に別のファンドに併合され、四半世紀の歴史に幕を閉じた[55]。

また、税制面についても、金融ビッグバンによって、個人投資家の資金が資本市場に流入したにもかかわらず、キャピタルゲインに対する税制（株式譲渡課税）は整備が遅れていた。金融システム改革の実行によって金融自由化の恩恵を受ける産業がある一方で、その環境の整備は必ずしもタイムリーに実施されていたとは言えなかった。

③ 金融監督庁と金融庁発足

ⅰ. 金融監督庁を経て金融庁誕生へ

金融監督庁の発足、さらにそこから現在の金融庁の発足は、強大な権限を有していた大蔵省における1990年代初頭の不祥事やバブル経済への対応への問題視等に端を発する、財政・金融の行政機能の分離（財金分離）の議論が背景にある。金融機関に対する検査・監督権限と企画・立案権限とを分離し、前者の機能は大蔵省から新設される金融監督庁へ移管し、後者は大蔵省の権限として維持されることとなった。

このような背景から、金融監督庁は、1996年6月11日に総理府（当時）の外局として設立された。その後、1996年12月5日に金融再生法に基づいて総理府の外局として金融再生委員会が設置されたことに伴い、金融監督庁は金融再生委員会の下に設立されることとなった。金融再生委員長が金融監督庁担当大臣を兼務することとなり、初代金融担当大臣として柳澤伯夫・金融再生委員長が就任した。

当初の金融再生委員会、金融監督庁、大蔵省の権限関係は以下の通りである[56]。

---

[54]　日本経済新聞「株式投信の大型化加速、市場で影響力増す―野村9600億円、日興5100億円」（2000年2月22日）

[55]　日本経済新聞「野村『1兆円ファンド』併合　長期の運用不振、残高560億円に　投信本数削減で効率化」（2025年2月22日）、「野村『1兆円投信』挫折の教訓（社説）」（2025年3月12日）

[56]　金融監督庁「金融監督庁の1年」（1999年8月10日）

日本証券史　1998年〜2000年（その1）

① 銀行法等による検査・監督権限は金融再生委員会の権限とされ、その上で、免許の付与及びその取消し等の権限を除いて、金融監督庁長官に法律委任されている。

② 「金融機能の再生のための緊急措置に関する法律」に基づく金融整理管財人、ブリッジバンク及び特別公的管理に係る権限は金融再生委員会の権限とされている。

③ 「金融機能の早期健全化のための緊急措置に関する法律」に基づく資本注入に係る権限は、金融再生委員会の権限とされ、そのうち、過少資本金融機関等に対する自己資本充実等の措置命令等の権限については金融監督庁長官に法律委任されている。

④ 金融破綻処理制度、金融危機管理に関する企画・立案は金融再生委員会と大蔵大臣の共管とされている。預金保険法に基づく預金保険機構の監督等の権限についても金融再生委員会及び大蔵大臣の共管とされているが、銀行等に係る適格性の認定等の権限については金融再生委員会の権限とされている（証券取引法に基づく証券会社に係る適格性の認定等及び保険業法に基づく保険会社に係る適格性の認定等の権限については、従前と同様、金融監督庁長官に法律委任されている）。

⑤ なお、金融制度の調査、企画及び立案（金融破綻処理制度、金融危機管理に関する企画・立案を除く。）については、大蔵省（金融企画局）の権限とされている。

　その後、政府全体での行政改革が進展するなかで、金融行政の中核である企画・立案権限も含めたすべての機能を大蔵省から分離すべきとの方向性で議論が進められた。行政改革に関する中央省庁等改革基本法の成立により、1府22省庁は、1府12省庁へと再編された。同法第10条第6項においては、「金融監督庁が各省と共同で所管している金融に関する検査及び監督の業務については、金融庁に一元化すること」、「関係法律に基づく命令の立案に関する事務で金融監督庁と大蔵省等とが共同で所管しているものについては、できる限り単独で所管すること」と明記され、金融行政は大蔵省から切り離され、金融庁に移管されることとされた。金融行政機能に関しては、2000年7月1日に金融監督庁から改組されて金融庁が新設された。その後、2001年1月5日に金融再生委員会が廃止され、その翌日の2001年1月6日に内閣府の外局として金融庁が存在する現在の形に再編された。

図表4　金融庁の組織と機能（中央省庁等改革基本法第10条第6項）

6　金融庁は、内閣府に、その外局として置くものとし、次に掲げる機能及び政策の在り方を踏まえ、金融監督庁を改組して編成するものとする。
一　国内金融に関する企画立案を担うこと。
二　金融については、基本的に市場の自主性及び自律性にゆだね、行政の関与は必要最小限のものに限ること。
三　金融監督庁が各省と共同で所管している金融に関する検査及び監督の業務については、金融庁に一元化すること。
四　関係法律に基づく命令の立案に関する事務で金融監督庁と大蔵省等とが共同で所管しているものについては、できる限り単独で所管すること。
五　金融庁の地方組織の在り方について検討すること。

出所：中央省庁等改革基本法

図表5　金融行政機構の推移

【1998年6月まで】

【1998年6月から12月まで】

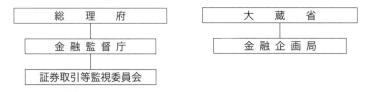

【1998年12月から2000年6月まで】

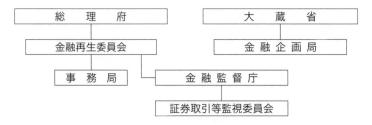

【2000年7月から2001年1月まで】

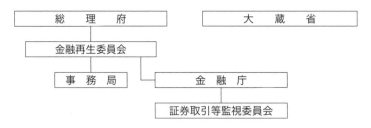

【2001年1月から現行】

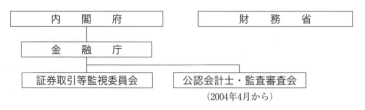

（出所）金融庁HPを簡略化

出所：西村吉正著『金融システム改革50年の軌跡』（金融財政事情研究会、2011年）469頁

iii．さらなる金融行政の改革に向かって

　金融庁が発足し、大蔵省が有していた金融行政の企画・立案権限を含むすべての権限が金融庁へと移管されることとなったものの、金融機関においてビジネス到来とばかりに様々な金融サービスが提供されるようになったことに比べて、サービスを受ける側の消費者、とりわけ個人投資家・顧客の保護が遅れている実態があった。そのため、顧客保護の制度的枠組みを整備し、さらに高度な金融監督機能を確保する観点から、日本版金融サービス法の制定を求める意見も高まり、その後の法整備へとつながった。

　また、資本市場の番人として、金融庁の機能だけで十分なのかという意見も高まった。1992年に大蔵省のもとに創設された証券取引等監視委員会をさらに高度化し、米国の証券取引委員会（SEC）のように独立した強力な市場監視機能の必要性も議論されるようになった[57]。

　大蔵省から機能を分離し、さらに金融監督庁および金融再生委員会を経て、金融庁発足が発足するなかで、まず、財金分離は制度的に確保された。しかしながら、金融サービスの提供と社会への定着が進展するなかで、金融サービスの利用者である個人と提供者である金融機関との不公正な関係を規律し、国民経済の健全な成長につながるための仕組みづくりはまだ緒に就いたばかりであった。

④　ペイオフ解禁と預金保険制度

　預金保険制度は、金融機関が預金保険料を支払い、万が一、金融機関が破綻した場合に、一定額の預金等を保護するための保険制度である。預金保険制度を担う組織として、昭和46年7月1日に米国の連邦保険預金公社を参考に、預金保険法に基づいて政府、日本銀行および民間金融機関の出資により、預金保険機構が設立された。預金保険制度における保護の対象となる預金は、決済用預金（当座預金等の利息の付かない預金）、一般預金（普通預金、定期預金等の利息の付く預金）である。外貨預金や譲渡性預金等は保護の対象とされない。

　当初は預金の一部保護（元本および利息1,000万円まで）とされていた。しかしながら、バブル経済崩壊によって大型の金融機関の破綻が続出したことに伴い、信用不安および金融システムの崩壊を防ぐ観点から、1996年に時限的措置として付保預金の全額保護措置（いわゆる、ペイオフ凍結）が実施された。その後金融システムの安定化等に伴い対象が厳格化（ペイオフ解禁）され、2002年4月以降は決済用預金および普通預金等についてのみ全額保護の対象とされた。その後2005年5月以降は、決済性預金（当座預金、利息の付かない普通預金等）は全額保護とされつつ、利息の付く預金については元本1,000万円とその利息までが保護対象とされている。

---

[57]　日本経済新聞「専門家に聞く（公正な市場へ）」（上）（中）（下）（2001年3月20日～22日）では、複数の専門家（学者、政治家等）が、米国SECのような強力で独立した市場監視機関の設置を助言している。

参考資料

総説　1998年〜2000年

財務総合政策研究所『平成財政史−平成元〜12年度』第1巻（総説・財政会計制度）（2017年12月）

内閣府「バブル／デフレ期の日本経済と経済政策」第2巻『日本経済の記録−金融危機、デフレと回復過程−』

日本銀行「通貨及び金融の調節に関する報告書」

各論（2）　金融の市場化

金融庁「金融再生法開示債権の状況等について」（2001年12月）

内閣府「平成13年度 年次経済財政報告」（2001年12月）（https://www.fsa.go.jp/status/npl/index.html）

赤松健治「「バランスシート調整」と「3つの過剰」」（商工金融、2011年10月）

不動産証券化協会「不動産証券化の標準的実務手順等に関する調査【調査報告書】」（平成19年度国土交通省総合政策局 不動産業課委託調査、2008年3月）

藤田研二・菱川功「米国におけるローン債権市場の発展とわが国へのインプリケーション」（日本銀行マーケット・レビュー、2001年3月）

日本銀行金融市場局 市場企画グループ「わが国証券化市場の更なる発展に向けて〜証券化市場フォーラムにおける議論の概要と日本銀行の取り組み〜」（日本銀行マーケット・レビュー、2004年6月）

池尾愛子（監修、塩入篤・向井基信編集『池尾和人と語る』（文藝春秋企画出版部、2022年6月）

滝川好夫「シンジケート・ローンに関する先行研究：1つのサーベイ」（国民経済雑誌、2009年）

片山雅志「「資金循環における市場型間接金融の役割に関する研究会」報告書について」（ファイナンス、2005年10月）

各論（3）　金融制度・金融行政の変革

- 大蔵省「金融システム改革法の骨格」（1998年）
- 金融監督庁「金融監督庁の1年」（1999年8月10日）
- 日本経済新聞「ビッグバン市場、遅れる消費者保護策—金融サービス法求める声」（1998年2月23日）
- 日本経済新聞「投資信託販売、博報堂が戦略支援—金融機関に提案」（1998年9月21日）
- 日本経済新聞「国民本位の証券市場へ脱皮目指せ（社説）」（1998年12月1日）
- 日本経済新聞「投信大競争（1）〜（5）」（1998年11月30日〜12月5日）
- 日本経済新聞「21世紀市場創造（40）金融ビッグバン— n原則、個人投資家への啓発急ぐ。」（1998年12月7日）
- 日本経済新聞「株式投信の大型化加速、市場で影響力増す—野村9600億円、日興5100億円」（2000年2月22日）
- 日本経済新聞「銀行窓販、保険商品来年4月解禁、大蔵省—まずは住宅・貯蓄関連。」（2000年2月24日）
- 日本経済新聞「日本株問われる真価（上）（中）（下）」（2000年4月21日〜23日）
- 日本経済新聞「野村『1兆円ファンド』併合　長期の運用不振、残高560億円に　投信本数削減で効率化」（2025年2月22日）

日本証券史　1998年〜2000年（その1）

- 日本経済新聞「専門家に聞く（公正な市場へ）」（上）（中）（下）（2001年3月20日〜22日）
- 日本経済新聞「野村『1兆円投信』挫折の教訓（社説）」（2025年3月12日）
- 西村吉正著『金融システム改革50年の軌跡』（金融財政事情研究会、2011年）

金融・資本市場ヒストリー 金融人編

第2シリーズ

国際金融資本市場と関わって
～或る金融人の挑戦～

第4回：経営者の育成と趣味・文化活動

柴 崎　健／幸 田 博 人

1．はじめに

　「金融・資本市場ヒストリー」第2シリーズ最終回では、大澤佳雄氏のビジネスパーソンとしての哲学や趣味・文化活動等のプライベートな面に焦点を当てる。大澤氏はみずほ証券社長を退任してから現在に至るまで約20年間にわたり、積極的に企業経営の支援活動を行ってきた。ビジネスに係るものとしては、海外事業や投融資をサポートするコンサルタント会社である許斐の顧問・会長に就任し、日本水産、日立化成工業（現レゾナック・ホールディングス）、YKKなどの社外役員を務めている。

　ビジネス面のみならず、社会活動にも積極的に参画して、次世代経営者の育成にも長年取り組んできた。仕事だけでなく、個展を開催する陶芸を筆頭に、多彩な文化活動を通して多くの人々とのネットワークを広げている。このような幅広い教養は、リーダーとして、また人としての魅力の源泉であることがわかる。最後に長い金融人として市場を通じた体験を踏まえた世界観から、日本の将来のありかたについても整理する。

　社長退任後、20年にわたって多面的に自由な活動を続けて来られていること、本人の活発な好奇心が裏付けとなっており、そうしたことは簡単にはなしえない。筆者の見るところ、様々な方々とのネットワーク、新しいことに対するアンテナの高さ、読書好きなどからもたらされていよう。そう簡単には見習えないところだが、一つの「学ぶ」べきモデルでもあろう。

　本最終回では、2024年11月11日（月）に1時間半程度、同年12月11日（水）と2025年1月15日（水）にそれぞれ1時間程度行ったインタビューをベースに、とりまとめたものである。その後、本稿を作成するにあたって、内容を分かりやすくするために、資料等を加筆する等の編集を加えており、あくまで文責は当方にある。

〔或る金融人：大澤佳雄氏　略歴〕

1941年　誕生　1964年学習院大学政経学部卒業

1964年　日本興業銀行（現みずほ銀行）入行、IBJ インターナショナル（ロンドン興銀）社長、日本興業銀行取締役証券業務部長、同常務取締役（証券業務、国際業務管掌）を経て、興銀証券副社長、みずほ証券社長を歴任。IBJ インターナショナル plc.（ロンドン興銀）在任中にはSecurities and Futures Association, International Primary Market Association, Euro Clear などのボードに参画。みずほ証券在任中には日本証券業協会理事、東京証券取引所自主規制委員会委員長などに就任。

2007年　許斐 顧問（6月）、会長に就任（同年9月、現任）。日本水産、日立化成工業（現レゾナック・ホールディングス）、YKK などの社外役員を歴任。日本産業パートナーズ特別顧問（現任）。

２．みずほ証券退任後のビジネスパーソンとしての活動

「社外取締役」

　みずほ証券社長の退任後も、大澤氏のこれまでの海外経験やマネジメントノウハウを学びたい企業は多い。大澤氏はみずほ証券の社長を退任した2005年6月に日本水産の社外監査役となり、2009年6月からは社外取締役に就任した。YKK では2007年6月には外部監査役、2016年6月には社外取締役に就任した。2007年6月に許斐[1]の顧問となり、同年9月には会長に就任している。許斐では、ファンド投資、M&A、ビジネスデベロップメントなどの様々な案件にアドバイスを行い、また、内部監査担当取締役も兼任している。2010年6月には日立化成工業（現レゾナック・ホールディングス）の社外取締役を務めた。また、大澤氏は2002年に興銀証券が NTT データ、日本 IBM などの出資を受けて設立した日本産業パートナーズの特別顧問でもある[2]。

【大澤氏のコメント】

① 日本水産

「日本水産は日本の大手水産会社の中でも競争力が高く堅実経営で高い評価を得てきた会社あったが、僕が社外監査役に就任したころは、バブルの崩壊と為替レートの乱高下、国内消費の低迷の中で、海洋資源を基礎とした総合食品会社としてのビジネスモデルの構築に苦労していた。社外役員をしていた8年間の間に、グローバル経営の名のもとに行われていた海

---

[1]　許斐は、1983年に許斐勝夫氏が設立し、日本を中心に国際間の長期投融資の促進を図るインターナショナル・インベストメント・バンキング・サービスを提供する会社である。

[2]　日本産業パートナーズは、みずほフィナンシャルグループの関連会社であったが、株式売却を受けて2014年には独立系プライベートエクイティファンドとして、VAIO 等のバイアウト案件や東芝の非上場化など実績を積んでいる。

金融・資本市場
リサーチ

外投資のうちインドネシアやブラジルの養殖事業での大きな赤字が顕現化し、自己資本比率は10パーセントに迫るレベルにまで低下した。一方で内外の養殖事業、業務用魚介類供給事業、冷凍食品事業などの収益力は堅調であったので投資選定のスキルさえ向上すれば業績の回復には十分な素地があったといえよう。このような状況だったこともあり、CFO候補者には経営者を育成支援する場であるIMA[3]のCFO養成塾（Global Educational Development. 以下、GED）に参加してもらい、コーポレートファイナンスについて徹底的に学んでもらった。経営陣も刷新され、彼のCFO就任後は自己資本比率も急激に回復、今年度末には40%を超えると予想されている。

監査役の任期4年で退任を申し出たが、コーポレートガバナンスの強化のため社外取締役制度を導入するので取締役として留まってほしいということになり、結局、その後4年間再任されることとなった。社外取締役最後の2年間で業績回復の方向性も確認できたことは個人的にも良かったと思っている。」

② 日立化成

「日立化成の社外取締役就任は、IMAで次世代経営者養成講座（GED）を一緒にやった友人（元ケプナー・トリゴー・ジャパン社長）から後任になることを打診されことが発端だ。バブル経済崩壊後のリストラクチャリングも終えて、日立化成は日立グループ企業の中では安定的に業績が良い会社となっていた。取締役会メンバーの過半が社外役員というガバナンス態勢は当時としては極めて進んだものとなっていたが、親子上場問題は常に批判を受けていた。もし日立化成の経営陣が独立経営したければ、PEファンドと組んでマネジメントバイアウトを行い、再上場、独立するプロセスが良いと考えていたが、結局は昭和電工（現レゾナック・ホールディングス）に買収されることとなった。独立した上場会社として生まれ変わることも十分考えられるものの、半導体材料が設け頭だが業態としてのトップライン（総売上高）が年7千億円程度では製品価格支配力を維持強化するには少し小ぶりであったということか。」

③ YKK

「非上場会社でありながら、吉田忠裕社長の下、コーポレートガバナンス、会社重要情報の開示などに関しては上場会社を超える態勢整備を指向していた。監査役会議長を社外とするなど体制整備は進んでいたが、監査役会が取締役会をはじめ執行をモニターするところまで機能を高めて行くことには苦労があった。社外役員として在任した期間に、「同族経営」からの脱却が図られたが、そのプロセスは極めて適切かつスムースであり、規範とすべき上場会社のサクセッションに匹敵するものであった。

ファスナーで70か国以上に、世界展開するYKKであるが、「本社を向いて仕事をするな」の不文律があるようで、平時の判断は現地に任されている。30代の若手を現地生産拠点の

---

[3]　IMA価値共創研究会は、大澤氏が理事を長年務めてきた、企業や個人の「学び」に係る様々な取組基盤を広げていくことを目的とした会員組織である。詳細は後述。

金融・資本市場ヒストリー
国際金融資本市場と関わって
〜或る金融人の挑戦〜

トップとして派遣することを、マネジメント教育の基礎として据えている。一方、経営情報収集と分析はほぼリアルタイムで行われており、本社はそれを常にモニターし、きわめてタイムリーな支援を行っている。地政学的なパラダイムの変化も激しく、在任中も工場の新設、撤収が行われてきたが、YKKほどグローバルビジネスのリスクを慎重かつ賢明にマネージしている会社は極めて少ないと考えている。

YKKでは社外監査役を9年、社外取締役を6年やった。やはり長くいると、外部からは執行側との距離感が取れなくなりなれ合いがあるとみられるため、もう少し早く辞めようと思っていた。」

3．人材育成

「IMA価値共創研究会」

社会の人材育成へのサポートやネットワーク作りの活動として、「一般社団法人IMA価値共創研究会」の取り組みがあげられる。「IMA価値共創研究会」は、企業や個人の「学び」に係る様々な取組基盤を広げていくことを目的とした会員組織である。企業や会社役員を中心に50名程度の会員で、セミナーや交流会を定期的に実施している。

1992年11月にBMWジャパンの浜脇洋二氏、アップルコンピュータの武内重親氏などの提唱で、「異文化経営研究会」が発足し、その後、1993年5月に外資系企業経営者の情報交換の場として創設された「外資系企業経営者協会（FAMA）」が母体となっている。創設当初は、対外的には日本国内市場の開放と市場規制の緩和を求めて活動を行うとともに、内部的には海外本社との折衝術や人材の確保についての勉強会などを行っていた。

その後、日本市場の自由化は進展し、国内企業の海外進出も活発化するなか、国際事業を展開する国内企業にも門戸を広げ、ボーダレスな企業理念を共有する国内外企業経営者の団体へと衣替えを図り、名称を「国際企業経営者協会（IMA）」に変更した。更に、2005年には名称を「国際経営者協会（IMA）」に変更した。会員の大半が外資系企業や海外勤務経験を有し、又は事業の海外展開や企業のグローバルスタンダード化を目指して、国際企業経営実態調査、ビジネススキルセミナーの実施、国際経営講座（CFO塾）の開設など様々な活動を行ってきた。大澤氏は、国際経営講座（CFO塾）の委員長を務めている。2017年に、「国際経営者協会（IMA）」は一定の役割を終えたとして、「価値共創研究会」に改組し、大澤氏は共同代表理事に就任した。

2022年には、幸田博人が代表理事を務める新体制となり、名称を「一般社団法人IMA価値共創研究会」と改めた。日本の人口減少など様々な社会課題解決に向けた取り組み、さらには、DXやカーボンニュートラル対応などの長期的な課題をも意識し、幅広い視点での人材教育、人材育成、特に、「リカレント教育」や「リスキリング」などの「学び」に係る様々な取り組み基盤を広げるために、月例セミナー（Zoom開催）、ネットワーキング（リアル開催）、現地見学ツアーを開催している。

金融・資本市場リサーチ

図表1：IMA 価値共創研究会の主な活動（2024年）

月日	講師		テーマ
1月16日	櫻田 浩一	日本協創投資㈱ 取締役会長パートナー	いわゆるスモールキャップ・バイアウトファンドの可能性
2月14日	高橋 秀行	あおぞら銀行 社外取締役	取締役会の活性化に向けての処方箋
3月19日	深谷 玲子	公認会計士深谷玲子事務所 所長	コーポレート・ガバナンスを担う監査 〜その役割と連携について〜
4月25日	原 邦雄	Beatrust ㈱ 共同創業者 & CEO)	個の時代における経営者に求められる「心構え」と「デジタル戦略」
5月16日	上田 亮子	SBI 大学院大学教授	サステナビリティ・ガバナンスとディスクロージャー
6月26日	絹川 幸恵	みずほビジネスパートナー㈱代表取締役社長	均等法第一世代の体験を通して考える DE&I の視点
7月17日	日戸 興史	オムロン㈱ 元・取締役執行役員専務 CFO 兼グローバル戦略本部長、日本 CFO 協会理事	部分最適から全体最適の経営へ 一企業価値を上げ続ける実践 ROIC マネジメント一
9月17日	船越 多枝	大阪経済大学 経営学部経営学科准教授	ダイバーシティとインクルージョン 〜その理解と推進の重要 性〜
10月17日	吉永 高士	NRI アメリカ 金融・IT 研究部門長	金融機関と顧客の成功を右肩上がりで積み上げる「ゴール ベース 資産管理」の概要
10月25日	【長野・小布施ツアー】長野・小布施周辺をめぐる地方の文化・街おこしと近代農業見学（1泊2日）		
11月14日	川上 麻衣子	女優、一般社団法人「ねこと今日」代表理事	講演と会員交流会
12月16日	ズナイデン 房子	日本マクドナルド㈱取締役上席執行役員兼 CMO	クリエイティブの力でブランド価値を高める

出所：IMA 価値共創研究会

【大澤氏のコメント】

「IMA（国際経営者協会）は僕が興銀証券の副社長時代に旧知の高校同窓の鈴木明氏に誘われ、当時の会長であった浜脇洋二氏の経営哲学にも共感するところが多かったので参加した。参加していた外資系日本法人の社長たちは日本が半導体産業において世界を席巻していた時代に、IT 産業のグローバルトップと経営戦略を練っていた逸材ぞろいで、僕の今まで接していた国内大手企業のトップとは全くランゲージが違っていた。このことも極めて興味のあるところであった。参加して間なしに当時「50年後の日本を構想する」というプロジェクトがあり、その一環として次世代経営者の経営塾（GED）を立ち上げることになった。日本企業としては外資系のマネジメントを勉強する良い機会だということで、多くの若手が参加した。あの頃は、ミッションが明確であったし、日本の経営者もコーポレートガバナンスを学ぶ場として、非常に意義があったと思う。その時に意気投合して一緒に活動していた人に誘われ日立化成などの社外取締役にもなった。そういう意味では、IMA は人材流動性を促進するひとつの場でもあった。2005〜2006年には CFO 塾も開いた。この時には東急、日本水産、第

一三共、YKK などもメンバーとして参加し、業態の違う会社の経営戦略の違いをぶつけ合うなど、参加塾生同士の刺激も極めて高いものがあった。」

「寺子屋小山台」

　大澤氏は、小山台高校の教育活動を支援する財団法人小山台の理事長を2006年から2011年まで務めていた。この財団は、学生の全人格的な教育のための海外派遣などのサポートだけでなく、卒業生以外も含めて、生涯教育を行っている。その活動において最も中心的なものは、大澤氏の前任だった福川伸次氏[4]が立ち上げた寺子屋小山台である。

　寺子屋小山台は、2006年に財団法人小山台（2011年に公益財団法人小山台教育財団に改組）が主催する社会人向けの講座[5]であり、明日のリーダー育成を目指す若手・中堅の社会人が、毎年半年間、ディスカッションを通じて切磋琢磨する場である。その中で、大澤氏は「リーダーシップ論」を10年以上担当してきたが2024年度から福川氏の後任として塾長に就任した。

　2023年度講座では、今なぜリーダーシップが問われるかと問題提起し、コロナ禍やウクライナ侵攻後の世界経済の構造変化の下で求められるリーダー像を説いている。「世界政治から個人が帰属する小さな組織までが真のリーダーを求めているが、実際にはリーダーシップのないリーダーが多いのが実情である」と大澤氏は語る。

　大澤氏のリーダーシップ論では、経営学の古典を紐解きながら、現代的な応用を探るユニークなものである。業績好調な組織のリーダーのとして、ジェームズ・C・コリンズ（以下、ジム・コリンズ）[6]の「第5水準のリーダー」が語られている。ジム・コリンズは、リーダーシップとして求められる水準を5つに分けて提示した。第1に求められるリーダーシップの第1水準は、「有能な個人」である。個人的な知識や能力、そして生まれ持った才能と業務に対する勤勉さである。第2水準は、「組織に寄与する人」であり、組織が掲げる目標に向かって他の社員と協力していけるかである。第3水準は、「有能な管理者」であり、組織の資源を組織化して管理することで、目標に向かうための最適な筋道をつけることである。第4水準は、「有能な管理者」であり、明確で現実的なビジョンを提示し、目標達成に向かって従業員が努力していける刺激を与えることができるかである。ジム・コリンズは、第1水準から第4水準までを満たしているだけでは真のリーダーとはいえず、「驚くほどの謙虚さと不屈の精神」を持った「第5水準のリーダー」が求められるという。望ましいリーダー像を描くという課題が与えられると多くの日本人はカリスマ型のけん引力のあるリーダーを上げるが、コリンズは多くの部下が持続的にやる気を起こす資質は異なるということを示したものである。

---

[4]　福川伸次氏は、通商産業省事務次官、神戸製鋼所副会長、電通総研社長、東洋大学理事等などを歴任した。

[5]　寺子屋小山台の受講生の募集の詳細については、以下の HP に掲示されている。（https://www.terakoyakoyamadai.com/%E5%8F%97%E8%AC%9B%E7%94%9F%E5%8B%9F%E9%9B%86-1）

[6]　ジム・コリンズは、「ビジョナリーカンパニー」を執筆したビジネスコンサルタントである。

図表2：2023年度（第18期）講座・講師実績

日程	テーマ	講師 及び 講座内容
プレ講座 8月19日（土）	受講生に望むこと	寺子屋小山台塾長：福川 伸次 氏
	「自分が源泉」というあり方	シナジースペース（株）：藤井 浩行 氏
第1回 9月9日（土）	リーダーシップ論	元みずほ証券社長：大澤 佳雄 氏 『我が国の今日の課題とリーダーシップ』
第2回 10月7日（土）	国際貢献	前 JICA 研究所所長、早稲田大学理工学術院国際理工学センター教授：北村 尚志 氏 『JICA の開発協力を事例に』
第3回 10月28日（土）	日本の政治	共同通信社編集局特別編集委員 兼 論説委員：川上 高志 氏 『日本の統治機構と岸田政権・与野党の課題』 『国内外の喫緊の課題＝社会保障、安全保障など』
第4回 11月18日（土）	リーダーとしての伝え方	フリーアナウンサー／コンサートソムリエ：朝岡 聡 氏 『概論　司会って何？　伝えるとは？』 ・身体表現術の基本（立つ・歩く・挨拶・マイクの使い方） ・ことば＋身体表現実践
第5回 12月16日（土）	グローバルサウスの大国インドと日本	経済産業省通商政策局 南西アジア室室長：村山 勝彦 氏 『グローバルサウスの大国インドと日本』
第6回 1月20日（土）	中国から見た日本	東洋学園大学客員教授：朱 建榮 氏 『過去50年から未来50年への示唆』
第7回 2月10日（土）	これからの日本	東洋大学総長、元通産事務次官：福川 伸次 氏 『日本経済の停滞と日本力再生のシナリオ』
最終回 3月2日（土）	まとめ（受講生発表）	受講生が主役の発表会 『寺子屋小山台を受講し、自分自身にどのような影響があったか、また今後どのような行動をしていきたいか』

出所：寺子屋小山台 HP

　このほか、大澤氏のリーダーシップ論では、ハーバード大学ロバート・F・ベールズ教授による、小集団の課題解決過程と集団構造の力動的変化を研究した組織行動力学、オハイオ州立大学によるリーダーシップファクターの研究[7]、PM 理論なども取り上げられた。

【大澤氏のコメント】

「寺子屋小山台の講座は全部で8つのセッションで構成されている。第1回では、自分が全て主体であるということを学ぶ。友達とうまくいかず、部下が言うことも聞かないで失敗している人は、部下に対して「お前が駄目だ」というように考えている。このように他人の言うことを聞かない唯我独尊型の人は、人のことをもっと聞こう、ということである。2回目は僕が担当しているリーダーシップ論である。

---

[7]　リーダーの行動を、①チーム作り、②配慮（メンバー）、③説明力（内外）、④調整力（コンフリクト）、⑤対応力（不測の事態）、⑥説得力、⑦許容力、⑧忠実性、⑨執着心　⑩先見性、⑪統率力、⑫向上心の12のファクターに分解して、リーダーシップの有効性を分析する手法。

それ以外にも国際貢献や中国関連、そして音楽などのセッションがある。音楽を担当する朝岡聡氏は音楽番組の司会などを手掛けており、人にコミュニケートすることを音楽に引掛けて講義を行っている。内容は非常に充実していて、卒業すると自分で物事を考えはじめ、自分がアクションしなければ絶対に物事は起きないことを納得する。そういう意味で、受講者全員が大きく成長する。」

4．趣味を通じた悠々自適

大澤氏は多彩な趣味の持ち主である。経営者そして一個人としての魅力も、強い好奇心による教養の広さに由来する面が大きかった。みずほ証券を引退してからは、それまで興味のあった新しい分野にチャレンジしている。経営者として新規の国際金融ビジネスを開拓してきた際の強い好奇心は今も変わっていない。

【大澤氏のコメント】
① クラシック音楽
「クラシック音楽は子どもの頃から好きで、最初に買ったSPレコードが、メンデルスゾーンのバイオリンコンチェルトの3枚組だった。中学生の頃からずっと聴いていたので、生活にクラシックの音楽は常にあった。ロンドンでは、パトロンとして、ロンドンシンフォニーオーケストラを随分サポートした。

ロンドンにいた頃の同僚の子どもたち2人が、2024年の暮れに開催された東京フィルハーモニー交響楽団の「第九」演奏会に出演する。次世代の若者が世界でも一流の演奏家となって同じ舞台で演奏するというのは夢のようなことで、本当に幸せな話だ。」

② ジャム作り
「母が長年、庭になったキンカンや伯母の家から送ってくる梅でジャムを作っていたが、90歳を過ぎるころから作らなくなった。それならということで20年ほどまえからジャムを作り始め病みつきになった。市販のジャムと違って糖分は控えめ、酸味も強く全然違って美味しい。毎年、作柄が違うものを、どういう煮方をするか、砂糖の入れ方をどの程度にするかで味が変わる。去年のアンズは、10分もしないうちに、全部、溶けてしまうという、失敗もある。収穫期の前、4週間ぐらいの天候によって、水分や糖度も全然違う。作柄が良いと果物に呼ばれるといっているが、自然の営みとのネゴシエーションが面白さだ。」

③ 陶芸
「自然とのネゴシエーションでいえば、陶芸は土とのネゴシエーションである。季節や天候によって土の乾き方といい、釉薬の具合でどんどん変わってくるため、一切、同じものはできない。出来上がった時にサプライズがある。年を取るとクリエーティブなことが

図表3：大澤氏の陶芸作品

出所：大澤氏撮影

少なくなり思い出話や自慢話に耽溺する傾向が強まるが、全く新しいことに挑戦していくほうがいいということで6年前から土ひねりを始めた。作った器や皿に盛った飯を食う楽しみは格別だ。」

5．これからの社会・経済・金融の在り方

　大澤氏はこれからの日本をどのように見ているのだろうか。グローバル金融市場で培った視点から、価値観の転換の必要性を提示している。それは、これまでの政策の延長線上にはなく、GDPで表象されてきた経済ではなく、真の豊かさを追求する生き方である。そして、本稿でも示された趣味を含めた幅広い興味と強い人間力に基づく将来世代への提言ともいえる。

【大澤氏のコメント】

「2025年はいろいろなことの分岐点になるだろう。特に価値観の変化は大きい。今までは経済成長が善であり、経済成長のために移民や難民を受け入れてきたことが社会問題化して、政治が不安定化している。」

「企業経営については、コーポレートガバナンスの推進による光と影が一層鮮明になってきた。資本コストの意識が高まったことは良かったが、PBRの1倍や売上利益10%といった数字をクリアするというボックスチェッキング的な動きが強まってしまった。社外取締役の機能についても、期待されるものと能力のギャップは大きいがプラクティスを積み上げ練り上げていく必要がある。」

「日本では、真の意味での投資家が育って居らず、欧米のように家計資産が市場の中で活用されていない。イギリスのマーチャントバンクは1960，70年代の英国病といわれた経済停滞期にも中南米、アフリカ、アジアの諸国を巡って成長性の高い投資対象を探していた。アメリカはインテリジェンスを駆使して世界制覇を実現し、運用の世界でも非常に良い情報を持っていた。イギリスは世界的な金融再編の中でマーチャントバンクはなくなったが、アセットマネジメント会社に先端的な投資活動の機能が移行している。」

「日本が停滞し、沈んでいく時に、単なる成長論や産業論以外に、柔軟にどう生きるかを考えるべきである。経済規模や一人当たり所得の順位ばかりを比較して嘆くことには意味がない。スウェーデン、フィンランド、オランダ、スイスなどソリッドな経済運営と国民の満足が両立している国も大いにモデルとなる。一番印象に残っている国はイタリアだ。常に国家破綻といわれていながらも、デザインばかりでなくテクノロジーの世界でも相当高い水準が保たれており、国民は生活をエンジョイしている。パスタの調理法は村ごとに異なるとさえ言われているほどの多様性の追求がある。このようなイタリア国民のしぶとさを見ると、日本もこれで行かなければいけないと思う。」

「少子高齢化で日本が衰退するといっても、どのような事態をもって衰退というかが問題だ。人口が7,000万人になった時、ちょうど今のイギリスなどと同じぐらいの国になるわけだ。この時の経済運営がどうなるかを考えれば良い。これから人口構成も人の生活様式も大きく変わるだろう。少子高齢化の影響で都市部への集中が進むのが歴史的な流れであるが、それと

同時に起きていることは、田舎が裕福になっていることである。最近は生活のクオリティを求めて田舎に移住する家族も増えている。まことに望ましい方向といえるのではないか。」

6. まとめ：柴崎健と幸田博人の視点
ビジネスパーソンへのインプリケーション

　大澤氏の興銀時代のキャリアは特異である。メインビジネスの融資や国内営業にほとんどかかわらず、海外、証券、投資銀行という先端的な分野との関わりが主であり、当時の興銀のキャリアからは、稀有と認識される。こうした経験と本人の楽観的で明るい性格が、大澤氏の後半のキャリアに大いに貢献したと思われる。筆者（幸田）は、1993年以降、直接の部下であった期間も長く、中立的な観点からの評価は難しい面は多々あるが、大澤氏からの「学び」は大変多かったところである。18年先輩の尊敬できるお一人である。趣味人としての多彩な生き方は、とても真似などでき得ぬ領域であるが、これは、かつて或る時代を過ごした金融人だからこそとも言えよう。

　長いビジネスパーソンとしてのキャリアの中で、時代の変化を冷静に見極めながら、本質的な経営哲学を実践していく一貫したスタイルを貫いた。1990年代にデリバティブを駆使して過度なリスクテイクと収益拡大を目指した米国流の投資銀行モデルに対して批判的であり、機関投資家と共存することで利益を生み出すための経営判断を行ってきた。その考え方は、数々のPEファンドの創設や社会人教育といった将来への種まきへの強いコミットメントにもつながるものであろう。今のビジネスパーソンに対しては、もっと自らの独立心を鼓舞して挑戦することを期待していると思われる。

　経営改革を行う際には、常に大きな反対勢力との対峙が生じる。しかし、その時に組織を纏めあげることができるリーダーには、高い志と深い教養に裏打ちされた人間的な魅力が求められる。そのひとつの好事例として、大澤氏のヒストリーをご覧頂けるのではないか。

　読者の皆様に、こうした金融人が歴史の1章を作ってきたことを、紹介できること、大変光栄に感じている。このような取組を通じて、歴史に学び、明日のより濃い生活を楽しむことの大切さを改めて感じたところである。

　大澤氏におかれては、本「金融・資本市場ヒストリー」の取り組みに共感していただき、8回にもわたるインタビューに応じていただき、フランクにお話しいただいたこと、幾重にも感謝を申し上げたい。能見氏の連載と同様に、本連載を通じて、読者の皆様には、「或る金融人」の矜持のようなものを感じ取っていただければと思う次第である。筆者自身は、大澤氏とのインタビューは、大変楽しいひと時であった。自由闊達な話を聞きながら、人生を楽しむということは、こういうことなのかと、とても真似はできないと思いつつも、大きな刺激をいただいた。感謝したい。

図表4：大澤氏の読書会における課題図書

課題図書	著者等	発売日	出版社
いま蘇る柳田國男の農政改革	山下 一仁（著）	2018年1月	新潮社
危機の指導者チャーチル	冨田 浩司	2011年9月	新潮社
金融革新と市場危機	藤井 眞理子（著）	2009年5月	日本経済新聞出版
憲法改正の真実	樋口 陽一（著），小林 節（著）	2016年3月	集英社
国益と外交：世界システムと日本の戦略	小原 雅博（著）	2007年10月	日本経済新聞出版
国家学のすすめ	坂本 多加雄（著）	2001年9月	筑摩書房
後藤田正晴の目、語り遺したいこと	後藤田 正晴（著），加藤 周一（著），国正 武重（著）	2005年12月	岩波書店
さかな記者が見た大震災　石巻讃歌	高成田 享（著）	2011年12月	講談社
シビリアンの戦争	三浦 瑠麗（著）	2012年10月	岩波書店
昭和陸軍の軌跡　永田鉄山の構想とその分岐	川田 稔（著）	2011年12月	中央公論新社
食がわかれば世界経済がわかる	榊原 英資（著）	2008年6月	文藝春秋
食糧争奪：日本の食が世界から取り残される日	柴田 明夫（著）	2007年7月	日本経済新聞出版
世界共和国へ：資本＝ネーション＝国家を超えて	柄谷 行人（著）	2006年4月	岩波書店
代議制民主主義	待鳥 聡史（著）	2015年11月	中央公論新社
誰のための会社にするか	ロナルド ドーア（著）	2006年7月	岩波書店
帝王学	山本 七平（著）	1997年5月	文藝春秋
ドイツ参謀本部：その栄光と終焉	渡部 昇一（著）	2002年8月	祥伝社
土地と日本人	司馬 遼太郎（著）	1996年10月	中央公論新社
何が日本の経済成長を止めたのか	星 岳雄（著），アニル K. カシャップ（著）	2013年1月	日本経済新聞出版
二十一世紀の資本主義論	岩井 克人（著）	2006年7月	筑摩書房
日米戦争と戦後日本	五百旗頭 真（著）	2005年5月	講談社
日本〈汽水〉紀行：「森は海の恋人」の世界を尋ねて	畠山 重篤（著）	2003年9月	文藝春秋
日本政治「失敗」の研究：中途半端好みの国民の行方	坂野 潤治（著）	2001年6月	光芒社
日本的品質管理：TQC とは何か	石川 馨（著）	1984年1月	日科技連出版社
日本辺境論	内田 樹（著）	2009年11月	新潮社
人間の経済	宇沢 弘文（著）	2017年4月	新潮社
不愉快な現実	孫崎 享（著）	2012年3月	講談社
ほんとうの憲法：戦後日本憲法学批判	篠田 英朗（著）	2017年7月	筑摩書房
本音の沖縄問題	仲村 清司（著）	2012年5月	講談社
未完のファシズム	片山 杜秀（著）	2012年5月	新潮社
アジア三国志：中国・インド・日本の大戦略	ビル エモット（著），伏見 威蕃（翻訳）	2008年6月	日本経済新聞出版
アメリカ時代の終わり（上・下）	カプチャン チャールズ（著），坪内 淳（翻訳）	2003年10・11月	日本放送出版協会
アメリカはいかにして日本を追い詰めたか	ジェフリー レコード（著），渡辺 惣樹（翻訳）	2013年11月	草思社

金融・資本市場ヒストリー
国際金融資本市場と関わって
〜或る金融人の挑戦〜

課題図書	著者等	発売日	出版社
インドウェイ　飛躍の経営	ジテンドラ シン（著），ピーター カペッリ(著) 他，太田 正孝（監訳）	2011年12月	英治出版
企業変革の核心：「このままでいい」をどう打ち破るか	コッター ジョン・P.(著)，村井 章子 （翻訳）	2009年3月	日経BP社
グローバリズムという妄想	ジョン グレイ（著），石塚 雅彦（翻訳）	1999年6月	日本経済新聞社
グローバリゼーション・パラドクス	ダニ ロドリック（著），柴山 桂太（翻訳），大川 良文（翻訳）	2013年12月	白水社
国家対巨大銀行	サイモン ジョンション(著)，ジェームズ クワック(著)，村井 章子（翻訳）	2011年1月	ダイヤモンド社
国家の崩壊：新リベラル帝国主義と世界秩序	ロバート クーパー(著)，北沢 格（翻訳）	2008年7月	日本経済新聞出版
これからの正義の話をしよう	マイケル・サンデル(著)，鬼澤 忍（翻訳）	2010年5月	早川書房
最後の資本主義	ロバート B・ライシュ(著)，雨宮 寛（翻訳），今井 章子（翻訳）	2016年12月	東洋経済新報社
市場対国家：世界を作り変える歴史的攻防（上・下）	スタニスロー ジョゼフ(著)，ヤーギン ダニエル(著)，山岡 洋一 （翻訳）	1998年11月	日本経済新聞社
シャルリとは誰か？ 人種差別と没落する西欧	エマニュエル トッド(著)，堀 茂樹（翻訳）	2016年1月	文藝春秋
スーパーパワー	イアン ブレマー（著），奥村 準（翻訳）	2015年12月	日本経済新聞出版社
スマート・パワー	ジョセフ S.ナイ（著），山岡 洋一（翻訳），藤島 京子（翻訳）	2011年7月	日本経済新聞出版
「西洋」の終わり　世界の繁栄を取り戻すために	ビル エモット （著），伏見 威蕃（翻訳）	2017年7月	日本経済新聞出版
世界史の中の中国	汪 暉（著），石井 剛（翻訳），羽根 次郎（翻訳）	2011年1月	青土社
一四一七年、その一冊が全てを変えた	スティーヴン グリーンブラット(著)，河野 純治（翻訳）	2012年11月	柏書房
第三の波：20世紀後半の民主化	サミュエル P・ハンティントン(著)，川中　豪（翻訳）	1995年10月	三嶺書房
帝国以後	エマニュエル トッド（著），石崎 晴己（翻訳）	2003年4月	藤原書店
東西逆転：アジア・30億人の資本主義者たち	クライド プレストウィッツ(著)，柴田 裕之 （翻訳）	2006年3月	NHK出版
日本－喪失と再起の物語：黒船、敗戦、そして3.11	デイヴィッド ピリング(著)，仲 達志（翻訳）	2017年2月	早川書房
日本型資本主義と市場主義の衝突―日・独対アングロサクソン	ロナルド ドーア （著），藤井 真人（翻訳）	2001年11月	東洋経済新報社

課題図書	著者等	発売日	出版社
日本金融システム進化論	星 岳雄（著）, アニル カシャップ（著）, 鯉渕 賢（翻訳）	2006年7月	日本経済新聞社
フォールト・ラインズ	ラグラム ラジャン（著）, 伏見 威蕃（翻訳）, 月沢李 歌子（翻訳）	2011年1月	新潮社
ブルー・オーシャン戦略：競争のない世界を創造する	W チャン キム（著）, レネ モボルニュ（著）, 有賀 裕子（翻訳）	2005年6月	ランダムハウス講談社
老子の思想：タオ・新しい思惟への道	張 鍾元（著）, 上野 浩道（翻訳）	1987年7月	講談社

注：大澤氏はみずほ証券の有志（幸田も参加）を集めて読書会を開催し、後輩の育成に尽力してきた。読書会は2005年10月から2019年2月まで不定期に開催され、82回を数える。本表は、読書会で指定された課題図書の一覧である。

参考文献・資料

IMA 価値協創研究会 HP（https://www.imakachi.or.jp/）.

非営利シンクタンク 言論 NPO HP（https://www.genron-npo.net/）.

寺子屋小山台 HP（https://www.terakoyakoyamadai.com/）.

日本興業銀行.「日本興業銀行七十五年史」. 1982年.

日本興業銀行.「日本興業銀行百年史」. 2002年.

みずほ証券.「日本の証券市場の歩み：みずほ証券百周年記念」. 2018年.

金融・資本市場ヒストリー 金融人編

第3シリーズ 資産運用立国の黎明期を振りかえる ～損保業界でのスタートから～

第1回：損害保険ビジネスの経験（1964年～1989年）

柴 崎 　健／幸 田 博 人

1．はじめに

　「金融・資本市場ヒストリー」は、金融機関がバブル崩壊後の環境変化のなかで、如何に変化してきたかについて、当時の主要人物へのインタビューを通じて明らかにするものである。第3シリーズは、「資産運用立国の黎明期を振りかえる～損保業界でのスタートから～」として、日本における資産運用業界の黎明期からその後の広がりに焦点を当てる。現在、資産運用立国が政策課題となるなかで、資産運用業界は健全な金融・資本市場の発展において重要な役割を担うとともに、日本の金融業界における重要な位置づけに変化してきている。個人、企業、アセットオーナー等の様々なステークホルダーからは、資産運用の担い手に対して、運用パフォーマンスだけでなく、スチュワードシップ活動を通じた企業価値向上が期待されている。戦後の高度成長期を経て、成熟国家に移行していく過程においては、銀行によるデットガバナンスからエクイティガバナンスの重要性が高まり、資産運用マネーの在り方そのものが企業活動に大きな影響を及ぼす事例も増えている。日本の資産運用業界の黎明期から歴史を紐解き、足元の拡大期において如何なる課題を抱えているか、本シリーズで明らかにしていきたい。

　第3シリーズの「或る金融人」は、岩間陽一郎氏である。岩間氏は、東京海上火災保険（現東京海上日動火災保険、以下、東京海上）に1967年に入社し、損害保険ビジネスに携わった後、東京海上が新たな成長分野と位置付けた資産運用ビジネスを立ち上げた。その後、日本投資顧問業協会の会長を務め、金融・資本市場活性化有識者会合等の委員会メンバーとして、資産運用業界の発展に大きく貢献してきた。このように資産運用ビジネスの黎明期から発展期に至るまでの過程を岩間氏の歴史的証言を基に振り返ってみたいと考えている。日本の資産運用業界は、数百年にもわたる資産の蓄積（ストック）が資産運用業界の発展を支えてきた欧州や金融大国としての成長とともに発展している米国とは異なり、戦後のゼロからのスタートの中で、高度成長やバブル崩壊、金融危機、リーマンショックなどを経る中で、事業会社や個人の資産蓄積が徐々に進み、また金融市場や資本市場が一定の厚みを持ち機能的な役割を果たすことが可能となってきた。ようやく岸田政権の下で「資産運用立国」の議論が意味を持ち、今後の国のあり方とも関係する意義が見えてきたものである。そういう歴史的

金融・資本市場リサーチ

な視点を持ちつつ、今回の岩間氏のチャレンジを振り返ってみることは大きな意味を有すると考えられる。

本「金融・資本市場ヒストリー」においては、オーラルヒストリーの手法はストレートには採用していないが、当事者が過ごした時代背景や、当時の金融・資本市場のマーケット環境などを、筆者が解説しながら、当事者の証言を、一定程度組み込む手法をとっている。当時の金融・資本市場の環境を踏まえた当事者の証言をよりクリアに認識できるように構成している。当事者の証言をより正確に理解しやすいように構成したものである。

第1回は、「損害保険ビジネスの経験」として、岩間氏が東京海上に入社してから、資産運用業界に従事する前までの、損害保険の本業に従事した時代を取り上げる。日本初の損害保険会社である東京海上が、外部環境の変化を受けて、本業以外の分野に成長の活路を見出そうとしていたことは、銀行等、他の金融機関と同様の状況であった。また、本業での経験は、業務面では直接的にリンクしていないにせよ、その後に岩間氏が資産運用ビジネスに取り組む際の基盤となっていることも窺える。

なお、第1回に関わるインタビューは、2025年1月10日（月）に1時間半程度行ったものをベースに、当方でとりまとめたものであり、あくまで文責は当方にある。

図表1：金融年表（1964年〜1989年）

年	月	主な出来事	或る金融人の歩み
1964	4	日本が IMF8条国へ移行、OECD 加盟	
1967	4		東京海上火災保険入社（現東京海上日動火災保険）、三菱グループ企業のアカウントエグゼクティブ
1968		日本が GNP で世界第2位の経済大国へ	
1970			非海上保険の引受業務に従事
1971	8	ニクソンショック（金・ドルの交換停止）	
1973	2	日本が変動相場制に移行	ニューヨークに海外トレーニーとして派遣
	10	第4次中東戦争、第1次オイルショック	
1974			大坂支店にて損害保険引受業務に従事
	4	ベトナム戦争終結(1955年〜1975年)	
1977			自動車保険の商品企画に従事
1979	2	イラン革命、第2次オイルショック	
1980			松山第2支社長
1984	6		人事部参事兼研修室長
	2	日米円ドル委員会第1回作業部会開催	

金融・資本市場ヒストリー
資産運用立国の黎明期を振りかえる
〜損保業界でのスタートから〜

年	月	主な出来事	或る金融人の歩み
1985			人事部人事第2課長
	9	プラザ合意	
	12	東京海上グループ等の出資により 東京海上エム・シー投資顧問を設立	
1986			人事部次長
	10	英金融ビッグバン	
1987	2	ルーブル合意	
	9	タテホショック	
	10	ブラックマンデー	
1989	11	ベルリンの壁撤去	
	12	日経平均株価史上最高値（38,915円）	

出所：各種資料を基に筆者作成

〔或る金融人：岩間陽一郎氏　略歴〕

1943年　誕生　1967年　東京大学法学部卒業

1967年　東京海上火災保険（現東京海上日動火災保険）入社。取締役投資部長、常務取締役財務本部長、専務取締役、東京海上アセットマネジメント投信（現東京海上アセットマネジメント）代表取締役社長を歴任。2010年から2017年まで日本証券投資顧問業協会（現日本投資顧問業協会）会長を務める。

現在は、NBIM NBRE Management Japan Advisorsの外部シニアアドバイザー、日興アセットマネジメント社外取締役・取締役会議長、インターネットイニシアティブ独立社外取締役、ピクテアセットマネジメント Fund Advisory Committee メンバーを務める。

金融・資本市場活性化有識者会合、スチュワードシップ・コードおよびコーポレートガバナンス・コードのフォローアップ会議各メンバー、持続的成長に向けた企業と投資家の対話促進研究会、東京国際金融センターの推進に関する懇談会各委員を歴任。

２．第１フェーズ：1964年から1989年

「東京海上の保険事業の変遷」

　東京海上は、1879年に創業した我が国最初の損害保険会社である。その歴史は、明治維新後の近代化の歴史そのものである。渋沢栄一の提唱によって、岩崎弥太郎や旧藩主を株主として、海上輸送中の危険から積荷を護るための貨物保険を引き受ける会社として設立された。また、日本の開港によって外国人居留地に外国保険会社が進出し、火災保険や損害保険を提供し始めたことを受けて、日本でも同様の仕組みを取り入れる形で保険事業が開始された。その後、東京海上は、1891年に火災保険を主として設立された明治火災保険と1919年に三菱合資会社（三菱財閥の本社）から分離独立した三菱海上火災保険との３社合併によって、1944

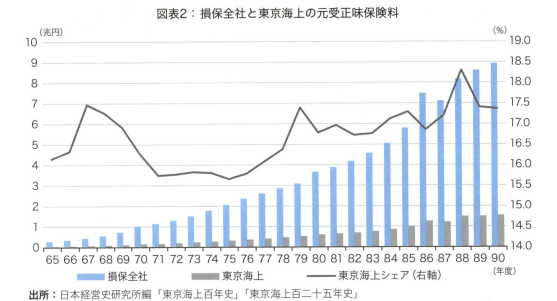

図表2：損保全社と東京海上の元受正味保険料

出所：日本経営史研究所編「東京海上百年史」「東京海上百二十五年史」

年に新たな東京海上として設立された。その後、損保業界再編のなかで2004年に日動火災海上保険と合併して東京海上日動火災保険となり、現在に至っている。

まず、これまでの損害保険業界が置かれた環境を振り返りつつ、東京海上の事業の変遷について整理する。戦後の損害保険業界は、人口増加と高度成長によって急速に業容を拡大した。1965年度から1990年度までの間、元受正味保険料は年平均15％程度の伸びを示しており、特に1970年代までの高度経済成長期においては、年平均20％程度の高い伸びを記録した。東京海上は、概ね16〜17％程度のシェアを持ち、業界トップとして安定的な成長を実現し、業界全体のリーダー的な役割を果たしてきた（図表2）。

損保業界全体としては成長を続けてきたが、日本経済の構造変化を受けて、主力商品は時代と共に変化している（図表3）。戦後の高度経済成長期には企業の旺盛な設備投資を受けた企業保険や海上輸送の増加を受けて船舶、貨物といった海上保険が増加した。また、1960年代後半にはモータリゼーションの進展を受けて自動車保険を中心とした家計保険が増加した。自動車保険が全体に占める割合は1970年に20％を超えて1980年代には30％を超えている。このように、保険商品は企業保険から家計保険へのシフトが進み、企業向けのBtoBから、BtoCへのシフトが急速に進展したとも言える。また、積立保険の増加が損保業界の拡大に大きく寄与した。従来の保険商品は保険料の掛け捨てが原則であったが、積立保険は、保険料中に積立部分を含んで、満期時に満期返礼金が契約者に支払われるものであり、貯蓄性が高い商品として家計に大いに受け入れられた。契約期間も最長10年の保険商品であり、家計の資産選択においても重要なものとなった。

図表3は、1974年度末と1989年度末の損保全社の種目別元受正味保険料を比較したものである。マリン（海上保険）では、船舶保険以外は増加しているが、ノンマリン（非海上保険）の伸びが大きく、積立保険以外に占める割合は8.4％ポイント低下している。ノンマリンの保

金融・資本市場ヒストリー
資産運用立国の黎明期を振りかえる
～損保業界でのスタートから～

図表3：損保全社の種目別収入保険料の構成

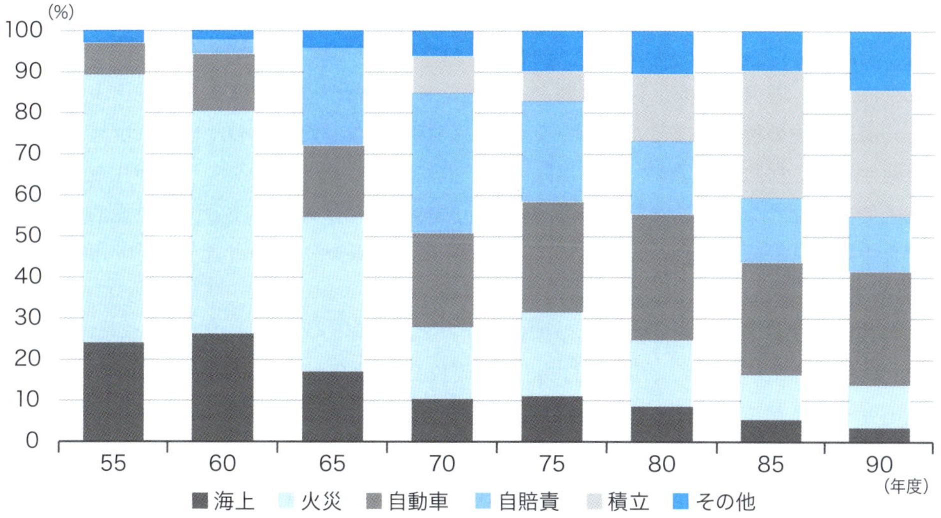

出所： 日本経営史研究所編「東京海上百二十五年史」

図表4：損保全社の種目別元受正味保険料の変化

	1974年度		1989年度		変化	
	金額	積立以外に占める割合	金額	積立以外に占める割合	金額	積立以外に占める割合
船舶	97,055	5.8	80,199	1.4	△ 16,856	△ 4.4
積荷	108,288	6.4	146,432	2.5	38,144	△ 3.9
運送	18,620	1.1	55,854	1.0	37,234	△ 0.1
マリン計	223,963	13.3	282,486	4.9	58,523	△ 8.4
火災（除く地震）	410,494	24.3	896,551	15.6	486,057	△ 8.7
地震	12,315	0.7	32,435	0.6	20,120	△ 0.1
自動車	412,238	24.4	2,233,741	38.8	1,821,503	14.4
自賠責	479,635	28.4	1,159,879	20.1	680,244	△ 8.3
傷害	63,006	3.7	661,636	11.5	598,630	7.8
その他新種	84,640	5.0	491,988	8.5	407,348	3.5
ノンマリン計	1,462,330	86.7	5,476,232	95.1	4,013,902	8.4
一般計	1,686,293	100.0	5,758,719	100.0	4,072,426	0.0
積立火災	94,921		889,897		794,976	
積立新種	14,597		1,947,132		1,932,535	
積立計	109,518		2,837,030		2,727,512	
合計	1,795,812		8,595,749		6,799,937	

出所： 日本経営史研究所編「東京海上百二十五年史」

金融・資本市場
リサーチ

険では、自動車保険、傷害保険、その他新種保険を中心に増加した。また、同期間に元受正味保険料は4.8倍に増加しているが、なかでも積立保険は25.9倍となっており、全体の伸びを牽引した。

東京海上は、戦前には海上保険で独占的な地位にあったが、敗戦によって輸出入貨物が激減し、海上保険の対象がほとんどなくなる厳しい状況となった。このため、主事業である海上保険から火災保険等のノンマリン保険への転換に注力した。その後、1960年代後半から東京海上では、マリン・ノンマリンの営業体制を一本化させ、家計保険分野の積極的な拡大を掲げた中期経営計画「GoGo作成」（1977～1979年度）、「NewStep-1計画」（1980～1984年度）を策定、実施している。

その後のバブル期には、国内経済の拡大を受けて、世界のエクセレンスカンパニーとなるべく、総合金融グループへの進化を目指した。「ToPS55カ年計画」（1985～1989年）では、総合安心サービス産業が掲げられ、2001年のミレア保険グループ（現東京海上ホールディングス）の結成[1]に繋がった。なお、1980年代後半には、多くの関連会社が新設されており、1985年には、三菱商事、日興証券、明治生命と共同出資の形で東京海上MC投資顧問（現東京海上アセットマネジメント）を設立して、投資顧問業務へ進出した。

図表5：東京海上の中期経営計画（1977～1989年）

期間	計画名	主な内容
1977～1979年	GoGo作戦	家計保険を念頭に置いた積極的拡大策 目標：収入保険料5500億円、シェア1％アップ
1980～1984年	NewStep-1計画	積極的拡大の継続と効率化の推進 第2次機械化総合計画 目標：収入保険料1兆円、シェア1％アップ
1985～1989年	ToPS5カ年計画	「総合安心サービス産業」への飛躍のための基礎づくり

出所： 日本経営史研究所編「東京海上百二十五年史」

東京海上のマーケットシェアを見ると、海上保険は総じて高い水準を維持している。ノンマリン保険については、自賠責保険を筆頭にシェアを高めており、これまでの中期経営計画における運営が着実に実績に結びついていることが窺える。

---

[1]　2001年に東京海上、日動火災海上保険、朝日生命保険が持株会社方式で経営統合し、ミレア保険グループを結成。その後共栄火災海上保険も同グループに加わった。しかし、2003年に朝日生命保険と共栄火災海上保険がグループから離脱した。なお、2002年に東京海上と日動火災海上保険の持株会社であるミレアホールディングスは、2008年に東京海上ホールディングスに社名変更を行った。

金融・資本市場ヒストリー
資産運用立国の黎明期を振りかえる
〜損保業界でのスタートから〜

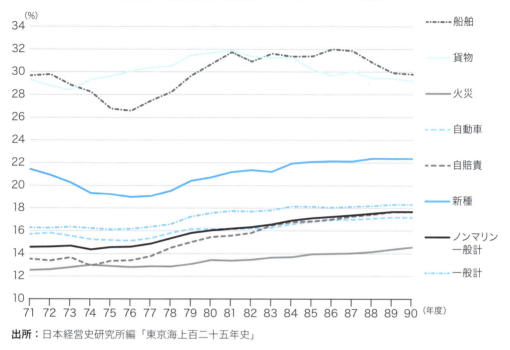

図表6：東京海上の種目別マーケットシェアの推移

出所：日本経営史研究所編「東京海上百二十五年史」

【岩間氏の回想】

「東京海上は、戦前はグローバルな会社だった。1879年に創業して、翌年にはパリ、ロンドン、ニューヨークに進出した[2]。なぜかというと、海上保険が船舶及び貨物（オーシャンカーゴ／ハル）に必要だからです。その中心はロンドンで、当時のグローバル企業と言えば日本郵船、東京海上、横浜商金銀行（現三菱UFJ銀行）、それと三井物産という所だった。東京海上の最初の海外の代理店は、三菱商事ではなく三井物産だった。東京海上の株主も、岩崎弥太郎さんが一番多かったけれど、三井、住友、安田と全部入っている。そもそもの出資金は版籍奉還で、秩禄公債証書を交付された元藩主が何かやらなければいけないため、福沢諭吉や渋沢栄一も入って海上保険の会社を作ることになったものであり、東京海上は本質的にはオールジャパンの海上保険会社だったのです。」

「それが戦後になって、何もなくなった中で、国内で企業向け保険の分野において、高度成長と歩みを合わせながら成長してきたという歴史です。戦前の東京海上は、ほとんどの保険種目を取り扱っていたのですが、1944年に東京海上、三菱海上、明治火災の3社が集められて新たな東京海上となった頃（昭和19年体制）には相当なシェアを持ち、ほとんど独占状況に近かったのではないかと思います。今の三井住友海上の前身の大正海上は、初代の社長は東京海上から出ています。大蔵省の戦後初代の損害保険の担当課長は東京海上の人でした。正

2　1880年9月に三井物産パリ、ロンドン、ニューヨーク各支店に代理店委嘱。

金融・資本市場
リサーチ

に損害保険業界そのものだという誇りがあったということです。私が入社した頃は、日本の産業と一緒に成長していく会社だった。今とは全然違って、家計保険よりも相対的には企業の方が多かった時代です。」

「あらゆる産業に関係する、縁の下の力持ちのような業務であり、その意味でいうと、アンダーライティングだということだ。今から考えれば、リスクのアンダーライティングはオプションのプライシングを行っていることだと思いました。」

「私が入社した頃は、モータリゼーションも少し始まりかけていて、家計物件のポートフォリオが変わる、非常にダイナミックな動きがではじめていた。」

「東京海上入社」

岩間氏が東京海上に入社した時期は、高度経済成長によって法人取引が拡大する時期にあった。特に三菱グループ各社との関係は強く、事業会社が海外進出を進めるなかで、東京海上はこれに対応する保険商品を開発して、業容を拡大した。

【岩間氏の回想】

「東京大学法学部に進んだのですが、私には法律は合わないと思い、金融論などその他の講義をのぞき回ったりして大学時代を過ごしました。大学4年になる前に、親父の知り合いの大槻文平[3]さんに会いに行ったところ、「おまえさんは法学部だから役人になれ」と言われました。しかし、自分は役人も銀行も向かないといったところ、「東京海上の水沢謙三[4]に会いに行ってみろ」、と言われました。水沢さんに会いに行くと「とにかく、あんまり役に立たないっていうことだけ覚えとけ」と言われて、15分ぐらいで終わりました。その後、東京海上を回ってみると、オープンな会社で、人事に行くと非常に暖かく、それで東京海上を受けました。総合職は、40年（1965年）不況で一時期絞っていたのですが、次の1966年には100人超に戻りました。私の同期（1967年）だけ少なく67名で、1968年以降は再び100人超に戻りました。」

「入社後、自宅近くの営業所（現在の支社）に3ヵ月間、仮配属で現場を学ぶ制度があり、私は渋谷営業所に仮配属になりました。その後、企業客先の営業を担当する東京営業第1部の中に三菱グループだけを担当する契約1課があり、そこに正式配属になりました。当時は三菱油化[5]やキャタピラー三菱[6]など、三菱グループが合弁会社を次々と設立した時期であり、私は三菱化成工業とモンサントとの合弁会社であるモンサント化成工業[7]（現在は三菱ケミカ

---

[3]　大槻文平氏は、三菱鉱業セメント社長、三菱マテリアル株式会社最高顧問・相談役、日本セメント協会会長、日経連（現経団連）会長、金曜会代表世話人を務めた。

[4]　1931年に東京海上に入社。ニューヨーク、ロンドンに勤務した国際派であり、1941〜47年に同社会長を務めた。

[5]　三菱油化は、三菱グループとシェルグループの合弁会社。1956年設立。

[6]　キャタピラー三菱は、新三菱重工とキャタピラーの合弁会社。1963年設立。

[7]　モンサント化成工業は、三菱化成工業とモンサントピラーの合弁会社。1952年設立。

金融・資本市場ヒストリー
資産運用立国の黎明期を振りかえる
〜損保業界でのスタートから〜

ルグループ各社に事業承継）を担当しました。保険行政上、一般の認可ではなく特別認可を個別に取らなければいけない保険種目があり、良い勉強になりました。東京海上は自由活達の社風だといいますが、自由活達は天から降ってくるわけではなくて、自分で勝ち取らなければいけないことを学ぶトレーニングだったと思います。」

「ノンマリン・海外トレーニー」

1970年代は、保険の大衆化が進むなかで自動車保険や自賠責保険を中心に個人向け保険業務が急成長する時期であった。このような業界の変化は、海上保険に強みを持つ東京海上としては、大きなビジネス上のチャレンジであったが、前述の通り、中期経営計画をベースに事業ポートフォリオをシフトさせている。当時、岩間氏もノンマリンの商品開発に従事していたが、米国におけるPL責任（製造業者等の損害賠償の責任）の強化の動きなど、新たな動きを吸収するために、海外トレーニーの経験を積んでいる。

【岩間氏の回想】
「その後、ノンマリンの自動車を除く火災新種全体を担当する部署に異動になり、そこで賠償責任保険をやることになりました。当時、東京海上では短期海外研修がありました。私の所属した課でも応募するのはいわば慣例でした。」
「当時、アメリカでは製造物責任（PL; Product Liability）の状況が厳しくなっていました。1972年に消費者製品安全法（CPSA; Consumer Product Safety Act）が成立し、過失がないことを証明しなければ、売り手側の責任になるという挙証責任の転換が起こったのです。1973年は生産物賠償責任の訴訟が100万件超えたというエポックメイキングな年になりましたが、その年に私は海外研修にいきました。ニューヨークのコンチネンタル・インシュアランス・カンパニーの損害保険（Casualty）のホームオフィスにトレーニーとして派遣された。その時に水沢会長に推薦状を書いてもらったことで、当時の社長から、部長の部屋に机を並べて、秘書も使っていい、キャビネットから書類は無断で全部読んだり、どこに行って何を調べてもよい、相談に乗ると言われました。弁護士事務所やブローカー、そして全米各地のトライアル・ローヤー[8]やディフェンス・ローヤー[9]のシンポジウムなどに参加しました。」

「保険チャネルの構築・松山支社の時代」

東京海上はノンマリンの保険販売を強化するために、法人とのネットワークを活かすために新商品の開発や販売強化を行っていた。それと同時に保険の大衆化路線を強化するために

---

[8]　トライアル・ローヤー（trial lawyer）は、訴訟でクライアントを弁護することが専門の弁護士。なお、トライアル（Trial）とは、訴訟手続の最終段階、審理手続である。

[9]　ディフェンス・ローヤーとは、被告の代理をする弁護士、弁護人。

営業組織の変更を行っている。岩間氏は自動車業務部時代に行った組織改革を受けて、実線部隊として松山支社に赴任することになる。

【岩間氏の回想】

「3ヵ月の海外トレーニーを終えて帰国し、火災新種業務部に戻りました。その翌年となる1974年には、日本でも薬害訴訟が問題となり、製薬会社が製造物責任保険に本気で取り組み始めました。それで新種保険のチーフとして大阪の営業開発部に行くことになりました。そこで日本の薬害訴訟のための賠償責任保険をかなり大きな保証額で作るプロジェクトに参加しました。基本的なポリシーをどのように調整して保険契約とする過程で、元最高裁判事だった顧問弁護士にチェックをして頂いたこともありました。」

「大阪で3年間過ごした後、自動車業務部の企画課長代理として東京に戻ってきました。その時、示談代行保険の商品開発が進んでいたのですが、保険会社が直に示談代行を行うと、弁護士法に抵触するため、損害保険業界ではなく社会の要請として、保険会社が実際のサービスを提供するという枠組みにしています。自動車事故死の数が増えたため、自賠責保険をどうするかという問題が、国会の交通安全委員会で審議されました。その際の質問対応のために、損害保険業協会の委員会の下部組織としての活動も企画課で行いました。」

「企画課で3年間過ごした最後の年に、国内営業組織の企画を手伝うことになりました。東京海上は自動車メーカーとの関係が深く、既に傘下の自動車販売店ディーラーの自動車保険販売の仕組みを構築していました。家計向けの一般の保険代理店の販売力も重要ですが、ディーラーは全国津々浦々にあるため、そこを押さえることが非常に重要でした。地方の財閥が自分でディーラーも持っているためです。当時、日常の支社長の仕事の多くはディーラーチャネルに係るものでした。しかしこれでは、本当にやらなければならない地域開拓が必ずしも十分にできない。自動車業務部の時代に、支社を自動車分野を主としたネットワークを持つ部隊と、地域経済に根差した分野を開拓する部隊に分けることが検討されました。自動車ディーラーの整備工場を担当する支社に自動車業務部から人を出すということで、1980年に僕が松山の第2支社長として自動車業務部から行くこととなりました。」

「人事部時代・研修制度の改革」

企業がビジネスモデルを転換する際には、終身雇用、年功序列に代表される日本型雇用システムの弊害が徐々に表れる。東京海上も従来の損害保険業務以外のビジネスを志向する時期に入る段階で、人事システムの変化に着手している。東京海上はそれまでも人材育成を重視しており、近年の人的資本経営に繋がる動きを早い段階から実践する土壌があったといえる。その一方で、人事制度の改革には日本型雇用システムの硬直性だけでなく、部門間調整など様々な困難も存在した。

【岩間氏の回想】

「1984年に松山から東京に転勤になって、人事部の参事と研修室の研修課長を兼務しました。今後、保険の自由化が進むことが予想されており、いずれ生命保険業務にも進出する可能性

金融・資本市場ヒストリー
資産運用立国の黎明期を振りかえる
～損保業界でのスタートから～

があります。また、海外でも規制緩和が進み、1986年には英国でビッグバンも実施されました。このような時期ですので、研修制度も抜本的に変える必要性を強く感じました。」

「まず、MBA プログラムを作りました。MBA トップ10の大学を目指して受験準備の予備校にも通わせた結果、ハーバード、シカゴ、ペンシルベニア（ウォートン）に入学できました。そのうち2人は副社長になりましたので、成果はあったと思います。また、新たな研修所の建設にも注力しました。既に設計図が完成していたのですが、6人の相部屋で、共同風呂です。これでは優秀な人材や女性総合職を獲得できないということで、個室でバストイレ付きにして、光ファイバーも完備して夜中でも勉強できるものに変更しました。また、国内外の大企業の研修施設への視察調査を当時の研修部長にお願いし、情報収集して頂き、大変参考になりました。」

「東京海上は人材育成を非常に重視していました。海外展開をする際に、海外企業を買っても、それを管理する人がいなければ失敗します。私はバブル期の大量採用も反対しました。それよりも足りない分野を中途採用で埋めて、人材の多様化を図ることが重要であると考えたからです。その後、東京海上は中途採用、女性総合職、スペック採用を始めました。」

「ただし、当時の人事制度は厳格な年次主義が残っており、全てパズルがきっちり組まれないといけないという考え方で運用されていました。また、東京海上は営業の会社ですので、力関係で優秀な人材を営業部が持って行ってしまう。運用部門の人事制度と一般の損害保険の営業部門の人事制度を同じにすることが良いわけではない。人事部時代には、そのようなジレンマを抱えていました。」

「私が東京海上に入社した頃、外国部には分野毎の精鋭が集まっていました。しかし、戦前の国際的な活動とは全く違った形になったため、今から考えるともったいない人間がたくさんいたのではないかと思います。いまさら国内の仕事に活躍する場がない面もあったかと思いますが、結局昇進できなかった。また、優秀な人でも使いにくいという理由で弾かれるわけです。要するに過去の成功体験があって、当社は同質性の高い人事システムでうまくいっていたということだと思います。それでも、駐在員経験があったり、仕事上、様々な外の情報を取らなければならない部署では、このような状況はまずいのではないかと思っていた人が多かったと思う。」

「保険業務の経験を活かす」

岩間氏は人事部の次に資産運用業に携わることになる。それまでの損害保険業務の経験を踏まえて資産運用ビジネスを捉えると、損害保険のアンダーライティングと資産運用評価には類似点がある。保険と資産運用は異なる分野と捉えられがちであるが、実際には共通点もあることが窺える。

【岩間氏の回想】

「保険は本質的に、プライシングアンダーライティングです。当時、原子力発電所の建設工事がありました。これはエクスポージャーが大きいので、再保険がエクスポージャーを取るために、再保険マーケットと直接取引を行う必要があります。もちろん再保険課を通して行い

－ 153 －

ますが、どのようなカバーが必要で、どのようなレートを取りたいかを顧客の要望をもとに自分で作る必要があります。原子力発電所であれば、どのような工事なのか、どういうカバーが必要なのかについて、東京電力、関西電力、三菱重工、三菱商事、三菱電機などと話します。元請けは自分たちがやりたいとのことで、その交渉のとりまとめていたのが東京海上でした。しかし、事業内容やリスクがどこで顕在化するかについての評価を短期で行いますが、ホットリスクがあると非常に厳しい。原子炉事故は国が保証する話になるので、その前までのカバーを、いつからどのような工事で行うか、工事現場を見てホットリスクがないか評価するわけです。」

「再保険でロンドンには親近感があり、運用の世界に入った後もそれなりにロンドンマーケットを意識していました。」

3．まとめ：編集長　幸田博人と柴崎健の視点
金融界へのインプリケーション

　銀行や証券会社や生保など他の金融業と同様に、損害保険業界も日本経済の発展を裏から支える黒子的なかつ金融インフラとして不可欠な存在である。銀行は企業の資金繰りや投資をバランスシートからサポートすることとは異なり、企業や個人のリスクマネジメントとしての役割を担うということであり、ある種の安心感を提供していく高度な社会基盤としての意義があるとも言えよう。このため、日本経済が時代と共に大きく変化するなかで、絶えず事業改革を行わなければ生き残ることは困難であると考えられる。東京海上は戦前には日本のみならず世界有数の損害保険会社であり、国内ではガリバー的な存在であったが、その分だけ終戦や経済社会構造の変化の影響を他社と比べて大きく受けたともいえる。岩間氏が東京海上に入社した時期は、マリンからノンマリンへの事業変革期である。そして、自由化が進むなかで新たな事業の立ち上げに尽力することとなる。

　次回第2回（「金融・資本市場リサーチ」19号）では、1990年以降の資産運用業務の創成期について、岩間氏の歴史的な証言を踏まえて解説することとしたい。

参考文献

木村栄一著.「損害保険の歴史と人物」. 日本損害保険協会. 1993年.

長崎正造, 高木秀卓編.「損害保険読本（第3版）」. 東洋経済新報社. 1989年.

東京海上日動火災保険株式会社編著.「損害保険の法務と実務（第2版）」. 金融財政事情研究会. 2016年.

日本経営史研究所編.「東京海上百年史 上」. 東京海上火災保険. 1979年.

日本経営史研究所編.「東京海上百年史 下」. 東京海上火災保険. 1982年.

日本経営史研究所編.「東京海上百二十五年史」. 東京海上日動火災保険.　2005年.

日本損害保険協会.「日本の損害保険 ファクトブック2024」. 2024年.（https://www.sonpo.or.jp/report/publish/gyokai/ev7otb0000000061-att/fact2024_01.pdf）

Swiss Re.「日本の保険の歴史」. 2013年.　（ https://www.swissre.com/dam/jcr:24a11cba-415e-4b9f-bbbd-b3e46eb53669/SRJ+Red_+japan_opt.pdf）

自著を語る Vol.21

PBR・資本コストの視点からの株価上昇戦略
経営者の意識改革で株価は上がる

2025年1月発刊
著者：藤田　勉

（金融財政事情研究会）

金融・資本市場
リサーチ

PBR・資本コストの視点からの
株価上昇戦略：
経営者の意識改革で株価は上がる

一橋大学大学院　経営管理研究科
客員教授

藤　田　　勉

はじめに

　2025年1月に、金融財政事情研究会より、『PBR・資本コストの視点からの株価上昇戦略：経営者の意識改革で株価は上がる』を出版した。2023年以降、日本株が大きく上昇して、日経平均株価は1989年バブル時の高値を更新した。ただし、問題は株価上昇の持続性である。本書では、日本株が持続的に上昇するための条件について論じている。

　現在、企業改革は遅々として進んでおらず、依然として、企業の収益力も低い。日本の自己資本利益率（ROE）は米国の半分程度の水準である。東京五輪汚職事件や大手自動車メーカーの不祥事に見られるように、コーポレートガバナンスの改善は十分とはいえない。こうして、日本経済の地盤沈下は続き、日本企業の国際的地位は低下してきた。

　それでは、日本企業の凋落と日本株の相対的な不振は続くのだろうか。確かに、同じパターンになる可能性はあるものの、今回は企業の経営者の意識が変わりつつあることに注目したい。東京証券取引所は上場企業に対して資本コストや株価を意識した経営を要請した。これをきっかけに、上場企業の株価に対する意識が大きく変わっているように見える。

　本書は、下記のような構成になっており、株価上昇の法則を示している。

第1章　注目される東証改革の成果

第2章　企業価値向上のためのコーポレートファイナンス理論

第3章　魅力あるエクイティストーリーで株価は上がる

第4章　バリュエーションを高める財務戦略

第5章　株価を上げるインベスター・リレーションズ戦略

第6章　日本はアクティビスト天国、攻めやすく守りにくい

第7章　コーポレートガバナンス改革で株価は上がる

第1章：注目される東証改革の成果

　世界の中で出遅れていた日本株だが、2023年以降、本格的な上昇基調にある。米株高、円安など様々な要因があるが、東証が上場企業に対して資本コストや株価を意識した経営を要請した影響は大きいと考えられる。とりわけ、株価純資産倍率（PBR）を中心とするバリュエーションと資本コストに着目した点で、東証改革を大いに評価したい。

　株価上昇の条件は、①企業がキャッシュ・フローを稼ぐ、②それを再投資する、③余資を自社株買い中心に株主還元する、である。要は、利益

-158-

を稼ぎ、それを本業に投資し、余った資金は株主に還元することである。中でも、最も重要であるのは、①、つまり利益を稼ぐということである。イノベーションによって、企業の利益は飛躍的に成長することができる。米国企業は、生成AI（人工知能）、半導体、肥満症薬などのイノベーションが成長を牽引している。

様々な批判を受けながらも、徐々に、東証改革は次第に多くの関係者の支持を集めているように見える。もちろん、東証の開示強化の要請だけで、日本の企業や株式市場が抜本的に変わることはあり得ない。同時に、ハイテク企業の国際競争力強化、スタートアップ企業の育成、規制緩和、政治改革、少子化対策など本質的な改革を進めることが必要であると考えられる。

第2章：企業価値向上のための コーポレートファイナンス理論

第2章では、ミクロ要因を中心に企業価値向上のためのコーポレートファイナンスや財務戦略の理論を検討した。基本的に、株価は、利益成長、金利、リスクの3要因によって説明が可能である。たとえば、ミクロ要因として、株価上昇のためには、企業の利益成長力を高め、かつ、利益成長の安定性を高めることが有効である。同じ利益成長率であるとしても、その安定性が高い場合、バリュエーションは高まる。

ROEは、入手しやすい公開情報のみで算出できるため、シンプルで、使い勝手がいい。しかも、株主は、「会社は株主のもの」と考えることが多いため、株主の保有する資本に対してどの程度の収益を生むか、という概念は好ましく聞こえる。

しかし、ROEはKPIとして不適当である。企業価値とは直接関係なく、財務戦略（レバレッジ）によって操作が可能だからである。「高ROE企業＝高収益、高成長企業」というイメージがあるが、実際には、成長性が高くない高レバレッジ企業が多く含まれる。簡便法に過ぎないROEは世界の

経営指標においては必ずしも重視されていない。

自社株買いなどの会計上の手法ではROEは上昇するものの、キャッシュ・フローに変化がないので、企業価値は変わらない（企業価値不変の法則）。また、資本収益率が資本コストを生むことが価値を生む（価値創造の基本原則）。結論として、ROEの効用は限定的であって、ROICなどの資本収益率がKPIとしてより適切であると考える。

第3章：魅力あるエクイティストーリーで 株価は上がる

株価上昇には、バリュエーションの上昇が重要である。そして、バリュエーション上昇には、短期的に、株主還元、中長期的に、エクイティストーリーが有効である場合がある。

エクイティストーリーは、主に、「実現可能で緻密な経営戦略」と「ワクワクする夢」によって構成される。自明のことだが、会社の経営には緻密な経営戦略が必要である。日本では、中期経営計画など経営計画を作成することは熱心であるといえる。しかし、緻密な経営戦略だけで、投資家に会社の魅力を訴えることは容易でない。そこで、投資家をワクワクさせる夢が必要であると考える。

エクイティストーリーの中核は、その企業の模倣困難性である。本章では、利益の根源となる模倣困難性を分析した上で、緻密な経営戦略としての中期経営計画、そして企業のDNAから由来する「ワクワクする夢」を検討している。

最高財務責任者（CFO）やインベスターズ・リレーションズ（IR）や人事・報酬や経営企画の責任者の視点から、株価上昇のための財務戦略は、①中期経営計画策定、KPIの設定、資本政策（バランスシート・マネジメント、株主還元など）、経営者の報酬の決定、②エクイティストーリーの策定、③IR戦略、である。模倣困難性と企業のDNAを理解した上で、エクイティストーリーを投資家に提示すれば、バリュエーションを引き上げに有効であろう。

第4章：バリュエーションを高める財務戦略

株価は、ファンダメンタルズとバリュエーションの関数である。株価を上昇させるために最も重要であるのは、いうまでもなくファンダメンタルズである。長期的な株価上昇のためには、企業の利益成長が重要であり、予想利益成長率が高いとバリュエーションは高まるのが一般的である。

そして、バリュエーションを引き上げるための戦略の一つが、株主還元である。米国企業のROE、PBR、そして過去の株価上昇率は、いずれも主要国で最も高い。その最大の要因は米国企業の成長力と収益力の高さにあるが、同時に、自社株買いを中心とする株主還元による株価上昇効果も大きいと考えられる。

日本でも、キャッシュ・フローを長期的に大きく増加させる企業が増えてきた。そして、投資家との対話が求められる中で、企業は株主からROE向上を要求されることが少なくない。しかし、過度な自社株買いや配当は、企業の縮小均衡策につながりかねない。

そこで、まず、投資を積極的に行い、余った資金で自社株買いを中心に株主還元することが望ましい。これら戦略を策定し、かつ実行する責任者がCFOである。日本では多くの企業が中期経営計画を策定するが、その責任者は経営企画担当役員であることが多い。しかし、財務指標などのKPIは、本来、CFOが中心となって決めることが望ましい。

第5章：株価を上げるインベスター・リレーションズ戦略

ファンダメンタルズを固め、エクイティストーリーが完成したのであれば、次は、それらをいかに投資家に届けるかという戦略が重要である。これがインベスター・リレーションズ（IR）戦略である。

ガバナンス改革に貢献する要因として、エンゲージメントは重要である。米国では、議決権行使や株主提案を含む株主と会社との対話がガバナンス改革に大いに貢献している。多くの世界的な大手アクティビスト・ファンドが活躍している。一方、日本では大手独立系運用会社は少なく、ほとんどの大手運用会社は金融機関の系列である。このため、親会社出身者が経営幹部の多数を占める傾向が見られる。

最近、大日本印刷、日本証券金融、ジャフコグループなど、アクティビスト・ファンドが株式を購入したことをきっかけに経営改革を実施し、株価が急上昇した例は多い。IR担当者は、投資家との窓口となる。アクティビスト・ファンドを含む優れた運用者と経営者が建設的な対話を行うことは、経営者が株価や市場を意識するいい機会となる。そして、厳しい意見だからこそ、株価のみならず、会社の経営にプラスになることがある。投資家は優れたエンゲージメントを実行し、企業は投資家の意見に謙虚に耳を傾けることが期待される。

第6章：日本はアクティビスト天国、攻めやすく守りにくい

第6章では、アクティビスト達の動向を分析し、それらが株式市場に与える影響について、検討している。日本は、欧米と比較してアクティビスト活動が容易な法体系を持つ。その結果、日本企業は、アクティビストから見て攻めやすく、企業側から見ると守りにくい。日本の会社法は、株主総会における株主権が強い。しかし、日本独自の防衛策とされた第三者割当増資や株式持ち合いについても使いづらい状況になってきた。新株予約権などを用いる防衛策の発動条件が厳しい。このため、日本では、買収者が攻めやすく、被買収企業が守りにくい状況が生まれている。

主要先進国の中で株価水準は最も低いこともあり、世界の有力アクティビストたちはこぞって

「アクティビスト天国」である日本にやって来ている。買収の増加によって、業界再編の活発化、企業の大型化、不合理な経営の減少が起こることが期待される。しかし、これらのターゲットになると、経営陣は対策に時間を取られ、法律事務所や投資銀行などアドバイザーに多額の金銭を支払うことが一般的である。もう一つの防衛策は、MBO、そして上場廃止であるが、コストがかかり、かつ上場のステータスを失うことになる。失敗例も少なくない。つまり、狙われないことが、有効な防衛策である。

第7章：コーポレートガバナンス改革で株価は上がる

2010年代以降、様々なコーポレートガバナンス改革が実施されてきた。その代表例が、2014年のスチュワードシップ・コード、2015年のコーポレートガバナンス・コード導入である。これらによって、社外取締役や指名委員会が増え、形式上の改革は進んでいる。

しかし、日本企業の国際的な地位は低下し、依然として、企業の収益力も低い。東京五輪汚職事件や大手自動車メーカーなどに見られるように、不祥事が頻発している。これでコーポレートガバナンスが改善しているといえるのであろうか。

米国企業の成長力や収益力が高いのは、多くの優良ベンチャー企業が次々と誕生しているからである。アマゾン、アルファベット、メタ・プラットフォームズなど世界の巨大企業の多くはオーナー系企業である。日本でも、ソフトバンクグループ、ファーストリテイリング、ニデックなど、強烈な個性を持つオーナー系企業の成長力が高い。

これらが急成長してきたのは、社外取締役や株主との対話の数が多かったからではなく、創業者でありCEOである（あった）孫正義氏、柳井正氏、永守重信氏の経営者としての力量が優れているからであると考える。

日本でも米国同様、優秀な経営者が活躍し、経営力のない企業は淘汰される市場メカニズムが働くような制度設計が必要である。結論として、社外取締役を増やすなど形式要件を重視するのではなく、優れたスタートアップ企業を育て上げ、産業界の新陳代謝を促進することが日本企業のガバナンスを改善することにつながると考える。

おわりに

本書は多角的な議論を展開してきたが、筆者が、最も強い関心を持っているのが、企業のDNAである。企業のDNAを理解するために筆者が最も重視するのは、企業の歴史、あるいは沿革である。歴史を紐解くと、その企業の個性がよく理解できる。

株価上昇の戦略は、①キャッシュ・フローを増大、②本業に再投資、③自社株買いを中心に株主還元強化、である。とりわけ、①が最も重要であるが、そのためには世界的なイノベーションを生むことがたいへん重要であると考える。

イノベーションを生むには、模倣困難性が重要であり、そのルーツの一つになるのが企業のDNAであると考えられる。ただし、企業のDNAや模倣困難性はその定義や形成過程は十分に研究されていない。そこで、筆者の今後の研究課題は、世界的なイノベーションを生み出す企業のDNAや模倣困難性のメカニズムを研究することである。

潮流　市場環境

経済価値ベースのソルベンシー規制と経営指標及び企業価値に関する考察

公認会計士
公益社団法人日本アクチュアリー会正会員
三　輪　登　信

一橋大学大学院　経営管理研究科　教授
野　間　幹　晴

第1章　はじめに

　銀行預金と並んで、保険商品も身近な金融商品の一つといえる。生命保険の世帯加入率は全生保で89.2%に達し[1]、損害保険の年間元受正味保険料は9.9兆円に上る[2]。このように国民生活の一端を担う保険会社経営には、当然ながら健全性が求められる。そこで、保険会社にはソルベンシー規制が課されている。ソルベンシー規制とは、将来にわたって保険金等の支払いを適切に行うことができるように、監督当局が保険会社に対して、自己資本をリスクで除したソルベンシー比率を一定以上に保つことを求める規制である。欧州では1970年代から、米国や我が国では1990年代から導入されている[3]。

　このソルベンシー規制は、従来簿価ベースで行われてきた。しかし、金利変動による経済環境の変化を十分に捉えられないなどの課題があったため、市場価格に整合的な評価である経済価値ベース[4]のソルベンシー規制への切り替えが、国際的に議論されるようになった。既に欧州では、2016年以降、経済価値ベースであるソルベンシーⅡ規制が採用されている。わが国でも、現行のソルベンシー規制に代わって、経済価値ベースのソルベンシー規制（以下、「ESR規制」。図表1参照）が2025年度から導入される見込みである[5]。ESR規制の導入に伴い、保険会社経営における経営指標（以下、「KPI」）として、経済価値ベースのソルベンシー比率などの各種数値（以下、「ESR規制数値」）についても勘案する必要が生じる。

　そこで本稿では、実証分析を通じて、株価や株式リターンの観点からKPIとして有用となりうるESR規制数値を明らかにする。加えて今後は、経済価値ベースで評価された保険会社の自己資本（以下、「Own Fund」）が開示されることから、株価純資産倍率（以下、「PBR」）に相当する株価Own Fund倍率（＝株価/Own Fund。以下、「株価OF倍率」）の把握が可能となる。保険会社の企業価値の観点からは、株価や株式リターンと同じように、株価OF倍率もまた重要である。そこで、

---

[1]　公益財団法人生命保険文化センター［2025］P3
[2]　一般社団法人日本損害保険協会　種目別統計表（2023年4月～2024年3月）P1
[3]　中村［2020］P2～4
[4]　金融庁［2020］P2-3
[5]　金融庁［2023］P6

図表1　ESR規制のイメージ

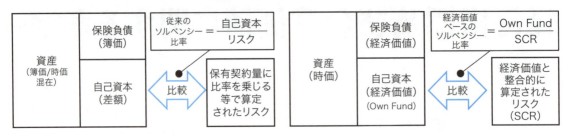

出所：筆者作成

どのESR規制数値が株価OF倍率と関連性が高いのかという点についてもあわせて考察する。

第2章　先行研究

　ESR規制は今後導入される規制のため、実績データに基づいて実証分析を行った先行研究は筆者の知る限り存在しない。ソルベンシーⅡ規制の実績データを用いた実証分析についても同様である。一方、ESR規制数値と類似する経済価値ベースのデータを扱った先行研究として、EV（Embedded Value）[6]報告における各種指標と株価等との関連性に関する実証研究は多数存在する。

　Forte（2011）は、EVと企業の株式市場価値との間に関連性があるかどうか、また、EVの算出が簿価ベースの報告制度における会計的アウトプットに追加的なメリットを与えるかどうかを検証している。検証の結果、EVと株価の間に関連性があること、またEVは会計利益よりもよりタイムリーに企業実態を表すことを指摘している。

　Gerstner（2015）によると、現行会計基準（IFRS第4号）によって報告義務を課されている会計数値に加えて自主的にEVを開示する目的は、情報の非対称性を低減し、資本コストを下げ、株式の流動性を高めることにあるという。保険会社の市場評価と整合的であるかどうか、また、投資家に適切な情報を提供できているか否かという観点から、EVと現行基準による会計数値を比較した結果、EV内訳数値と現行基準による会計数値の相対的な価値関連性は同等であり、一部のEV内訳数値は株価との関連性が高かった。

　Nissim（2013）は、過去10年間の株主資本（簿価）に基づく保険会社の企業価値評価は、収益に基づく企業価値評価よりも優れたパフォーマンスを示す傾向にあることを指摘している。また、株主資本の時価評価額（株式時価総額）をEVとみなし、その構成要素を予想ROEや資本コスト率、株主資本の成長に分解した。その上で、EV／株主資本（簿価）を1以上にするためには、予想ROEが資本コスト率を上回る必要があることを明らかにしている。

　先行研究が示す通り、EVは保険会社の企業価値を評価する指標として有用性が高いと考えられる。しかし、EVの算出には見積もり要素が多く含まれることに加え、その計算方法は必ずしも統一されていない。また、自主的な開示に過ぎないばか

---

[6]　生命保険会社の企業価値を評価する指標の一つ。ソルベンシーⅡ規制やESR規制と比べると構成要素や割引率等が多少異なるものの、同じ経済価値ベースの指標。欧州の保険会社の多くが自発的に開示しており、内部管理のための指標として使用されている（塚原［2019］P3〜4、西山［2016］P7）

りか第三者検証がないケースもあり、比較可能性や客観性などの点から、経営指標としての有用性に疑問が呈されることもある[7]。そもそも、我が国ではEVを開示している保険会社も限定的である[8]。

第3章　仮説とリサーチデザイン及び頑健性

　我が国における ESR 規制導入後の KPI について考察することを目的とした本稿では、本来であれば国内のデータを用いた分析を行うべきである。しかし、ESR 規制が未だ導入されていない日本のデータを取得することはできない。一方、前述の通り、2016年以降の欧州では、わが国の ESR 規制に先駆けて経済価値ベースのソルベンシーⅡ規制が導入されており、欧州におけるソルベンシーⅡ規制に関するデータは入手可能である。そこで本研究では、ソルベンシーⅡ規制数値（以下、「SV数値」）のデータを用いて分析を行うことで、ESR規制導入後の日本の保険会社のKPIについて類推を試みる。

　SV 数値は、先行研究が扱った EV と同様に経済価値ベースの指標であり、両者の構成要素にも類似性がある。したがって、SV 数値を用いた分析に、EV を扱った先行研究の分析手法を援用することは可能と考えられる。より具体的には、Forte（2011）や Gerstner（2015）が EV の価値関連性を示したのと同様に、株価や株式リターンを被説明変数として SV 数値の価値関連性を分析する。

　はじめに、欧州ソルベンシーⅡ規制により算出されるソルベンシー比率（以下、「SV 比率」）と株価及び株式リターンとの関連性を検証する。SV 比率は自己資本（Own Fund）をリスク（SCR）で割ったものであり、SV 比率が高いと健全性が高いとされる。しかし、SV 比率維持にはコスト

を要するため、それが株価や株式リターンの上昇に直結するとは限らない。そこで、Forte（2011）の（1）式及び Gerstner（2015）の（3）式の EV に関する説明変数を SV 比率に変更し、仮説及び推定式を下記の通り設定する。

【仮説1】SV 比率は、株価や株式リターンと関連性がある。
【推定式】Model1 & 2

$$P_{it} = \alpha_i + \lambda_t + \beta_0 + \beta_1 SV\_ratio_{it} + \beta_2 CP_{it} + \beta_3 PI_{it} + \beta_4 AR_{it} + \beta_5 NCP_{it} + \beta_6 FCF_{it} + \mu_{it} \qquad (1)$$

$$SR_{it} = \alpha_i + \lambda_t + \beta_0 + \beta_1 SV\_ratio_{it} + \beta_2 CP_{it} + \beta_3 PI_{it} + \beta_4 AR_{it} + \beta_5 NCP_{it} + \beta_6 FCF_{it} + \mu_{it} \qquad (2)$$

P_{it}：株価（Model1）、SR_{it}：株式リターン（Model2）、α_i：保険会社固定効果、λ_t：年度固定効果、SV_ratio：SV 比率（Own Fund/SCR）、SCR：ソルベンシーⅡ規制におけるリスク量、CP：一株当たり自己資本（Capital）、PI：一株当たり保険料収入、AR：一株当たり資産運用収入、NCP：一株当たり税引後当期純利益、FCF：一株当たりフリー・キャッシュ・フロー（営業キャッシュ・フロー＋投資キャッシュ・フロー）、μ_{it}：誤差項

　次に、SV 数値のうちの Own Fund や SCR が、株価や株式リターンと関連性を持つかどうかを検証する。上記（1）式及び（2）式の SV 比率を Own Fund と SCR に変更し、仮説及び推定式を下記の通り設定する。

【仮説2】Own Fund や SCR は、株価や株式リターンと関連性がある。
【推定式】Model3 & 4

$$P_{it} = \alpha_i + \lambda_t + \beta_0 + \beta_1 CP_{it} + \beta_2 PI_{it} + \beta_3 AR_{it} + \beta_4 NCP_{it} + \beta_5 FCF_{it} + \beta_6 OF_{it} + \beta_7 SCR_{it} + \mu_{it} \qquad (3)$$

$$SR_{it} = \alpha_i + \lambda_t + \beta_0 + \beta_1 CP_{it} + \beta_2 PI_{it} + \beta_3 AR_{it} + \beta_4 NCP_{it} + \beta_5 FCF_{it} + \beta_6 OF_{it} + \beta_7 SCR_{it} + \mu_{it} \qquad (4)$$

P_{it}：株価（Model3）、SR_{it}：株式リターン（Model4）、OF：一株当たり Own Fund、SCR：一株当たり SCR

---

[7]　Horton［2007］P178-179、上野［2022］P138-140

[8]　塚原［2019］P7〜9

Own Fund は資本の劣後性によって制限無Tier1、制限有Tier1、Tier2、Tier3の4種類に区分される。また、SCR は市場リスクやカウンターパーティーリスクなど、より細分化したリスクに分解することができる。こうしたサブコンポーネントもまた、KPI として有用な可能性がある。そこで、Gerstner（2015）の（2）式の EV に関する説明変数を SV 数値のサブコンポーネントに変更し、仮説及び推定式を下記の通り設定する。

【仮説3】Own fund や SCR のサブコンポーネントも、株価や株式リターンと関連性がある。
【推定式】Model5 & 6

$$P_{it} = \alpha_i + \lambda_t + \beta_0 + \beta_1 UTR1_{it} + \beta_2 RTR1_{it} + \beta_3 TR2_{it}$$
$$+ \beta_4 TR3_{it} + \beta_5 MR_{it} + \beta_6 CR_{it} + \beta_7 UR_{it} + \beta_8 DV_{it}$$
$$+ \beta_9 OR_{it} + \beta_{10} OTR_{it} + \mu_{it} \qquad (5)$$

$$SR_{it} = \alpha_i + \lambda_t + \beta_0 + \beta_1 UTR1_{it} + \beta_2 RTR1_{it} + \beta_3 TR2_{it}$$
$$+ \beta_4 TR3_{it} + \beta_5 MR_{it} + \beta_6 CR_{it} + \beta_7 UR_{it} + \beta_8 DV_{it}$$
$$+ \beta_9 OR_{it} + \beta_{10} OTR_{it} + \mu_{it} \qquad (6)$$

P_{it}：株価（Model5）、SR_{it}：株式リターン（Model6）、UTR1：制限無 Tier1（最も損失吸収能力の高い資本）、RTR1：制限有 Tier1（優先株など制限無 Tier1に次ぐ質の高い資本）、TR2：Tier2（最低償還期限がより短い劣後債などの資本）、TR3：Tier3（繰延税金資産などの資本）、MR：市場リスク（金利や株式などの市場価格の変動リスク）、CR：カウンターパーティーリスク（取引相手のデフォルトリスク）、UR：保険引受リスク（保障引き受けから生じるリスク）、DV：分散化効果（引き受けたリスク間の分散効果）、OR：オペレーショナルリスク（事務ミスなどによる損失リスク）、OTR：その他のリスク（上記以外のリスク）

最後に、保険会社にとってPBRに相当する株価 OF 倍率に着目し、SV 数値が KPI として有用であるかどうかを検証する。保険会社はリスクを引き受けることで、その対価から利益を得ている。保険引受リスクのように統計的に安定したリスクに比べ、市場リスクのように変動しやすいリスクの対価は利益に繋がる蓋然性が低く、損失の場合も想定される。そのため、たとえば市場リスクを同額とした場合、保険引受リスクの多いほうが Nissim（2013）の（4）式における予想リターンの期待値増加に繋がると考えられる。つまり、株価OF倍率は保険引受リスクと市場リスクのバランスの変化に反応すると考えられる。そこで、Nissim（2013）の（4）式及び Table6にならい、説明変数及び推定式を下記の通り設定する。

【仮説4】保険引受リスクと市場リスクのバランスは、株価 OF 倍率と関連性がある。
【推定式】Model7

$$SPOF_{it} = \alpha_i + \lambda_t + \beta_0 + \beta_1 Capital\_OF_{it} + \beta_2 Income\_OF_{it}$$
$$+ \beta_3 Revenue\_OF_{it} + \beta_4 Growth\_Revenue_{it}$$
$$+ \beta_5 Growth\_Asset_{it} + \beta_6 Capital\_Ratio_{it}$$
$$+ \beta_7 ln\_Capital_{it} + \beta_8 MU\_ratio_{it} + \mu_{it} \qquad (7)$$

SPOF：株価 OF 倍率、Capital_OF：自己資本 /OF、Income_OF：経常利益 /OF、Revenue_OF：経常収益 /OF、Growth_Revenue：経常収益の成長率、Growth_Asset：資産の成長率、Capital_Ratio：自己資本比率、ln_Capital：自己資本（対数）、MU_ratio：Market Risk /Underwriting Risk、OF：Own Fund

すべての分析は最小二乗法による回帰分析によって行い、不均一分散頑健推定量を用いて均一分散の前提に配慮した。また、年度固定効果、保険会社固定効果を使用して欠落変数バイアスに対処し、説明変数と被説明変数の時点をずらすことで内生性バイアスにも配慮した。共分散ゼロの前提については、VIF を用いて説明変数間の関連性を測定し、VIF が10未満になるように説明変数を順次除外することで対処した。

第4章　データ

データ収集対象としたのは、欧州内でソルベンシーⅡ規制を導入している国における上場保険会社 / グループのうち、ソルベンシー財務状況報告書（以下、「SFCR」）を Web ページで公表している32社である（図表2参照）。分析に必要となる株価等のデータはSPEEDAから取得し、各社のWebページに公表されている2016年から2022年までのSFCR から、Own Fund 等の SV 数値を抽出した

経済価値ベースのソルベンシー規制と
経営指標及び企業価値に関する考察

図表2　データ収集対象会社

企業名称	SPEEDA業界分類	所在国	企業名称	SPEEDA業界分類	所在国
Admiral Group PLC	損害保険	イギリス	Linea Directa Aseguradora SA	損害保険	スペイン
Aegon NV	生命保険	オランダ	Mapfre SA	損害保険	スペイン
Ageas SA/ NV	生命保険	ベルギー	NN Group NV	生命保険	オランダ
Allianz SE	生命保険	ドイツ	Nuernberger Beteiligungs AG	損害保険	ドイツ
ASR Nederland NV	損害保険	オランダ	Phoenix Group Holdings PLC	生命保険	イギリス
Assicurazioni Generali	生命保険	イタリア	Prudential PLC	生命保険	イギリス
Aviva PLC	生命保険	イギリス	REVO Insurance SPA	損害保険	イタリア
AXA SA	生命保険	フランス	RSA Insurance Group Ltd	損害保険	イギリス
Beazley PLC	損害保険	イギリス	Sabre Insurance Group PLC	損害保険	イギリス
Chesnara PLC	生命保険	イギリス	Sampo Oyj	損害保険	フィンランド
Coface SA	損害保険	フランス	Talanx AG	損害保険	ドイツ
Direct Line Insurance Group PLC	損害保険	イギリス	Topdanmark A/S	生命保険	デンマーク
Ecclesiastical Insurance Office PLC	損害保険	イギリス	Tryg A/S	損害保険	デンマーク
FBD Holdings PLC	損害保険	アイルランド	Unipol Gruppo SPA	損害保険	イタリア
Just Group PLC	生命保険	イギリス	UNIQA Insurance Group AG	生命保険	オーストリア
Legal & General Group PLC	生命保険	イギリス	Vienna Insurance Group AG	損害保険	オーストリア

出所：筆者作成。なお、データ収集時点の上場会社。

図表3　データ概要

Variable		Source	Obs	Mean	Std. dev.	Min	Max
SV 比率	①	=⑦/⑫	201	1.976	0.354	1.384	3.018
Capital	②	SPEEDA	201	23.249	35.126	0.348	195.856
Premium Income	③	SPEEDA	201	35.016	61.763	0.504	287.713
Asset Return	④	SPEEDA	201	9.028	25.835	-44.053	197.584
Net Consolidated Profit	⑤	SPEEDA	201	2.165	3.343	-0.997	17.620
Free Cash Flow	⑥	SPEEDA	201	3.726	14.309	-12.378	104.887
Own Fund	⑦	SFCR	201	32.642	54.335	0.353	243.727
unrestricted Tier1	⑧	SFCR	201	27.301	49.473	0.353	241.528
restricted Tier1	⑨	SFCR	201	1.440	2.467	0.000	13.610
Tier2	⑩	SFCR	201	3.480	4.966	0.000	24.711
Tier3	⑪	SFCR	201	0.394	0.742	0.000	3.246
SCR	⑫	SFCR	201	14.442	21.221	0.190	99.381
Market Risk	⑬	SFCR	201	16.885	43.658	0.008	265.763
Counterparty Risk	⑭	SFCR	201	1.590	3.196	0.006	15.654
Underwriting Risk	⑮	SFCR	201	21.796	73.274	0.162	456.311
Diversification	⑯	SFCR	201	-12.290	34.073	-198.438	-0.011
Operational Risk	⑰	SFCR	201	1.511	2.512	0.026	10.918
Other Risk	⑱	SFCR	201	-14.903	71.435	-431.241	4.913
SPOF	⑲	=㉘/⑦	201	1.473	1.890	0.221	10.601
Capital/Own Fund	⑳	=②/⑦	201	0.932	0.478	0.301	2.954
Income/Own Fund	㉑	SPEEDA、⑦	201	0.116	0.133	-0.124	0.719
Revenue/Own Fund	㉒	SPEEDA、⑦	201	1.468	0.952	-2.196	4.522
Growth of Revenue	㉓	SPEEDA	201	1.622	5.347	-1.965	52.824
Growth of Asset	㉔	SPEEDA	201	1.041	0.158	0.575	2.124
Capital/Asset	㉕	SPEEDA、②	201	0.134	0.110	0.015	0.488
ln_Capital	㉖	=log(②)	201	2.282	1.341	-1.056	5.277
MU_ratio	㉗	=⑬/⑮	201	1.099	0.687	0.030	3.234
Stock Price	㉘	SPEEDA	201	23.744	36.544	0.643	214.800
Stock Return	㉙	=㉘$_{t-1}$/㉘$_t$	169	0.031	0.244	-0.646	0.979
Number of Share	㉚	SPEEDA	201	958,000,000	1,290,000,000	11,500,000	5,970,000,000

出所：筆者作成。なお、各変数の説明は「第3章　仮説とリサーチデザイン及び頑健性」も参照。

（図表3参照）。先行研究にならい、保険会社ごとの規模の影響を考慮するため、IFRS数値やSV数値は各年の発行済株式総数（自己株式除く）で除して、一株当たりの値に変換した。また、通貨はすべてユーロに換算した。加えて、全てのデータを対象に上下0.5％を超える部分は0.5％水準のデータに置換する外れ値補正を実施した。

第5章　実証分析結果

分析結果は図表4の通りである。仮説1については、想定通りSV比率は株価に対して統計的に有意ではなかった（Model1）。一方、株式リターンに対しては、SV比率が10％水準でプラスかつ有意となった（Model2）。したがって、株式リターンに対しては、SV比率はKPIになりうる。

図表4　分析結果

VARIABLES	仮説1		仮説2	
	Stock Price	Stock Return	Stock Price	Stock Return
	Model 1	Model 2	Model 3	Model 4
SV 比率	0.791	0.174*		
	(1.328)	(0.092)		
	1.800	1.800		
Capital	0.076	-0.001		
	(0.123)	(0.002)		
	8.330	8.330		
Premium Income	0.167**	0.001		
	(0.074)	(0.002)		
	3.780	3.780		
Asset Return	0.010	0.000	-0.015	0.000
	(0.017)	(0.000)	(0.017)	(0.000)
	1.860	1.860	1.960	1.960
Free Cash Flow	-0.042	-0.001	-0.036	-0.001
	(0.032)	(0.002)	(0.029)	(0.001)
	1.050	1.050	1.020	1.020
Net Consolidated Income	1.098*	0.029*	1.153**	0.028*
	(0.558)	(0.016)	(0.535)	(0.016)
	7.620	7.620	2.900	2.900
Own Fund			0.231**	-0.000
			(0.107)	(0.002)
			4.170	4.170
Constant	20.191***	-0.272	21.403***	0.034
	(2.653)	(0.188)	(1.903)	(0.092)
年度固定効果	Yes	Yes	Yes	Yes
保険会社固定効果	Yes	Yes	Yes	Yes
Observations	201	169	201	169
R-squared	0.988	0.504	0.989	0.489
Adj R-squared	0.985	0.344	0.986	0.334

出所：筆者作成。括弧内は頑健標準誤差、各説明変数行の3段目はVIF、*** $p<0.01$, ** $p<0.05$, * $p<0.1$

仮説 2 については、株価に対して Own Fund が 5 ％水準でプラスかつ有意であった（Model3）。株式リターンに対しては、SV 数値で有意なものは無かった（Model4）。このため、株価に対しては、SV 数値のうち Own Fund が KPI として有用と考えられる。

仮説 3 について、株価に対して Underwriting Risk が 5 ％水準でプラスかつ有意であった（Mod-el5）。株式リターンに対しては、SV 数値で有意なものは無かった（Model6）。そのため、株価に対しては Underwriting Risk も KPI の 1 つとして有用であろう。

仮説 4 について、株価 OF 倍率に対して Capital/Own Fund が 1 ％水準、Capital/Asset が 5 ％水準で、それぞれプラスかつ有意であった（Mod-el7）。また、Capital（対数）は 1 ％水準で、MU_

VARIABLES	仮説3	
	Stock Price	Stock Return
	Model 5	Model 6
restricted Tier1	2.151	-0.001
	(1.453)	(0.015)
	4.160	4.160
Tier2	0.890	0.019
	(0.587)	(0.018)
	4.520	4.520
Tier3	-0.795	0.002
	(1.805)	(0.050)
	2.790	2.790
Counterparty Risk	-1.369	-0.004
	(1.327)	(0.021)
	5.620	5.620
Underwriting Risk	0.057**	-0.001
	(0.026)	(0.001)
	3.850	3.850
Constant	23.555***	0.076
	(1.852)	(0.088)
年度固定効果	Yes	Yes
保険会社固定効果	Yes	Yes
Observations	201	169
R-squared	0.988	0.482
Adj R-squared	0.985	0.321

VARIABLES	仮説4
	株価OF 倍率
	Model 7
Capital/Own Fund	2.096***
	(0.641)
	2.140
Income/Own Fund	0.646
	(1.107)
	1.480
Revenue/Own Fund	-0.057
	(0.070)
	1.290
Growth of Revenue	0.004
	(0.004)
	1.090
Growth of Asset	0.221
	(0.287)
	1.020
Capital/Asset	7.258**
	(3.454)
	2.620
ln_Capital	-1.647***
	(0.413)
	1.280
MU_ratio	-0.376*
	(0.218)
	1.200
Constant	4.783***
	(0.701)
年度固定効果	Yes
保険会社固定効果	Yes
Observations	201
R-squared	0.947
Adj R-squared	0.932

ratioは10%水準で、それぞれマイナスかつ有意であった。したがって、Capital/Own Fund およびCapital/Asset は、株価 OF 倍率と正の関係にあるKPI として、また、Capital（対数）および MU_ratio は、株価 OF 倍率と負の関係にある KPI とすることが考えられる。

ここで、Capital は Own Fund の一部であるため、たとえば Capital が１増加すれば Own Fundも１増加する。しかし、Model3で株価に対するOwn Fund の係数が約0.2であったことから、Capital が１増加した場合、株価は0.2しか増加しない。株価 OF 倍率の分子（株価）の増加分が分母（Own Fund）の増加を下回るため、Capital の単純な増加は株価 OF 倍率を低下させると考えられる。

一方、Own Fund に対する Capital の割合を高めるような Capital の増加あるいは Own Fund の減少、すなわち Capital/Own Fund の増加は、約２倍の正の影響を株価 OF 倍率に及ぼしていた。同様に、Capital/Asset の増加もまた、約８倍の正の影響を株価 OF 倍率に対して与えていた。これらのことから、株価 OF 倍率を高めるためには、Capital の単純な量を増やすのではなく、OwnFund あるいは Asset に対する割合を高める必要があるといえる。Capital と Own Fund の差額の主要な要素が保有契約価値であることから、株価OF 倍率においてはより確実な資本が選好されているといえよう。

加えて、MU_ratio の上昇もまた、株価 OF 倍率に負の影響を及ぼしていた。たとえば新契約獲得によって Underwriting Risk を増やしつつ、従前よりも堅実な運用へのシフトなどを通じて Market Risk の増加を抑えられれば、株価 OF 倍率の上昇につながると考えられる。

第６章　おわりに

本稿では、SV 数値と株価や株式リターン、株価 OF 倍率に関する実証分析を行うことを通じて、KPI として有用となりうる指標について考察した。その結果、株価に対して Own Fund や Underwriting Risk が KPI として有用と考えられる。株価 OF 倍率に対しては Capital/Own Fund や Capital/Asset、Capital（対数）や MU_ratio が活用できるだろう。

なお、MU_ratio については、今回分析対象とした欧州の保険会社の平均が約0.8であるのに対し、日本の生命保険会社の平均が約1.5、損害保険会社の平均が約2.0と、大きな乖離がある。そのため、主要リスク構成の乖離に着目することで、例えば欧州保険会社の株価 EV 倍率に比べ、日本の保険会社の株価 EV 倍率が低い理由を解明できる可能性もある。

今後導入される ESR 規制数値を用いて分析を進めることで、さらに保険会社経営に資するような成果が得られることを期待したい。

（付記）本稿は JSPS 科研費24K05174の助成を受けたものです。ここに記して深く感謝したい。

参考文献一覧

上野雄史（2022）「わが国の生命保険会社における経済価値ベースの Non-GAAP 指標の有用性と課題」『生命保険論集第221号』P131-153、公益財団法人生命保険文化センター

金融庁（2020）　『経済価値ベースのソルベンシー規制等に関する有識者会議』報告書　2020年６月

金融庁（2023）　『経済価値ベースのソルベンシー規制等に関する基準の最終化に向けた検討状況について』　2023年６月

公益財団法人生命保険文化センター（2025）『2024（令和６）年度　生命保険に関する全国実態調査』2025年１月

塚原　慎、西山一弘、中村亮介（2019）「Embedded Value の情報内容に関する総合的研究－将来利益予測能力に着目して－」『かんぽ財団令和元年度調査研究報告書』

中村亮一（2020）『ソルベンシー規制の国際動向－保険会社の資本規制を中心に』保険毎日新聞社 2020年10月

西山一弘、中村亮介（2016）「EV の有用性に関する総合的研究」『かんぽ財団平成28年度調査研究報告書』

Gianfranco Forte, Jacopo Mattei, Edmondo Tudini (2011), "The value relevance of Embedded Value Disclosures: Evidence from European Life Insurance Companies", Working Paper, Available at SSRN 1911372.

Tobias Gerstner, Dominik Lohmaier, Andreas Richter (2015), "Value Relevance of Life Insurers' Embedded Value Disclosure and Implications for IFRS 4 Phase II", Munich Risk and Insurance Center, MRIC Working Paper 27.

Joanne Horton (2007), "The Value Relevance of 'Realistic Reporting': Evidence from UK Life Insurers", *Accounting and Business Research*, volume 37, 2007 issue 3, 175-197.

Doron Nissim (2013), "Relative Valuation of U.S. Insurance Companies", *Review of Accounting Studies*, Volume 18, 324-359.

連載企画

世界のアクティビストが変える日本企業の経営

第2回 市民権を得た世界のアクティビストたち

一橋大学大学院　経営管理研究科
客員教授

藤　田　　勉

世界で活躍する米国のアクティビストたち

　アクティビスト・ファンドは米国を中心に成長してきた。そして、これらは、そのノウハウを持って、日本や欧州にも進出している。

　アクティビストは、株主価値最大化を目指し、対象企業に対し、経営改善、M&A、取締役としての参画などを迫る。対象企業がそれに対応して、新たな資本政策を実行して、株価が上がれば、売り抜ける。しかし、アクティビストが経営権を取得して、敵対的買収に切り替わる場合もある。

　アクティビストに狙われやすいのは、同業他社と比較して業績不振である場合である。また、本業とシナジー（相乗効果）を生まない事業部門や余剰な現金、土地などを持つなど、バランスシート・マネジメントに課題を抱える会社が標的になりやすい。米国では、1960年代に多角化がブームとなったが、1980年代の敵対的買収ブームにより、コングロマリットの解体と同業他社への部門売却を促進し、コア事業に集中する動きを加速させた[1]。

　米国におけるアクティビズムの主な手法としては、次のようなものが挙げられる。以下の両方を交えた手法が活発に使われる。

　第一に、取締役選任や資本政策などの提案である。株主提案や委任状勧誘によって、自らが推薦する取締役の選任、経営陣の交代、配当・自社株買いなどの株主還元を求める。訴訟に持ち込む場合もある。増配や取締役選任の株主提案には、委任状勧誘が必要となる。近年の委任状合戦の例として、ウォルト・ディズニーに対するトライアン・パートナーズ（以下、トライアン）、ブラックウェルズ（2024年）、マクドナルドに対するカール・アイカーン（2022年）などがある。

　第二に、対象企業のM&Aへの関与である。M&Aの取り止めや条件変更を迫る場合もある。

米国のアクティビストの発祥とその発展過程

　歴史は石油ショックに遡る。1970年代の2度に亘る石油危機（1973年、1979年）により原油価格が急騰した。このため、石油会社の経営者は原油を発掘するより、大きな埋蔵量を持つ石油会社を買収する方が有利な状況が発生した。

　その結果、米国では、1980年代に、敵対的買収

---

[1] Andrei Shleifer and Robert W. Vishny, "The takeover wave of the 1980s", Science New Series, Vol. 249, No. 4970, August 1990, pp. 745-749

が増加した。ブーン・ピケンズ、カール・アイカーンらは、かつて、コーポレート・レイダー（乗っ取り屋）と呼ばれ、敵対的買収、グリーンメールなどを積極的に行った。1985年に、ブーン・ピケンズが経営するメサ・ペトロリアムがユノカル（石油会社）に対して敵対的買収を仕掛けた。

ピケンズは石油会社の経営者、アイカーンはファンドの経営者という違いはあるが、いずれも敵対的買収と株主アクティビズムの両方を手掛けた。つまり、①株式を取得して売り抜ける、②全株を取得して買収しその後売却する、という両方の選択肢を持つ。一般に、現在のアクティビストは、①のケースがほとんどである。

ブーン・ピケンズは、後に、敵対的買収を仕掛けるフィリップ石油でキャリアをスタートさせ、1953年の退社後、1956年にメサ石油を設立した。1980年代には、シティーズ・サービス、ガルフオイル、フィリップ石油、ユノカルなどに対し、敵対買収を仕掛けた[2]。買収企業を経営することが目的ではなく、株価上昇による利ザヤを稼ぐことが目的であり、最終的に買収まで至った企業は、パイオニア石油と、テネコの権益のみである。

ピケンズは、日本では小糸製作所の買い占めも行った。1987年に、麻布建物が仕手グループ光進と組み、小糸製作所の株式を買い集め、トヨタ自動車が買取りを打診したが、拒否された[3]。そこで、ピケンズが小糸製作所の株式を買い取り、1989年には、トヨタ自動車の保有比率19.0%を上回り、筆頭株主（20.2%）となった。帳簿閲覧請求の訴訟提起、取締役選任や増配などの株主動議、株主提案を行ったがすべて否決されている。最終的に、1991年に、麻布グループに株式を売却して撤退した。

なお、買い占め事件が一因となり、1990年に、大量保有報告制度が導入されている。大量保有報告により、小糸製作所の株式は麻布建物が実質的に保有していたことが明らかになった。

アイカーンは、1980年代に、敵対的買収で乗っ取り屋として名を馳せた。その契機となったのが、1985年のトランスワールド航空（TWA）に対する敵対的買収である。TWAは、1988年に非上場化し、1992年、1995年と2001年に連邦破産法第11条（チャプター11）を申請しており、最終的には、2001年にアメリカン航空に買収された。

2008年に、アイカーンがマイクロソフトによるヤフー買収提案に介入し、委任状合戦を通じて、ヤフーの取締役のポストを確保した。2013年には、アイカーンとサウスイースタン・アセットメントが、デルのMBO価格が低いとして、自らの取締役候補者を送り込むため、委任状を勧誘した（最終的に取下げ）。その結果、デルのMBO価格が引き上げられた。

近年は、アイカーンは、アクティビストとしての側面が強いが、2005年以降では、9件の敵対的買収を仕掛けている（FactSet集計）。ただし、実際に、買収までに至ったのは、CVRエナジーのみである。2012年に、アイカーンは、CVRエナジーに対し、9名の取締役入れ替えとTOBを提案した。最終的に、CVRエナジーと合意し、買収金額17億ドルで82%の株式を取得した（2024年末時点で、66%保有）。

ファンドの登場と買収手法の発達

1980年代後半には、外部資金を集めるファンドが本格的に登場し、その結果、対象企業の規模が

---

[2]　Carol Sullivan, "T. Boone Pickens: The Legacy of a Famous Oil Barron", Journal of Modern Accounting and Auditing Vol. 15 No.10, October 2019, pp. 494-497

[3]　小谷融「証券不祥事と法規制〜株券等の大量保有の状況に関する開示制度〜」（大阪経大論集第67巻第5号、2017年1月）17〜43頁。

大きくなった。プライベート・エクイティ（PE）・ファンドは、ベンチャーキャピタル・ファンド、ディストレスト・ファンド、バイアウト・ファンドに大別される。いずれも非上場株式を中心に保有する。LBOは、対象企業の資産を担保に資金を借り入れる手法であり、小額の自己資金で大型企業を買収できる。

PE業界のリーダーであるコールバーグ・クラビス・ロバーツ（KKR）は、ベア・スターンズ出身のヘンリー・クラビス、ジョージ・ロバーツ、ジェローム・コールバーグにより、1976年に設立された。2010年に、KKRはニューヨーク証券取引所に上場した。

1984年に、上場会社の食品卸売のマローン＆ハイドを初めて買収した。1986年に、食品小売のセーフウェイ・ストア、同じく食品会社のベアトリス、1988年にアルカリ電池製造会社のデュラセル、1989年に、食品・たばこ大手のRJRナビスコなどを買収している。

KKRは、1986年ベアトリス、1989年RJRナビスコに対するに対する敵対的LBOを成功させた。その手法から、KKRは「野蛮な来訪者」と呼ばれた。しかし、現在、KKRは格式の高いPEファンドとみなされている。

RJRナビスコは、1985年に、食品会社ナビスコ・ブランズ（1898年創設）とたばこ会社R.J.レイノルズ・インダストリーズ（1875年創設）が経営統合して誕生した。1988年10月に、RJRナビスコのロス・ジョンソンCEOが、LBOによるMBO（経営者による買収）を公表した（1株75ドル、買収総額3兆円、173億ドル）。それに対し、KKRが1株90ドルでの買収計画を発表したが、交渉は決裂した[4]。最終的に、KKRが買収条件を1株109ドルにまで引き上げ、（現金81ドル、優先株18ドル、無担保社債10ドル）、1989年に買収総額4兆円（250億ドル）で完了した。

買収完了後、アメリカン・エキスプレスCEOで、後にIBMのCEOとなるルイス・ガースナーがCEOに就任した。負債を返済すべく、事業再編が行われ、優良ブランドを中心に、企業部門や子会社が次々と売却されていった。

当初、KKRは米国市場におけるバイアウトに特化したPE会社であったが、現在では、PE、クレジット、社会資本、エネルギー、不動産などグローバルに多様な資産に投資する。子会社のグローバル・アトランティックを通じて保険事業も展開する。770件以上のPE投資を完了し、取引総額は119兆円（7,900億ドル、1ドル150円換算、以下同）を超えている。運用資産は、96兆円（6,376億ドル）である（2024末時点）。

米国における敵対的買収と株主アクティビズム

1980年代以降、ガバナンス理論の発展と判例の蓄積とともに、敵対的買収は、無秩序な乗っ取り合戦から、秩序ある経営権の争奪戦に変化した。米国では、A社がB社に対して買収を提案し、B社の取締役会が拒否し、それでも買収を続けた場合、敵対的買収と定義される。

判例により、ユノカル基準（敵対的買収に対する防衛策が適法か否かを判断する基準）、レブロン基準（一旦、売却を決めた場合、取締役会に会社の売却価格を最大化する義務を定める基準）などが確立された。買収防衛策発動については、ユノカル基準により、防衛策が過度なものでないという相当性の原則、企業価値に対する脅威の存在が裁判所によって審査される。

---

[4]　Deborah A. DeMott, "Introduction-The Biggest Deal Ever", 38 Duke Law Journal Volume 1989 No.1, February 1989, pp.1-26

> 世界のアクティビストが変える日本企業の経営
> 第2回：市民権を得た世界のアクティビストたち

図表1. 米国企業対象の敵対的買収上位10

	年	対象企業	買収企業	国	金額 (百万ドル)
1	2000	ワーナー・ランバート	ファイザー	米国	93,789
2	2018	モンサント	バイエル	ドイツ	64,450
3	2017	レイノルズ・アメリカン	ブリティッシュ・アメリカン・タバコ	英国	60,427
4	2008	アンハイザー・ブッシュ	インベブ	ベルギー	59,678
5	2019	アナダーコ	オクシデンタル・ペトロリアム	米国	54,086
6	2009	ジェネンテック	ロシュ・ホールディング	スイス	44,291
7	2022	ツイッター	イーロン・マスク	米国	37,870
8	2016	バクスアルタ	シャイアー	米国	34,355
9	2022	デューク・リアルティ	プロロジス	米国	25,162
10	2011	ジェンザイム	サノフィ・アベンティス	フランス	24,317

注：完了案件、非友好的買収も含む。1992年以降の案件対象。 **出所**：FactSet

1980年代に独立取締役の登用が進み、敵対的買収に発展する前に、株主の立場に立って取締役や経営者が買収者と交渉をするようになった。その結果、米国企業を対象とする敵対的買収は、1990年代810件、2000年代288件、2010年代156件、2020～2024年27件と大きく減少した（出所：IMAA Institute）。

その結果、敵対的買収が減少する一方、競合的買収が増加している。たとえば、友好的買収に合意した被買収会社に対して第三者が買収提案し、被買収会社は当初の買収契約を破棄して、第三者と友好的買収に合意するという例が少なくない。

日本でも、2019年以降、当初提案に対して対抗提案がなされることにより競合的な買収が増えている。なお、経済産業省の企業買収における行動指針では、敵対的買収と呼ばず、対象会社の取締役会の賛同を得ずに行う買収を「同意なき買収」と呼び、敵対的買収も含む。

米国企業を対象とする敵対的買収金額では、歴代1位はファイザーによるワーナー・ランバート買収（2000年、14兆円）、第2位はバイエル（ドイツ）によるモンサント買収（2018年、10兆円）、第

3位はブリティッシュ・アメリカン・タバコ（英国）によるレイノルズ・アメリカン買収（2017年、9兆円）である。別途、欧州の法制度の分析を行うが、敵対的買収は欧州の方が活発であり、欧州勢による買収成功が上位にある。逆に、米国企業による欧州企業の敵対的買収金額はそれほど大きくない。代表例は、クラフト・フーズによる英国キャドバリー買収（2010年）であるが、金額は3兆円にとどまる。

市民権を得たアクティビスト・ファンド

2010年代以降は、株価上昇と金融緩和の長期化などを背景にアクティビスト・ファンドの運用資産が増加し、大型株を対象にしたアクティビスト活動が盛んになった。かつて、アクティビストは企業の敵という色彩が強かったが、現在では、機関投資家の声の高まりと共に、米国では市民権を得ている。

特に、議決権行使アドバイザー、そしてその影響を受ける機関投資家の議決権行使が活発になったことの影響は大きい。アクティビストの提案で

－175－

金融・資本市場リサーチ

図表2. アクティビスト・ファンド株式資産上位10社

	アクティビスト	国	株式資産 （百万ドル）
1	D. E. ショー	米国	91,487
2	TCI ファンド・マネジメント	英国	57,319
3	セヴィアン・キャピタル	スウェーデン	12,432
4	エリオット・インベストメント・マネジメント	米国	12,154
5	GAMCO アセットマネジメント	米国	10,610
6	サード・ポイント	米国	7,393
7	バリューアクト・キャピタル・マネジメント	米国	6,493
8	スターボード・バリュー	米国	6,388
9	トライアン・ファンド・マネジメント	米国	6,060
10	サバ・キャピタル・マネジメント	米国	5,156

注：2025年2月末現在。　　出所：FactSet SharkRepellent

あっても、合理的であれば、これらが支持する。その結果、少ない株式取得でアクティビスト活動が成功する例が増えてきた。成功例やトラックレコードの蓄積によって、年金基金や個人の富裕層の投資対象として、資産運用業界における地位を確立した。

代表的なアクティビスト・ファンドは、株式資産（保有株数×株価の合計）1位のD. E. ショー（13.7兆円）、2位のTCIファンド・マネジメント（8.6兆円）、3位のセヴィアン・キャピタル（1.9兆円）である（2025年2月末現在）。ただし、これらの金額全てがアクティビスト活動に投資されているわけではなく、ヘッジファンドなどの一般的な投資資産が含まれている。

D. E. ショーは、米国で1988年に創設された。金融工学・クオンツ運用のパイオニアであり、現在、世界中に2,500人の従業員を擁する。2024年12月1日時点で、投資資本は10兆円（650億ドル）を超える。定量的・定性的ツールを組み合わせて、グローバルな公開・非公開市場に投資する。投資カテゴリーは、絶対リターンを重視するオルタナティブ投資と取引可能な主要資産クラスにフォーカスするロング志向投資に分けられる。

英国のTCIファンド・マネジメント（以下、TCI）は、2003年に、クリストファー・ホーンによって設立された。発展途上国の恵まれない子供たちを支援するための慈善基金である。欧州最大のアクティビスト・ファンドであり、上場株式、不動産担保ローンに投資し、投資プロセスでは、気候変動などESG要因を重視する。日本では、電源開発、JTに対しアクティビスト活動を行った。

セヴィアン・キャピタルは、2002年にスウェーデンで設立された投資会社である。欧州の上場企業の少数株主として、長期的かつ持続可能な価値創造を推進する。セヴィアンのメンバーが、投資先企業の75%の取締役会（指名委員会）に参加している。一度に10～15社程度の上場企業に集中保有し、筆頭株主（または第2位株主）として、5年以上投資し続けることも多い。セビアンの最適な投資規模は、主に1社あたり800億円（5億ユーロ）から2,400億円（15億ユーロ）である。

ただし、世界最大の資産運用会社ブラックロックの1,732兆円（2024年末）、2位バンガードグループの1,289兆円（2023年末）と比較するとこれ

らの運用資産は小さい。日本最大の運用会社三井住友トラストグループの137兆円（2023年末）と比較してもかなり小さいといえる[5]。企業経営に与える影響という点では、エリオット、サード・ポイント、バリューアクト、スターボード、トライアンが大手アクティビスト・ファンドと位置付けられている。

世界の代表的なアクティビスト・ファンド

世界では、米国のアクティビスト・ファンドの存在感が圧倒的に大きい。代表的なファンドとして、以下が挙げられる。

エリオット・マネジメント（以下、エリオット）

1977年設立と比較的歴史は長く、グローバルに活動するのが特徴である。主要なアクティビスト活動として、米国のセールスフォース、ペイパル・ホールディングス、ツイッター、AT&T、現代自動車（韓国）、テレコム・イタリア（イタリア）、SAP（ドイツ）、日本では、東芝、ソフトバンクグループなどが挙げられる（売却案件も含む、以下同）。

バリューアクト・キャピタル

投資対象企業に取締役を派遣することが特徴である。100以上の企業に投資し、47社の上場企業において取締役として参画する。代表的な投資先は、マイクロソフト、セールスフォース、シティグループ、ウォルト・ディズニー、任天堂、オリンパス、JSR などである。

サード・ポイント

書簡の公開、委任状合戦を活用して、経営改革を働きかけるのが特徴である。代表的な投資事例は、ヤフーインク、ウォルト・ディズニー、インテル、ダウ・ケミカル、セブン＆アイ・ホール

ディングス、IHI、ソニーグループ、スズキ、ファナックなどがある。

欧州企業に対する米アクティビスト・ファンドの攻勢も目立ってきた。サード・ポイントは、2017年に、スイスのネスレに対してロレアル株の売却などを求め、2021年にネスレはロレアル株を一部売却した。エリオットとブルーベル・キャピタル（英国）は、2021年に、英国の GSK（旧グラクソ・スミスクライン）に対し、活動を開始した。ブルーベルは、コンシューマー・ヘルスケア事業のスピンオフ後の CEO や取締役会議長の交代を求めた。2021年の安値から2022年の高値まで、株価は2.3倍に上昇した。2022年に、トライアンが英国ユニリーバの株式を取得し、トライアンのネルソン・ペルツ氏が社外取締役に就任した。

かつては多くの米国のテクノロジー株も割安株だった

近年、大型企業に対するアクティビスト活動は増えている。現在でこそ、アップルやマイクロソフトなどのテクノロジー企業は、自社株買いを中心に総還元性向は高く、かつバリュエーションは高い。しかし、10年以上前は株主還元に消極的で、かつバリュエーションは低かった。それを大きく変えたのが、アクティビスト・ファンドであった。いずれも、これらの介入をきっかけに、ビジネスモデルや財務戦略を大きく変えた。

最大の成功例は、アップルである。アップルは、節税策を実行し、海外分の実効税率は低かった。米国では、日本と異なり、海外に蓄積した利益を非課税で国内に還流できない。そのため、アップルの現金は、23兆円（1,550億ドル）のうち、20兆円（1,370億ドル）が海外に蓄積されていた（2014年末）。

---

[5]　Thinking Ahead Institute, "The world's largest asset managers – 2024", October 21, 2024

金融・資本市場リサーチ

図表3. 歴代の主要なアクティビスト・キャンペーン（開始時対象企業時価総額上位10社）

	対象企業	アクティビスト	国	開始年	開始時時価総額 （百万ドル）
1	アマゾン・ドット・コム	サード・ポイント	米国	2022年	1,593,277
2	アルファベット	TCI ファンド・マネジメント	米国	2022年	1,245,605
3	マイクロソフト	TCI ファンド・マネジメント	米国	2019年	1,155,635
4	アルファベット	TCI ファンド・マネジメント	米国	2019年	901,605
5	アップル	CalSTRS、JANA パートナーズ	米国	2018年	897,085
6	アップル	カール・アイカーン	米国	2014年	603,577
7	アップル	カール・アイカーン	米国	2013年	424,569
8	マイクロソフト	バリューアクト・キャピタル・マネジメント	米国	2013年	295,144
9	AT&T	エリオット・マネジメント	米国	2019年	264,807
10	ネスレ	サード・ポイント	スイス	2017年	263,737

注：いずれも終了案件。　　出所：FactSet

　グリーンライト・キャピタルは、2013年に、アップルが海外に蓄積する現金が無駄に放置されていることを指摘した。そして、増配する代わりに、既存の株主に対して、年利回り4％の永久優先株を無償で割り当てることを求めた。

　2012年に、アップルは17年ぶりに配当を再開し、その後大幅に増配した。2013年に9兆円（600億ドル）を上限とする自社株買いを発表した（その後、上限額を13.5兆円に拡大）。アイカーンは、2014年に、8兆円（500億ドル）以上の自社株買いを求める委任状勧誘を行うとした。しかし、アップルは、その後、2週間で2兆円（140億ドル）の自社株買いを実施した。ISSの反対もあり、アイカーンは、委任状勧誘を取り下げた。これらを反映して、株価は2012年安値から2014年高値まで2.2倍上昇した。

　2013年に、バリューアクトが、マイクロソフトに対してアクティビスト活動を開始した。スティーブ・バルマーCEOの退任が発表された直後、両社は協力協定に合意した。2014年に、バリューアクトのメイソン・モーフィット社長が、社外取締役に就任した（2017年退任）。2014年に、

サティア・ナデラCEOの就任後、クラウドビジネスに舵を切り、大きく業績を伸ばした。時価総額は2024年末までの過去10年間に7.5倍になった（2024年末433.3兆円）。

　2012年に、バリューアクトのケリー・バーロー氏がアドビの社外取締役に就任した（2016年退任）。2013年に、主力のクリエイティブ・クラウド事業をサブスクリプション方式に転換し、成長が加速した。アドビの時価総額は2024年末までの過去10年間に5.3倍になった（同29.1兆円）。

　アップルとマイクロソフトの共通の特徴として、両社の時価総額は巨額であり、敵対的買収の脅威は事実上なかったことである。しかし、①アクティビストの主張に正当性があった、②機関投資家の多くが財務政策の改善の余地があると考えていた、③株価が上がると経営陣の保有株式が値上がりする、などの理由から、両社は、事実上、アクティビストの要求に応じた。

　米国のIT企業は、多くがファブレス（工場を持たない）ため、巨額の設備投資をする必要がない。しかも、利益の絶対額が大きく、かつ、海外の知的財産権の低税率を利用した節税を積極的に

行っていたため、フリー・キャッシュ・フローが潤沢である。そのため、アップル（2013年9月期純現金3.5兆円）、マイクロソフト（2013年6月期同9.2兆円）は、アクティビストの標的となった。

米国で苦戦するアクティビスト・ファンド

成功例も多いが、米国株全体の株価上昇につれ、失敗例も増えつつある。以下はいずれも、アクティビストのターゲットになった後、コングロマリット・ディスカウント（過度に多角化したために、適切に経営できず、株価が割安になっている状態）の解消を狙って、会社を分割した。しかし、分割後も株価は低迷し、当初の想定通りとはいかなかった。

2014年に、サード・ポイントは、ダウ・ケミカルに対し石油事業の分離を提案していたが、最終的にサード・ポイントが推す2名の社外取締役就任で合意した。2015年に、デュポンの株主であったトライアンは、取締役選任を巡り、委任状合戦で争ったが、デュポンが勝利した。これらの圧力を受けたこともあり、同年に、ダウ・ケミカルとデュポンが統合に合意し（2017年に統合完了）、統合後に農業関連（コルデバ）、汎用化学品（ダウ）、高機能化学品（デュポン）の3社に分割することを発表した（2019年完了）。2017年末のダウ・デュポンの時価総額は25.0兆円だったが、2024年末には3社合計で14.8兆円と、10.2兆円減少した（同期間S&P500は2.2倍）。

2017年に、トライアンの最高投資責任者エド・ガーデン氏がGE（現GEエアロスペース）の取締役に就任し、イメルトCEOが退任した。GE本体はGEエアロスペースとして航空機エンジン事業に注力し、2023年に、ヘルスケア事業をGEヘルスケア・テクノロジーズ、2024年に、エネルギー事業をGEベルノバとしてスピンオフした。GEの時価総額は2015年末の47.2兆円から2023年末には合計32.0兆円と32.3%減少した（同2.8倍）。

こうした失敗要因の一つとして、株式取得時にバリュエーションが高かったことがある。また、これら企業は成熟産業に属するため、分割後の各企業の成長性が高いとはいえない。このように、低成長事業が集まったコングロマリットを分割しても、価値は上がらない場合がある。

米国におけるアクティビズムの最新情勢

2024年のアクティビスト・キャンペーンは、世界で255件と過去最高となった（5億ドル以上の時価総額企業対象）[6]。北米132件（米国123件）、欧州62件、アジア太平洋地域57件、その他4件である。古参や著名ファンドだけではなく新規参入組によるキャンペーンが増えており、2024年は、これらが全アクティビストの47%、全キャンペーンの32%を占める。

株主が経営を監視する制度の導入が増えており、これがアクティビスト活動を活発化している一因である。ユニバーサル・プロキシー・カード（UPC）制度は、委任状合戦の場合、会社提案の取締役候補と株主提案の取締役候補の両方を記載し、その中から株主は候補者ごとに投票できる[7]。以前にもUPCの利用は、SECと会社が承認すれば可能であったが、2022年以降、委任状勧誘合戦において強制適用になった[8]。

こうした効果もあり、2024年の委任状合戦で、取締役の椅子を争った178枠のうち、116枠をアク

---

[6]　Lazard, "Annual Review of Shareholder Activism 2024", January 7, 2024

[7]　SEC,"Universal Proxy Rules for Director Elections", November 17, 2021

[8]　福本葵「米国のUniversal Proxy（ユニバーサル・プロキシー）の導入」（証券レポート1737号、2023年4月）40〜54頁。

ティビストが勝ち取っており、増加傾向にある（2023年は110枠、出所：Georgeson）。一方で、投票前にアクティビスト側と合意するケースが、2022年の50件、2023年の68件、2024年の76件と増加している。

2024年11月に、エリオットは、産業コングロマリットのハネウェル・インターナショナルに投資し、航空宇宙事業とオートメーション事業の分割を要求した。すでに、先進材料事業の分割は進められていたが、2025年2月に、両事業を分割し、3社を上場させる方針を発表した。また、エリオットは、2024年にスターバックスに投資したが、CEO交代後、同社の株価は急上昇した。

複数のアクティビストが投資する場合も少なくない。2022年以降、スターボード・バリュー、バリューアクト、エリオットがセールスフォースに対してアクティビスト活動を開始した。2022年安値から2024年の高値まで株価は2.9倍に上昇した。そして、ウォルト・ディズニーを巡って、トライアン、アンコラ・アドバイザーズ（トライアンを支持）、バリューアクトがアクティビスト活動を行った。

米国の株価純資産倍率（PBR）は4.4倍と、日本の1.4倍、欧州の2.0倍を大きく上回る（2025年2月末時点）。このように、株価上昇によって、割安株が少なくなった。また、GEやダウ・デュポンなどの会社分割により、大規模なコングロマリット企業が概ねなくなった（ハネウェルも分割予定）。

アクティビストのターゲットが少なくなった結果、最近では、セールスフォース、スターバックス、ハネウェルを例外として、大きな成功例が減った。一方、GEやダウ・デュポンなどの大型の失敗例が増えている。これも、米国のアクティビスト・ファンドが海外に目を向ける要因の一つであると考えられる。

結論：アクティビズムの功と罪

学界において、アクティビストの活動が株主価値や企業価値の増大に貢献したかについて評価は大きく分かれる。

肯定論として、敵対的買収が事業再編、株主還元、ガバナンス改善など、企業経営者の規律付けに寄与すると位置付けられてきた[9]。ベブチャックらは、1994年から2007年の2,000件のアクティビストによる介入を調査した結果、長期的なリターンが改善したとの結果が出たという[10]。ブラヴらによると、アクティビズムにより、株主還元、業績、CEOの高い交代率の増加が見られることが示されている[11]。また、アクティビストが他の投資家を犠牲にしてレント（超過利益）を引き出しているとの懸念を裏付ける証拠はないとする[12]。

ギルソンらは、アクティビストがガバナンスや経営戦略などに不備のある企業に介入に成功すれ

---

[9]　井上光太郎「アクティビストファンドの効果：日米比較」（証券アナリストジャーナル2008年2月号）56～66頁。Sayan Chatterjee, Jeffrey S. Harrison and Donald D. Bergh, "Failed Takeover Attempts, Corporate Governance and Refocusing", Strategic Management Journal Vol. 24, No. 1, January 2003, pp. 87-96

[10]　Lucian A. Bebchuk, Alon Brav and Wei Jiang, "The Long-Term Effects of Hedge Fund Activism", Columbia Law Review Vol. 115, No. 5, June 2015, pp. 1085-1155

[11]　Alon Brav, Wei Jiang, Frank Partnoy and Randall Thomas, "Hedge Fund Activism, Corporate Governance, and Firm Performance", The Journal of Finance, Volume 63, Issue 4, August 2008, pp.1729-1775

[12]　Lucian A. Bebchuk, Alon Brav, Wei Jiang and Thomas Keusch, "Dancing with Activists", Journal of Financial Economics, Volume 137, Issue 1, July 2020, pp. 1-41

ば、全株主が利益を享受できるとする[13]。アクティビストが要求する取締役が選任された後に、プラスのリターンがもたらされるとの研究もある[14]。

一方で、否定論だが、ポイズンピル開発で有名なマーチン・リプトンなどは、アクティビストの短期志向が、他の株主の利益を犠牲にし、企業の長期的価値を棄損するという[15]。アクティビズムは、債権保有者の利益を犠牲にするとの研究もある[16]。

クレマーズらは、ブラヴ、ベブチャックらの検証結果について、アクティビストが業績の悪い企業を対象とする傾向があり、アクティビストが介入しなくても業績立て直しに向けた行動をとることから、バイアスがあると批判する[17]。そこで、標的企業と同様の属性を有する非標的企業を比較し、トービンのQは標的企業の方が悪化していることを明らかにした。アクティビストの取締役派遣により、対象企業の業績や月次リターンで長期的な価値を生み出すとの統計的に優位な証拠はないとの実証研究もある[18]。

英国のケイ・レビューでも、アクティビストの短期志向について言及されている[19]。ケイ・レビューは、英国政府からの依頼で、英国株式市場の構造的問題、上場企業行動、コーポレートガバナンスについて調査・分析を行ったレポートであり、株式市場における短期主義偏重問題を指摘している。

日本で行われた敵対的TOBに対する実証研究では、フィナンシャルバイヤーとストラテジックバイヤーとで、効果は異なる。買収後、買収企業との事業連携によるシナジー創出がより期待できることから、ストラテジックバイヤーの方が株価効果の大きいという[20]。

2000年から2011年にかけてアクティビストの介入（株式を5％超取得）を受けた日本の上場企業の長期的な業績への影響を調査した研究では、標的企業のROAやトービンのQは、比較企業と比べ、改善する傾向も悪化する傾向も見られない[21]。ただし、アクティビストの要求が部分的であれ実現した企業は、比較企業に比べ、トービンの

---

[13]　Ronald J. Gilson and Jeffrey N. Gordon, "The Agency Costs of Agency Capitalism: Activist Investors and the Revaluation of Governance Rights", Columbia Law Review, Vol. 113, 2013, pp.863–928.

[14]　Ian D. Gowand Sa-Pyung Sean Shin and Suraj Srinivasan, "Activist Directors: Determinants and Consequences", December 29, 2022. Available at SSRN: https://ssrn.com/abstract=4321778 or http://dx.doi.org/10.2139/ssrn.4321778

[15]　Martin Lipton, "The Bebchuk Syllogism", Harvard Law School Forum on Corporate Governance, August 26, 2013, Martin Lipton, "Empiricism and Experience; Activism and Short-Termism; the Real World of Business", Harvard Law School Forum on Corporate Governance, October 28, 2013, Martin Lipton, "Do Activist Hedge Funds Really Create Long Term Value?", Harvard Law School Forum on Corporate Governance, July 22, 2014

[16]　April Klein and Emanuel Zur, "The Impact of Hedge Fund Activism on the Target Firm's Existing Bondholders Get access Arrow", The Review of Financial Studies, Volume 24, Issue 5, May 2011, pp.1735–1771.

[17]　Martijn Cremers, Erasmo Giambona and Simone M. Sepe, "Hedge Fund Activism and Long-Term Firm Value", May 28, 2020. Available at SSRN: https://ssrn.com/abstract=2693231 or http://dx.doi.org/10.2139/ssrn.2693231

[18]　Thomas N Kushnerand K. Mamun, "Do Activist Directors Add Value?", SSRN, Published on March 15, 2019

[19]　J Kay, "The Kay Review of UK Equity Markets and Long-Term Decision Making: Final Report", July 2012

[20]　川本真哉「敵対的TOBの動機と成果に関する実証分析」（南山経済研究第38巻第1号、2023年6月）27～46頁。

[21]　田中亘・後藤元「日本におけるアクティビズムの長期的影響」（JSDA キャピタルマーケットフォーラム（第2期）論文集、2020年6月）115～161頁。

Qについては改善傾向があるという。

このように、アクティビストの功罪は様々だが、経営者に対して一定の刺激となっているとはいえよう。一般に、アクティビストは経営に問題がある企業に対して投資をし、その改善効果によって株価上昇効果を得ることができる。

結論として、アクティビスト撃退策は簡単である。株価が大きく上がれば、アクティビストは必ずといっていいほど去っていく。アクティイストに襲われて右往左往するのではなく、株価を上げることによってアクティビストに狙われないことが、最大の防衛策（あるいは予防策）である。

連載企画

外部環境の変化と銀行の金利運営

後編

東洋大学　教授
野崎　浩成

　前編においては、わが国の財政の状況やそれに関連した金利環境の見通しなどについて整理した上で、国債等の長期金利ポジションを長きにわたって担ってきた銀行の金利リスクとの向き合い方について会計、規制の両面から議論を進めてきた。

　後編においては、この規制の議論をさらに進め、今後のグローバル規制の進展の影響や、その延長線上にある、「望ましくない状況遷移と可能性」について検討する。

第1章　世界的金融市場の混乱

1．SVB（Silicon Valley Bank；シリコンバレーバンク）ショック

（1）2023年春におけるアメリカ銀行不安

　2023年3月に、アメリカ国内において3件もの銀行破綻が相次いだ。なかでもSVBはアメリカ史上で3番目の大規模破綻として、アメリカ国内ばかりでなく世界の金融市場にも衝撃をもたらした。SVBのほかには、シルバーゲートバンク（Silvergate Bank）とシグニチャーバンク（Signature Bank）が破綻に至った。

　その背景としては、FRB（Federal Reserve Board）による利上げが2022年3月にスタートし、短期金利の上昇ピッチを上回るペースで長期金利が上昇したことが挙げられる。2023年3月8日には、持ち株会社であるSVBフィナンシャルグループが国債やエージェンシー債の売却損計上ならびに増資を発表し、これと相前後して預金流出が急激に進んだ。これには、同日付けでシルバーゲートバンクが自主精算を発表したことも不安心理に火をつけた。翌9日にはSVBフィナンシャルグループ株価が前日比60％下落、1日だけで400億ドル以上の預金流出が発生した（原、2024）。そして10日には、DFPI（Department of Financial Protection and Innovation）がSVBの業務・財産管理命令を発出、FDIC（Federal Deposit Insurance Corporation）を管財人に任命、破綻処理がスタートした。この際は、財務省、FRB、FDICがSystemic Risk Exception（システミックリスクによる混乱を抑制するための預金保護等の措置）発動を共同声明として打ち出し、預金者の動揺を抑えるために伝家の宝刀を抜いた。

　SVBが破綻に至った背景については次節で詳しく述べるが、破綻のトリガーは預金流出による資金繰り困難と考えられる。この点に関しては、SNSを通じたSVBの経営悪化に係る真偽不明な情報が拡散されて個人預金者が取り付けに走ったことが指摘されがちである。しかし、実際は預金流出の中核は法人預金であり、決済資金の安全性確保のために預金移動を急いだことが主因であると考えられる。これは、SVBの成り立ちがシリコ

ンバレーにおけるスタートアップ企業の育成にあることが、密接に関係している。個人預金は小口分散が利くものの、法人預金は1口当たりのボリュームも大きく、流出速度は個人による取り付けを遥かに凌ぐものであったことは容易に推定できる。

(2) テキストブックのような破綻事案

2023年3月に開かれた上院銀行委員会公聴会において、金融機関監督を担当するFRB副議長のマイケル・バー（Michael Barr）氏がSVB事案について「テキストブックにあるような不適切経営」とコメントした。正に分かりやすい破綻の経緯をたどったSVBの経営や財務状態を端的に表現した言葉である。

SVB事案は、同行固有の背景はあるものの、わが国の銀行を含め広く警鐘を鳴らすケースとして捉えられる。さらに、本稿前編でも取り上げたIRRBB（Interest Rate Risk in the Banking Book；バンキング勘定の金利リスク）を含め、制度的な課題を炙り出すこととなったのは確かである。

(3) SVBの経営上の問題

流動性リスク管理の脆弱性

既述の通り、スタートアップ企業からの大口預金が少なくないのがSVBの預金の特徴である。FDICのコールレポートによると、2022年末時点におけるSVBの預金残高のうち97%が25万ドル（150￥/$換算で3,750万円）超の大口預金となっていた（データは持ち株会社連結ベース）。FDICによる預金保険付保上限が25万ドルであることから、97%の預金者が法人・個人を問わず、銀行の経営状況の悪化には敏感となることを表している。

預金については、SNSによる誤情報により動揺する個人預金者よりも法人預金者のほうが冷静に行動するイメージがあるかもしれないが、法人こそが預金先の信用情報に関してはリスク管理上より反応しやすいはずである。

因みに同期末の総資産2,117億ドルに対して、預金は1,731億ドルと81.7%を占めていることから、総資産の79%を大口預金でファンディングしている構造となっている。以下の問題点でも取り上げるが、913億ドルもの満期保有目的有価証券と736億ドルの貸出を支える調達構造としては極めて脆弱と言わざるを得ないだろう。

満期保有目的有価証券への依存

SVBが他の多くの商業銀行と異なる特徴を有するのは、資産構成にも見られる。スタートアップ企業は成長に応じて、外部負債から内部資金によるファンディングへと遷移するところも少なくないため、企業やその経営者からの預金に比して貸出が減少する傾向にある。

図表1で示した破綻前のバランスシートを見ると、有価証券が貸出を遥かに上回ることがわかる。さらに、有価証券の大半が満期保有目的に分類されている点が異彩を放っている。これは、SVBのジレンマを物語っていると言える。預金と同等の期間で運用する限りは、経費を賄う運用収益の計上は簡単ではない。

しかし、長短金利ギャップを稼ぐ運用に傾斜し、保有債券を売買目的有価証券（AFS=Available For Sale）に分類すれば、金利上昇の影響が自己資本を直撃することとなる。このため、満期保有

図表1　SVBの破たん前バランスシート（2022年12月末、十億ドル）

資産		負債・資本	
現金・預け金	13.8	預金	173.1
売買目的有価証券	26	その他負債	22.4
満期保有目的有価証券	91.3		
非上場株式等	2.6		
貸出	73.6		
その他資産	4.4	純資産	16.2
総資産	211.7	総負債・資本	211.7

注：SVBフィナンシャルグループの連結財務諸表
出所：SVB10Kレポートに基づき筆者

目的有価証券が総資産の半分近くという歪な資産構成につながったものと推察できる。

信用リスクウエイトの低いエージェンシー債は満期保有目的で保有する限りは、会計上も自己資本比率規制上も痛くもかゆくもないため、ある意味でHTM（Held-To-Maturity）中毒に陥ったようにしか見えない。CFA Institute（米国アナリスト協会）で財務報告部門を率いるサンディ・ピーターズ（Sandy Peters）氏が"The SVB Collapse: FASB Should Eliminate "Hide-Till-Maturity" Accounting"というコラムを書いている。まさにHTM中毒を揶揄したものである。

ALM（Asset Liability Management）上の期間ミスマッチ

上記だけでは、明確にALM上の期間ミスマッチは傍証できないが、図表2にある2022年12月末時点における満期保有目的有価証券の内訳をご覧頂きたい。まず種類については、Fannie Mae（FNMA = Federal National Mortgage Association；連邦住宅抵当公庫）やFreddie Mac（FHLMC = Federal Home Loan Mortgage Corporation；連邦住宅金融抵当公庫）などの住宅ローン債権等を裏付けとしたエージェンシー債が90%超の832億ドルを占めている。

また期間的にも、10年超が862億ドルと全体の94%という極端にデュレーションの長い構成となっている。

対して調達サイドに目を転ずると、1,731億ドルの預金のうち半分超の1,100億ドル弱が要求払い預金（無利息）を占めているほか、残りの預金についても早期解約リスクは常に付きまとうため、超長期の資産を期間の定めのない負債で賄うという、極めて高い脆弱性が内包されたALM運営となっていたことが明らかである。

この構造は一つ目の問題点として挙げた流動性リスク管理の不安定さと共に、金利変動に対する巨大なリスクをもう一つの問題点として生じさせるものである。

図表2　SVBの満期保有目的債券の内訳（2022年12月末、十億ドル）

種類別		年限別	
エージェンシー債	83.2	1年以内	0
地方債	7.4	1〜5年	0.7
社債	0.7	5〜10年	4.4
		10年超	86.2
合計	91.3		91.3

出所： SVB10Kレポートに基づき筆者

（4）監督上の問題

FRB（2023）はSVB破綻のレビューを行い、主因はマネジメントのリスク管理上の問題ではあるものの、銀行監督上の責任の大きさにも言及している。オバマ政権下において成立させた金融規制改革法（ドッド・フランク法）がトランプ前政権下で見直され、資産規模1,000〜2,500億ドルの中堅銀行（SVBは2022年末で2,090億ドル、持ち株会社連結も2,117億ドル）へのストレステスト等の要求が緩和された点なども要因として指摘した。

こうした緩和措置もあり、図表3が示す通り、2022年時点で"Effective"および"Strong"と高い評価が付せられた。保険の対象外となる高額預

図表3　サンフランシスコ連邦準備銀行監督プログラムのSVB評価

Year	RBO supervisory program rating	LFBO supervisory program rating
2022	Effective	**Strong**
2021	**Strong**	Effective
2020	**Strong**	Effective
2019	**Effective**	Effective
2018	Safety-and-soundness program rating: Strong	

注： RBOはRegional Banking Organizationカテゴリーで、LFBOはLarge & Foreign Banking Organizationカテゴリー

出所： FRB（2023）

金が大半を占める特殊な銀行であることは考慮されなかった。

それはばかりではない。SVBショックは、IRRBBについての銀行監督上のあり方についても問題提起された。SVBによる最後のSEC向け年次報告となった2022年度の10Kレポートを確認したところ、IRRBBに係る記載は定性的な管理体制の記述として「⊿EVE（Economic Value of Equity）および⊿NII（Net Interest Income）によるリスク管理」を行っている旨がごく簡単に示されているに過ぎない。また、定量的開示についても⊿EVEの計数は一切掲載されず、パラレルシフトごとの資金利益影響を現状収益に対する割合が示されているだけである。

このため、⊿EVEを記載すれば、SVBがどれほど大きなALM上の金利エクスポージャーを抱えていたかを認識できたはずである。

アメリカはIRRBB規制の対象範囲を大規模銀行に限定しているほか、計測モデルに係る裁量余地が日欧に比べ大きい。例えば、金利耐性が強く、流動性管理上も重要視されるコア預金（流動性預金で実質的に長期的な滞留可能性が高い預金）のモデルについても恣意性の高さが指摘される。

こうした反省を踏まえて、明確なガイダンスのもとで幅広い銀行に金利リスクに係る計測と開示を求めなければ、市場や預金者の信頼感は得られ

ないだろう。

2. 2023年における金融システム不安とバーゼル

（1）GFC（Great Financial Crisis）以来の金融混乱

バーゼル銀行監督委員会は、SVBショックを含む2023年における金融市場の混乱について"Report on the 2023 banking turmoil"（BCBS, 2023）において、銀行経営ならびに監督上の課題を整理している。

例えば、預金のデジタル化が、取り付けなど預金流出を急激に加速している点を取り上げている。図表4は、BCBS（2023）が掲載した短期間における預金流出の比較を行ったものの抜粋である。世界的金融危機前夜における事案として、資金繰りが急速に悪化したイギリスのNorthern Rockのケースが挙げられている。この際も4日で20%程度の預金流出があったことで騒動となったが、SVBの場合はわずか2日で85%である。

BCBS（2023）は、スマートフォンによる資金移動の容易さとSNSによる不安拡大を背景として取り上げている。しかし、実際は大口預金の移動が短期間での預金流出をもたらした点をより重視すべきではないか。

図表4　破綻ないし経営危機に陥った事例ごとの預金流出状況

銀行	国	発生年	預金流出率	流出に要した期間（日）
SVB	アメリカ	2023	85%	2
FRC	アメリカ	2023	57%	90
CS	スイス	2023	21%	90
SBNY	アメリカ	2023	20%	1
Northern Rock	イギリス	2007	20%	4
Washington Mutual	アメリカ	2008	10%	10

注：SVB = Silicon Valley Bank, FRC = First Republic Bank, CS = Credit Suisse, SBNY = Signature Bank of New York
出所：BCBS（2023）に基づき筆者

(2) バーゼルの整理

　この報告書は３つのセクションに分かれ、「何が発生し、どう対応されたか？」、「監督上の課題とは何か？」、「規制上の課題は何か？」をそれぞれ議論している。

　最初のセクションでは、SVBなど３つのアメリカ中堅中小銀行とこれらとはやや異質なCSの事例研究をそれぞれ行い、前記のデジタル預金流出を含めた問題点の整理を行っている。その結論として、問題を引き起こした銀行共通の要素が、①金利・流動性・様々な集中度を含む伝統的な銀行リスク管理の不足、②個別リスク間の相互連関性に対する認識の欠如、③持続可能性の脆弱なビジネスモデル（経営者報酬に触発された短期的利益追求など）、④経営陣ならびに取締役によるリスク認識の低さ、⑤当局の指摘への不十分な対応、などとして指摘された。

　第二のセクションの監督上の課題としては、①銀行の脆弱性の指摘がエンフォースメントに繋がっていない点、②監督チームの質的量的人材不足、③急成長を遂げた銀行に対する状況に応じた監督の在り方の欠如、④海外当局間の適時適切な協働の不足、などが挙げられた。

　そして最後の規制のセクションについては、①バーゼル規制の完全かつ着実な施行の重要性、②市場環境によっては強靭な銀行でも危機に直面することを認識、③第１と第２の柱の調和と補完の重要性、④国内銀行においても国際的な問題を起こしうることを認識などが明確化されている。その上で、図表５で示されている通り、各問題事案での監督上ならびに規制上の整理がされている。

図表5　2023年における金融システム不安要因の整理

	SVB	SBNY	CS	FRC
監督上の視点				
ガバナンス、リスク管理	×	×	×	×
ビジネスモデル	×	×	×	×
流動性監督	×	×	×	×
監督上の判断	×	×		×
監督上の手法	×	×	×	
国内外の監督当局協働	×		×	
銀行規制上の視点				
流動性規制	×	×	×	×
IRRBB	×	×		×
満期保有目的有価証券	×	×		×
AT 1 （Additional Tier 1）資本			×	
バーゼル規制の範囲	×			
国内銀行向け規制の規範	×	×		×
連結の範囲			×	

出所：BCBS（2023）に基づき筆者

3．SVB事案が提起した様々な課題と経済学的視点

(1) SVB事案の鳥瞰

　SVB事案は、個別ケースとしてSVBが内包してきた問題の発露ばかりでなく、預金に特徴づけられる銀行ビジネスの古典的な問題が改めて提起されることとなった。図表6は筆者なりに「SVBからの学び」として鳥観図にまとめたものである。

　第一に、古典的な銀行の脆弱性を表す取り付けがある。銀行破綻リスクが浮上した際には、人より早く預金を引き出すことが預金者にとって合理的行動であり、取り付けはゲーム理論上のナッシュ均衡と言える。また、預金ばかりでなくマネーマーケットにおいても、資金回収を急ぐことがカウンターパーティリスクを避ける上で金融機関等にとって最善の選択であり、これがマーケットバンクランという現代ならではのナッシュ均衡をもたらす。

　こうした均衡点は社会的最適点からは程遠い。そこで、ナッシュ均衡を修正する方策として導入されてきたのが預金保険である（Diamond & Dybvig, 1983）。しかし、SVBの取り付けは預金保険も十分に機能することが出来ず、結果として例外的預金保護の措置（Systemic Risk Exception）を取らざるをえなくなった。これは、既述の通りSVBの97%が付保限度の25万ドルを超過する預金であったこともあるが、それ以上にアメリカの預金保険制度に起因する部分が大きい。わが国では無利息の決済用預金は、金額に拠らず全額が付保される。一方で、FDICは決済性資金を特別視せず、預金者ベースで一律25万ドルの限度が適用される。このため、SVBのように法人預金が支配的な銀行は、加速度的に預金が流出するリスクを抱えることとなる。

　第二の着眼点はALMである。銀行のリスク管理の基本は、ALMにあると言っても言い過ぎではない。SVBは流動性、金利リスク、会計制度の運用の3つのポイントで健全な運営から遠くかけ離れたALMを行っていた。これらの問題は前節を参照にされたい。

　第三に規制上の問題である。バンキング勘定に

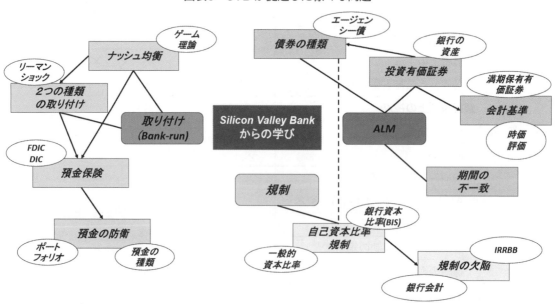

図表6　SVBが提起した様々な問題

出所：筆者

外部環境の変化と銀行の金利運営 (後編)

おける所要資本の算定根拠が信用リスクに限られることから、SVB が多額かつ超長期のエージェンシー債を抱えていたわけだが、分類上20% という低リスクウエイトの掛け目で自己資本比率が算定される。このため、限界的な金利上昇がレバレッジの利いた形で経済資本を損ねる可能性を秘めていても、定義上は十分以上の自己資本を抱える超健全銀行という位置づけになる。

また、満期保有目的有価証券という保有区分にされていたことにより、金利上昇による評価損は自己資本を毀損することもない。したがって、経済的損失を抱え、実質的に債務超過であっても超健全行という地位を守れるという不可思議な状況につながる。

わが国の銀行も対岸の火事とは言えない。多額の（リスクウエイト０％の）国債を抱え、特に長期債を満期保有目的に据えることで、SVB 以上にミスリーディングな状況に直結しうる。

第2章　IRRBBの課題

１．IRRBB を第１の柱から外す功罪

(1) 議論の経緯

バーゼル銀行規制の最大の改革は、GFC を経て財務・行為規制の飛躍的厳格化が実施されたバーゼル Ⅲ ではなく、2004年に最終案が公表されたバーゼル Ⅱ への移行であると筆者は考えている。それは、クレジットリスクからマーケットリスク、そしてオペレーショナルリスクを幅広く網羅する自己資本比率規制の構築であり、自己規律と市場規律をテコとした規制デザインに拠る部分が大きい。

そのバーゼル Ⅱ が最終案に到達するまでに、IRRBB が第１の柱に加わる可能性が高まった経緯があったことからも、リスクの包括的な所要資本化への決意が感じられるところである。しかしながら、2004年における決着は第２の柱による監督であり、「金利リスクの管理と監督のための諸

原則（Principles for the Management and Super-vision of Interest Rate Risk)」に基づく枠組みが発表された。そして、自己資本比率への反映が避けられたことは、邦銀を始めとする世界の銀行経営者を安堵させた。

しかし、2008年の GFC は再び IRRBB の取り扱いについての議論を再燃させ、2015年６月に公表された市中協議文書では第１の柱への移行と第２の柱での維持を両論併記されたことは、本稿前編でも述べた（野崎, 2025）。しかし、2016年における最終案において第１の柱化は見送られた。

(2) 第２の柱での取り扱いの功罪

評価される側面

もちろん、繰り返される議論にもかかわらず第２の柱での決着が変わらない論拠はある。

第一に、資本賦課がもたらしうる流動性変換機能、ならびに満期変換機能への負の影響である。これらは、銀行の最も根本的な社会・経済的機能のひとつとも言えるもので、預金者の柔軟な資金引き出しによる利便性を確保しながら、民法上の「期限の利益」に裏付けられた貸出先の安定した資金調達を可能とする仕組みである。資本賦課を受けて、銀行が ALM 上の期間ギャップを縮減する経営行動につながった場合は、例えば満期が長期となるような資金供給が滞る危険性が出てくる。

第二に、銀行のビジネスモデルの差異に配慮しない画一的な資本賦課規制がもたらしうる弊害である。要求払い預金の滞留や固定性預金のロールオーバーなど、わが国においては粘着性の強い預金が実質的な長期負債を構成し、ALM 上のリスクを抑制する傾向にある。地域特性や経営特性を踏まえずに資本賦課を行えば、実質的経済資本と規制資本の乖離を拡大させるケースも捨象はできない。

第三に、金融市場や財政への影響である。ことわが国は、資金余剰部門の代表格である個人が銀行預金を通じて、こちらも資金不足部門の象徴と

も言える政府の債務を安定的にファイナンスして
きた経緯がある。異次元緩和でファイナンス主体
が中央銀行となっても、日本銀行当座預金のファ
ンディングの裏には個人預金が控えており、実質
的な資金循環構造は変わらない。銀行が期間
ギャップを甘受することで、こうした円滑な資金
還流を支えてきた側面は否定できない。その意味
で、資本賦課がもたらすインパクトは計り知れな
い。

問題となる側面

　IRRBBを第2の柱のもと、銀行の自己規律と監
督当局によるモニタリングに委ね、⊿EVEや⊿
NIIを含む重要性テストの開示が第3の柱での市
場からの評価に晒されることでの規律付けという
枠組みも理解はできる。しかし、SVB事案などを
目の当たりにすると、やはり資本賦課されないこ
とによる副作用は無視もできない。

　第一に、監督当局による対応の巧拙がシステ
ミックリスクに直結しうる点である。SVBのよう
に適切な開示が全く実施されていないことは論外
としても、少なくとも国内銀行ないし中堅中小金
融機関に対する裁量的取り扱いによりリスクが過
小評価される可能性がある。

　第二に、資本賦課されないことが、自己資本比
率を健全性の指標として位置づけを揺るがしかね
ないこととなる。特に評価損益が自己資本に反映
されない満期保有目的有価証券が多額に上る場合
は、この傾向が強まる懸念がある。

　第三に、経営陣のモラルハザードである。SVB
事案が照らすように、資本賦課の不在がリスク管
理上の緊張感を緩和させる危険性を伴う。

2．わが国の状況と課題

(1) IRRBBの実際

　図7は、2024年3月期における各業態を代表す
る銀行のIRRBB開示のサマリーである。また、図
8では、第二地方銀行に着眼して、37行の⊿EVE
比率（⊿EVE／TierⅠ資本）の比較を行ってい
る。

　なお、主要行についてはメガバンク、そして地
方銀行ならびに第二地方銀行（持ち株会社）の比
較的時価総額の大きい銀行を各10社選定した。以
下、簡単に着眼点を述べる。

　第一に、重要性テストの基本である⊿EVE／
TierⅠ資本である。メガバンクは何れも、国際基
準行の閾値15％を大幅に下回っている。地域銀行
を俯瞰すると、地方銀行中の国際基準行において
15％に接近しているケースがあるほか、第二地方
銀行では国内基準行の閾値である20％を超過して
いる。

　第二に、各個別行におけるシナリオ別比較で⊿
EVEの相対的な差異である。通常の感覚で想像す
れば、負債は預金のため短期に対し資産は長期債
券・債権という商業銀行特有の構造を踏まえ、金
利上昇に付随した経済損失が大きくなるものと推
測される。しかし、興味深いのは、いくつかの銀
行において、下方パラレルシフト（イールドカー
ブの全体的な低下）による⊿EVEが上方パラレ
ルシフトの⊿EVEを超過している点である。メ
ガバンクに関してはすべて上方シフトの⊿EVE
が6つのシナリオ中で最大であるのに対して、地
域銀行に関しては、（下方P＝下方パラレルシフ
ト列でハイライトしている通り）下方シフトの⊿
EVEが最も大きいものとなっている。この点つい
ては次節で分析する。

外部環境の変化と銀行の金利運営（後編）

図表7　IRRBBの状況　（連結ベース、2024年3月末、十億円）

		内部モデル	流動性預金更改期間(年)	ΔEVE（シナリオ別）						ΔNII（シナリオ別）		自己資本(Tier I)	最大値と資本インパクト			
				上方P	下方P	スティープ化	フラット化	短期金利上昇	短期金利低下	上方P	下方P		ΔEVE(シナリオ別)	ΔNII(シナリオ別)	ΔEVE/資本	ΔNII/資本
三菱UFJフィナンシャル・グループ	主要銀行	○	1.700	916.5	567.7	123.5	745.0	601.8	117.8	-589.5	713.7	17,479.7	916.5	713.7	5.24%	4.08%
三井住友フィナンシャルグループ	主要銀行	○	0.800	295.8	172.7	40.5	224.6	173.9	39.8	-506.1	692.7	13,311.6	295.8	692.7	2.22%	5.20%
みずほフィナンシャル・グループ	主要銀行	○	0.800	598.8	9.1	206.7	167.1	300.6	53.4	-549.8	844.7	10,801.8	598.8	844.7	5.54%	7.82%
しずおかフィナンシャルグループ	地方銀行	○	2.590	22.9	4.4	50.0	0.8	11.7	38.7	9.5	0.1	1,045.4	50.0	9.5	4.78%	0.91%
千葉銀行	地方銀行	○	1.250	40.6	5.1	51.0	0.2	8.8	26.3	1.9	43.1	1,023.3	51.0	43.1	4.98%	4.21%
八十二銀行	地方銀行	○	3.300	24.7	54.1	17.5	28.3	11.0	1.2	9.2	15.8	1,011.0	54.1	15.8	5.35%	1.56%
ふくおかフィナンシャルグループ	地方銀行	○	3.507	55.4	128.5	22.2				57.4	-5.4	881.9	128.5	57.4	14.57%	6.51%
めぶきフィナンシャルグループ	地方銀行	○	2.389	41.8	41.3	48.5				83.6	32.8	832.9	48.5	83.6	5.83%	10.03%
山口フィナンシャルグループ*	地方銀行		3.976	6.2	0.7	11.9	2.4	6.3	0.0	10.9	-4.5	608.9	11.9	10.9	1.95%	1.79%
京都フィナンシャルグループ	地方銀行	○	4.500	6.5	17.7	2.2				0.2	21.9	484.2	17.7	21.9	3.66%	4.51%
西日本フィナンシャルホールディングス	地方銀行		1.250	31.8	59.4	14.0				6.8	26.5	475.2	59.4	26.5	12.51%	5.57%
ひろぎんホールディングス	地方銀行	○	3.090	18.2	44.5	8.6				12.7	12.6	440.1	44.5	12.7	10.12%	2.88%
コンコルディア・フィナンシャルグループ	地方銀行	○	2.282	6.7	0.0	4.3	0.0	0.0	0.0	-1.2	6.6	115.8	6.7	6.6	5.77%	5.69%
北洋銀行	第二地方銀行	○	2.700	6.8	4.2					15.2	19.1	339.3	6.8	19.1	2.00%	5.63%
名古屋銀行	第二地方銀行	○	3年程度	9.1	5.4	3.7	2.0	5.3	0.0	1.7	11.6	284.4	9.1	11.6	3.19%	4.07%
あいちフィナンシャルグループ	第二地方銀行	○	約2.5年	11.1	0.0	17.8				-7.8	23.2	282.9	17.8	23.2	6.29%	8.19%
トモニホールディングス	第二地方銀行	○	2.700	16.2	9.3					16.0	2.7	273.9	16.2	16.0	5.90%	5.84%
京葉銀行	第二地方銀行	○	3.210	18.9	19.3					4.2	0.0	270.5	19.3	4.2	7.13%	1.54%
栃木銀行	第二地方銀行	○	5.050	8.8	63.1	1.8				0.0	5.3	174.9	63.1	5.3	36.08%	3.03%
東和銀行	第二地方銀行	○	4.140	1.7	7.8					1.4	7.8	125.1	1.7	7.8	1.37%	6.27%
愛媛銀行	第二地方銀行	○	3.600	10.9	10.4	2.0				-4.9	5.9	123.4	10.9	5.9	8.87%	4.81%
じもとホールディングス	第二地方銀行	○	4.799	0.0	37.4					0.0	2.0	106.2	37.4	2.0	35.22%	1.87%
富山第一銀行	第二地方銀行	○	4.690	10.8	13.7	4.1				0.7	0.3	103.0	13.7	0.7	13.26%	0.67%

注：山口フィナンシャルグループの流動性預金金利改定は山口銀行の計数

出所：各社ディスクロージャー誌・統合報告書に基づき筆者

金融・資本市場リサーチ

図表8　第二地方銀行の⊿EVE比率（重要性テスト）

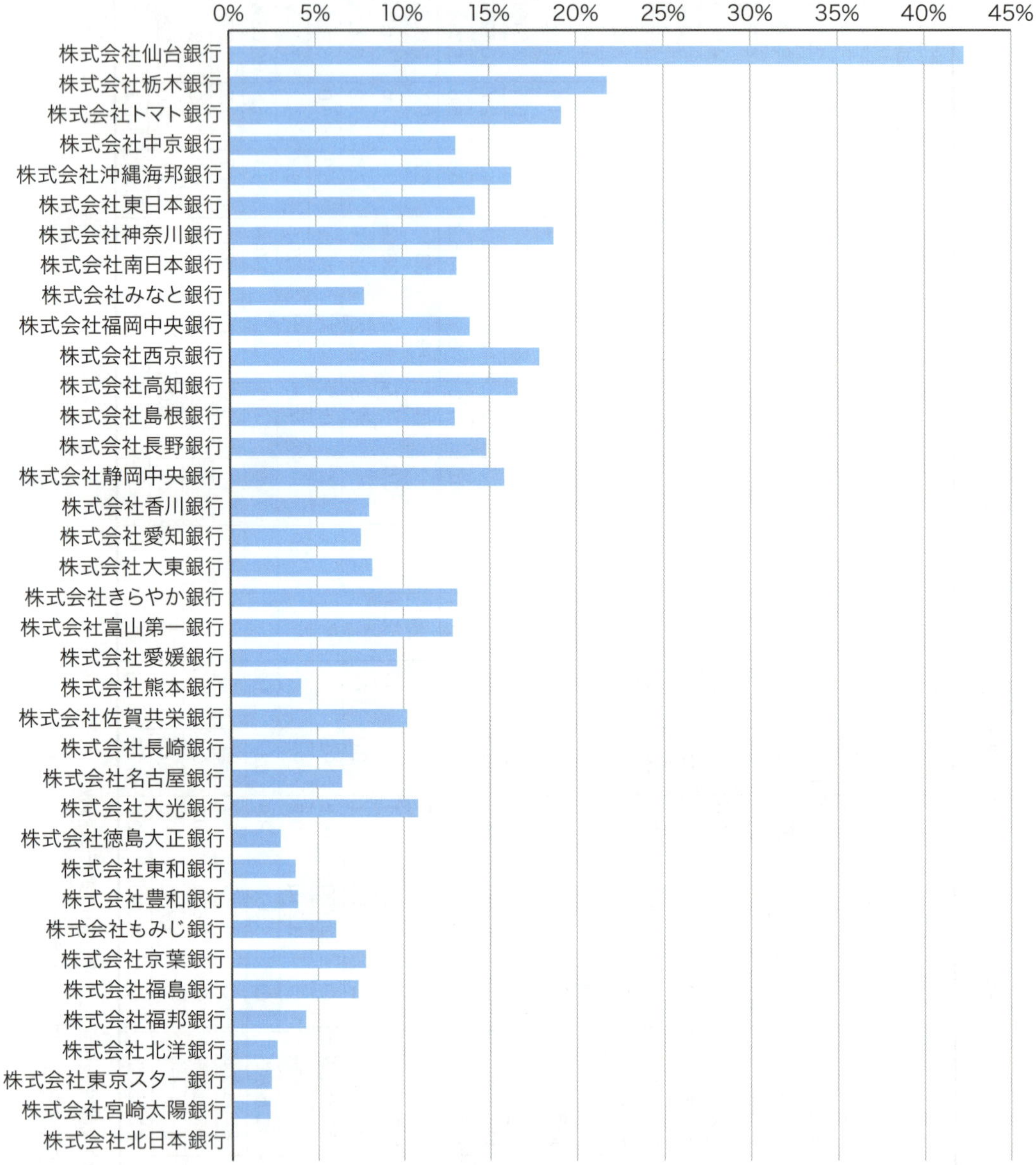

出所：各社ディスクロージャー誌・統合報告書に基づき筆者

（2）現状の重要性テストのあり方に係るリスク

金利低下と⊿EVE

　上述の通り、地域銀行を中心に金利上昇ではなく金利低下の負の影響が大きい点は違和感がある。長期金利低下により資産サイドは短期債権以外の価値が増加する。一方、負債サイドに関しても、短期負債以外の価値が増加する。負債の経済価値増加は、財務的にネガティブな効果をもたらす。では、負債における中長期負債とは何か。恐らく、銀行預金の過半を占める流動性預金の実質的デュレーションが長期である影響であろう。いわゆる

コア預金の効果である。

コア預金は、金融庁の監督指針で「明確な金利改定間隔がなく、預金者の要求によって随時払い出される預金のうち、引き出されることなく長期間銀行に滞留する預金」と定義され、「金利ショックの下での状況が想定されている」ことが求められる。流動性預金はNMD（Non-Maturity Deposits）と表現される通り、常に引き出し可能であるためデュレーションが存在しないように思われる。しかし実際、流動性預金は極めて滞留性が高い傾向があるため、その粘着度の評価が金利変動に対する負債の経済的価値を左右する。

負債サイドの問題

コア預金の計測は、金融庁が設定する標準モデルと銀行が独自に推計を行う内部モデルが採用可能である。標準モデルにおいては、①過去5年間の最低残高、過去5年間の最大年間流出額を残高から控除した金額もしくは残高の50%のうち最小の額をコア預金残高と捉えたうえで、②満期は5年以内（平均2.5年以内）とするものである。すなわち、直近残高に対する平均デュレーションは最長で1.25年（2.5年×50%）という計算である。これに対して、主要銀行、地域銀行を問わず採用されているのが、内部モデルである。

図表7に掲載している23グループのなかで標準モデルを採用しているのは、千葉銀行と西日本フィナンシャルホールディングスのみである。また、流動性預金の平均デュレーション（金利更改期間）について比較すると、メガバンクは比較的短期であるのに対し、標準モデルを採用している2社以外については3年以上のところが多い。

懸念すべきは⊿EVE最大値の大きさではなく、イールドカーブの上方シフトの経済的インパクトの過小評価である。栃木銀行とじもとホールディングスは重要性テスト（⊿EVE／資本）が20%の閾値を超過しているが、いずれも流動性預金デュレーションが長期であることに起因する負債価値減少額の大きさが影響しているものと見られ

るため、それ自体は懸念すべき計数ではないと考える。

寧ろ、金利上昇を踏まえた金利リスクの評価が甘くなる可能性が問題である。今後、金利が本格的に正常化する局面において、流動性預金の実質的デュレーションが推計値を下回るかどうかについて検証が必要である。今後、わが国で金利正常化が進めば、流動性預金に待機していた資金が流出する可能性も低くはないだろう。

したがって、論点としては、内部モデルによって算定されたNMDデュレーションが実態よりも過大評価された場合は、金利リスクが過小評価されかねないという問題である。

3．バーゼル4でのIRRBBリスクと最悪シナリオ

（1）IRRBBの見直しリスク

規制上の最大のリスクはIRRBBに対する資本賦課、すなわち第1の柱への移行である。2024年に見直されたIRRBB規制が、"Report on the 2023 banking turmoil"（BCBS, 2023）の課題認識に基づくものではないことが明言（野崎、2025）されている点に注目すべきである。

もし、このレポートで指摘された課題がバーゼル銀行監督委員会における議論の俎上に上り、第2の柱に留めた反省から第1の柱への移行が再度提起された場合は、銀行のALM運営に多大な影響を及ぼすだろう。特に⊿EVE最大値が金利上昇シナリオに起因する場合においては、債券やヘッジ会計適用金利スワップ等のロングポジションを敬遠する方向で銀行のALM運営が傾く可能性がある。

また仮に、IRRBB規制に変更が加えられない場合においても、NMDに係る内部モデルについてモニタリングが厳格化された場合や、金利上昇後の預金動態を踏まえたパラメータがNMDデュレーション短期化を示唆するものであった場合も、金利上昇の負の経済効果が過小評価されてきたこ

とにメスが加わる可能性が捨象できない。結果として、中長期国債を含めた銀行の投資行動に少なからず影響を与えるものと推定される。

(2) 長期金利の不透明感と最悪シナリオ

本稿前編より、マクロ的視点に加え銀行の投資行動に係るポイントから長期金利の上昇リスクについて考察してきた。物価・景気動向が円金利に作用するファンダメンタルズとはなるものの、金利は財政健全性との相互連関性があるほか、公的債務のファンディングに関連した需給動向も少なからず影響する。このため、債券市場の主役の一角を成す銀行のALM運営は重要な要素となる。

図表9において、長期金利上昇がもたらす悪影響について、その波及経路を示している。金利上昇は財政健全性悪化を加速させ、状況によっては海外格付け機関を中心に国債格下げにつながる危険性を孕んでいる。ひとたび格下げとなればカントリーシーリングが降下し、企業の資金調達に対しても（市場金利上昇と併せて）負担増加に直結する。また、財政状況の悪化は円安の要因ともなり、これがインフレを助長させることによる経済の疲弊をもたらす可能性も考えられる。

図表9　長期金利上昇がもたらす最悪シナリオ

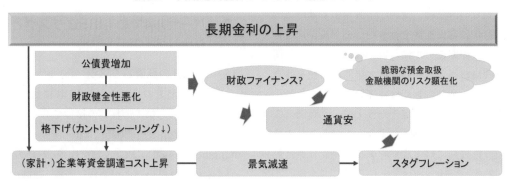

出所：筆者

本稿の目的は危機感を煽るものではなく、あくまでも客観的に市場金利の形成に及ぼす様々な要因についてより広い視点からとらえるために、銀行規制のようなテクニカルな部分も含めて光を当てたものである。引き続き、規制を含めて慎重に定点観測する必要性がある。

【参考文献】

Barber, B, et al. (2007), "Comparing the Stock Recommendation Performance of Investment Banks and Independent Research Firms," *Journal of Financial Economics 85, pp.490-517*

BCBS (Basel Committee for Banking Supervision) (2004), "International Convergence of Capital Measurement and Capital Standards," Bank for International Settlements, June 2004

BCBS (2016), "Standards: Interest rate risk in the banking book," Bank for International Settlements, April 2016

BCBS (2023), "Report on the 2023 Banking Turmoil," Bank for International Settlements, October 2023

BCBS (2024), "Recalibration of shocks in the interest rate risk in the banking book standard," Bank for International Settlements, July 2024

Decamps, Jean-Paul, et al. (2002), "The Three Pillars of Basel II: Optimizing the Mix in a Continuous-time Model," *Journal of Financial Intermediation Vol13-2, 89-298,*

Diamond, D. W. & P. H. Dybvig, (1983), "Bank Runs, Deposit Insurance, and Liquidity," *Journal of Political Economy, 1983, vol. 91, no. 3,*

FRB (Federal Reserve Board) (2023), "Review of the Federal Reserve's Supervision and Regulation of Silicon Valley Bank," April 2023

Peters, Sandy, "The SVB Collapse: FASB Should Eliminate "Hide-'Til-Maturity" Accounting," *CFA Institute Article March 13, 2023, available at https://blogs.cfainstitute.org/marketintegrity/2023/03/13/the-svb-collapse-fasb-should-eliminate-hide-til-maturity-accounting/*

北村行伸（1990），「財政赤字の政治経済学」，日本銀行金融研究所『金融研究』Vol.12-4, pp79-97

左三川郁子・久保田昌幸（2024），「銀行の国債買入余地100兆円超、最大限の金利リスク取れば」，『金融政策ウォッチ』日本経済研究センター，2024年10月16日

野崎浩成（2023），「銀行が国債を買えなくなる日」，『週刊エコノミスト 4月25日号』29-29

野崎浩成（2024），「金利リスク問題と負債サイドの盲点」，『金融資本市場展望 2024年11月』

野崎浩成（2025），「外部環境の変化と銀行の金利運営（前編）」，『金融・資本市場リサーチ第17号2025年春号』

原和明（2024），「2023 年春に米国で発生した銀行業界の混乱について」，『預金保険研究』預金保険機構編（26），51-92

村松岐夫・北村亘（2010），「財政赤字の政治学」寺西重郎編『構造問題と規制緩和──バブル／デフレ期の日本経済と経済政策』，慶應義塾大学出版会pp149〜185

連載企画

金融・資本市場と会計・税務

第4回
~足許での市場環境を踏まえた主要論点と今後の動向について
（日本基準及びIFRSにおける「ヘッジ会計」の概要）~

EY新日本有限責任監査法人　金融事業部
マネージングディレクター

鈴　木　功　一（注

第1章　はじめに

　本連載は今回で4回目となるので、冒頭、これまでを簡単に振り返ると、初回となる「金融・資本市場と会計・税務（第1回）」では金利上昇や物価上昇等、足許の金融・資本市場の動きに関連して、大きな影響を与えうる会計・税務上の主な論点・トピック等について、その全体像と概観、そして一部のテーマについて触れてきた。その後、第2回では、日本における金融商品会計基準の改正動向のうち「分類・測定」について、第3回目では、「金融資産の減損（貸倒引当金）」といった重要論点を中心に解説をしてきた。いずれも今後の改正動向含め、相応の影響が想定されるテーマであることから、興味のある方は、過去連載を適宜参照されたい。

　さて、第4回目となる今回は「ヘッジ会計」を取り上げて解説していく。企業会計基準委員会（Accounting Standards Board of Japan：ASBJ）が2018年に行った意見募集では、第2回と第3回連載で取り上げた「分類・測定」や「金融資産の減損」における諸論点と比べて、「ヘッジ会計」については国際会計基準（International Financial Reporting Standards：IFRS）でのヘッジ会計の見直しが進行中であることやIFRSと米国会計基準の間に差異があること等の理由から優先度が高くないと判断され、（検討すべき課題として認識すべきものの）今回の金融商品会計基準改正プロジェクトでは「ヘッジ会計」基準の開発に着手しない方向で検討・整理が行われている。

　ただし、今後「金融資産の減損」についての議論が整理された段階で、今回のプロジェクトで対象にあがった「ヘッジ会計」の基準開発に着手する可能性が、将来的には十分に考えられることから、「ヘッジ会計」についても、現時点での日本基準上の取り扱いや、IFRS上の取り扱いを理解しておくことは有益と考えられる。そのため、今回は「ヘッジ会計」について、現在の日本基準上の取扱いと、IFRS上の取扱いについて説明し、その後両者の差異について解説していく。

第2章　現行日本基準のヘッジ会計の定め

　企業活動のグローバル化や金融市場の発展に伴い、為替変動リスク、金利変動リスク、商品価格変動リスクなど、企業は様々な市場リスクにさらされており、これらのリスクへの対処手段のひとつとして、デリバティブ取引をはじめとする金融

注）　執筆協力：EY新日本有限責任監査法人　森田賢、森一馬、石原俊一

金融・資本市場と会計・税務（第4回）
~足許での市場環境を踏まえた主要論点と今後の動向について（日本基準及びIFRSにおける「ヘッジ会計」の概要）~

商品によるヘッジ取引が活用されていることは周知のとおりであろう（これに関しては、業種形態によっては、昨今のグローバリゼーションの在り方の変化を踏まえたサプライチェーンの見直し等による対応も、効果的な選択肢のひとつと想定されよう）。これに関して、通常の会計処理では、ヘッジ対象とヘッジ手段の評価方法や認識時点の相違により、該当企業の期間損益に歪みやズレが生じるなどの可能性がある。

「ヘッジ会計」とは、このような歪みやズレを是正し、ヘッジ対象とヘッジ手段を一体として捉え、その経済的実態を適切に財務諸表に反映させるための特殊な会計処理であり、日本の会計基準においては、ASBJが公表した「金融商品に関する会計基準」や「金融商品会計に関する実務指針」等によって、「ヘッジ会計」の枠組みが定められている。そして、現行の日本基準における「ヘッジ会計」の適用にあたっては、厳格な要件（ヘッジ取引の開始時に正式な文書による指定と有効性の事前テスト、そして取引期間中の有効性の事後テストなど）のもとでの適用が認められており、具体的な処理方法としては、繰延ヘッジ、時価ヘッジ、為替予約等の振当処理、金利スワップの特例処理など、複数の方法が規定されている。

また、日本基準の「ヘッジ会計」はIFRSや米国会計基準とは異なる部分も多く、グローバルに事業を展開する企業にとっては、会計上の取り扱いで取引意図に反して歪められることなく、企業の財務戦略を適切に財務諸表利用者に開示するためにも、これらの差異を理解し、適切に対応することが重要となっている。以上を踏まえ、本章では、現行の日本基準におけるヘッジ会計の定めについて、その要件や会計処理方法などを解説していく。

(1) ヘッジ会計の基本的な考え方

① ヘッジ取引とは

先に述べたとおり、ヘッジ取引とは、企業が抱える市場リスク（為替リスク、金利リスク、価格変動リスクなど）を軽減または回避するために行う取引とされ、具体的には、将来の金利や為替などに代表される相場変動によって損失が生じるリスクを抱える資産・負債（ヘッジ対象）に対して、そのリスクを相殺するような取引（ヘッジ手段）

【図表1：ヘッジ取引のイメージ】

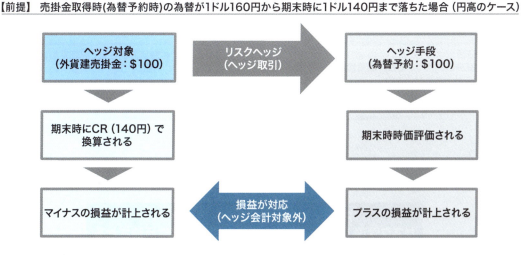

(出所：筆者作成)

金融・資本市場リサーチ

を行うことで、斯かるリスク影響を軽減する取引とされる。

例えば、＄100の売掛金を保有する日本企業は、単純に考えれば、円高になれば為替差損が発生するリスクを抱えている。斯かる為替リスクをヘッジするために、例えば、同額の米ドルを売り、円を買う為替予約を締結した場合では、将来の為替相場がどう変動したとしても、売掛金回収時の受取額を確定させることが可能といえよう（為替相場が売掛金取得時の1ドル140円から期末時に160円になったケースを想定。図表1参照。）。

② ヘッジ会計の意義

ヘッジ会計の意義は、ヘッジ対象とヘッジ手段を会計上も一体として捉え、その経済的実態を財務諸表に適切に反映させ、企業の財務戦略の活動を適切に反映させることにあるといえよう。通常の会計処理では、ヘッジ対象とヘッジ手段がそれぞれ異なる認識・測定方法に従って処理されるため、経済的にはヘッジ対象から発生する損益とヘッジ手段から発生する損益が相殺される関係にあるにもかかわらず、会計上はその関係性が表現されないという問題が生じる。

そこでヘッジ会計を適用することで、ヘッジ対象とヘッジ手段の損益を同じ会計期間に認識することや、ヘッジ手段の評価損益をヘッジ対象の価値変動が損益認識されるまで繰り延べることができることになる。これにより、財務諸表利用者は、企業における市場の価格変動リスク等への対処・活動による財務上の影響や効果を、各取引単位ではなく、全体としての影響を理解することが可能となる（図表2）。

また、ヘッジ会計の適用は単なる会計上の便益を超えて、企業のリスク管理方針や戦略を明確化し、その実効性を検証する機会にもなると考えられる。ヘッジ会計の適用にあたって、リスク管理方針・戦略の文書化、ヘッジの有効性の評価（ヘッジ対象とヘッジ手段の損益が高い程度で相殺されているか）、またモニタリング体制等の内部統制の強化が行われることは、企業全体のリスク管理の質を向上させることにもつながるとも想定される。

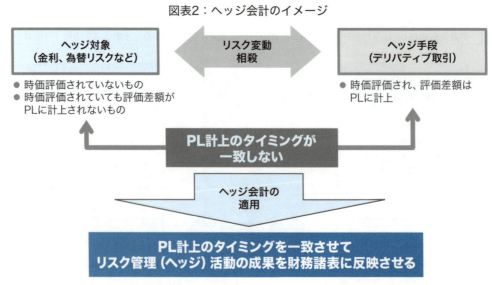

図表2：ヘッジ会計のイメージ

（出所：筆者作成）

> 金融・資本市場と会計・税務（第4回）
> ～足許での市場環境を踏まえた主要論点と今後の動向について
> （日本基準及び IFRS における「ヘッジ会計」の概要）～

③　ヘッジ会計の必要性

　これまで述べてきたとおり、ヘッジ会計が必要とされる主な理由は、通常の会計処理ではヘッジ対象の相場変動等による損失発生の可能性が、ヘッジ手段によってカバーされているという、経済的実態を十分かつ適切に表現できないことにあり、具体的には以下のような事象が生じうる（図表3）。

図表3：ヘッジ会計が適用されない場合に生じる事象

	主な事象	説　明
1	認識時点のミスマッチ	ヘッジ対象の損益が将来認識されるのに対し、デリバティブなどのヘッジ手段は時価評価され即時に損益認識されるため、期間損益が大きく変動してしまう
2	測定方法のミスマッチ	ヘッジ対象が取得原価で計上される一方、ヘッジ手段は時価評価されるなど、評価基準の違いにより損益の対応関係が損なわれる
3	会計上の変動性の増大	リスク管理のために行ったヘッジ取引が、むしろ会計上の損益を不安定にするという矛盾が生じる

（出所：筆者作成）

　簡単に説明すると、図表3の「認識時点のミスマッチ」と「測定方法のミスマッチ」について、例えば、将来の原材料調達のために先物契約を結んだ場合、経済実態としては価格変動リスクが軽減されることになるが、ヘッジ会計の適用がない場合には、会計上、先物契約の時価評価損益だけが先行して認識される結果、取引全体としてみた場合、期間損益が歪められることになる。また、「会計上の変動性の増大」については、リスクヘッジ目的で行った取引量が適切にマッチしていな場合などでは、意図した水準の損益相殺に留まらず、かえって期間損益の変動性を増大させてしまうことも考えられよう。これらを解消するためにも、ヘッジ会計は必要とされる。

④　ヘッジ対象の種類

　ヘッジ会計が適用されるヘッジ対象には、相場変動等による損失の可能性がある資産又は負債のうち、以下のものが該当する。なお、図表3で見た通り、外貨建債権のように、そもそもヘッジ対象から毎期損益が発生するものはヘッジ会計の対象とはならないことには留意が必要である。

（ⅰ）当該資産又は負債に係る相場変動等が評価に反映されていないもの
（ⅱ）相場変動等が評価に反映されているが評価差額が損益として処理されないもの
（ⅲ）資産又は負債に係るキャッシュ・フローが固定されその変動が回避されるもの

　例えば、（ⅰ）には固定金利の貸付金などが該当し、（ⅱ）にはその他有価証券が該当する。また、（ⅲ）には変動金利の貸付金などが該当することになる。また、ヘッジ対象に関連して、その識別は、基本的には個別の資産・負債等を対象とし、取引単位で行われるが（個別ヘッジ）、一定の要件（ヘッジ対象となる資産または負債について、金利変動リスクや為替変動リスク等、リスク要因が共通しており、かつ、リスクに対する反応がほぼ同じである場合、例えば満期日が同じ場合などに、認められる）を充足する場合には、企業内の部門ごと、または、その企業において、リスクの共通する資産または負債等をグルーピングした上で、ヘッジ対象を識別する方法（包括ヘッジ）も認められている。これに関しては、多数の金融資産・負債を保有している銀行業に特有であり、日本基

図表4：個別ヘッジと包括ヘッジのイメージ

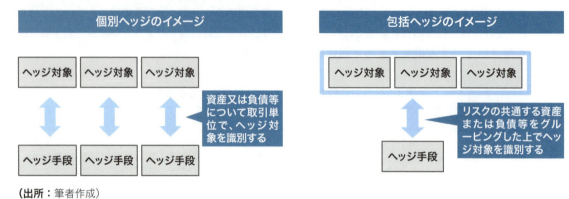

（出所：筆者作成）

準では、特に「業種別監査委員会報告第24号（銀行業における金融商品会計基準適用に関する会計上及び監査上の取扱い）」において詳細が規定されている。なお企業は個別ヘッジによるか包括ヘッジによるかを事前に明示する必要がある。個別ヘッジと包括ヘッジのイメージは図表4の通りである。

(2) ヘッジ会計の要件

ヘッジ会計とは、ヘッジ対象及びヘッジ手段にかかる損益を同一の会計期間に認識し、ヘッジの効果を財務諸表に反映させるものであるが、その適用には一定の要件を満たす必要がある。日本基準では、「金融商品に関する会計基準」や「金融商品会計に関する実務指針」において、ヘッジ会計の適用要件が厳格に定められていることから、ここでは、その適用要件である事前テストと事後テスト（但し、適用除外あり）を説明していく。

① 適用要件の必要性

ヘッジ取引の効果を適切に会計に反映させることができるヘッジ会計だが、その会計処理は原則的な方法とは異なる。また、ある取引がヘッジ取引に該当するか否かは、企業によって、ないし、個々の状況によって異なる。すなわち、同一の取引であっても、ある企業にとってはヘッジ取引に該当し、他の企業にとってはヘッジ取引に該当しないことがある。また、同一の企業で行われる同一の取引であっても、ある場合にはヘッジ取引で、他の場合には非ヘッジ取引の場合もある。

そのため、事後的にヘッジ会計を選択・非選択することによる利益操作を防止する観点から、ヘッジ会計は、事前に一定の要件を満たした場合にのみ、適用が認められている。また、ヘッジ会計の濫用（損益認識時点等を自由に操作すること）を防止するため、ヘッジ会計は、継続的にヘッジの高い有効性が保たれている場合にのみ、継続して適用することが認められている。

② ヘッジ取引開始時の適用要件（事前テスト）

ヘッジ取引開始時の適用要件として、ヘッジ取引が企業のリスク管理方針に従ったものであることが、次のいずれかによって客観的に認められることが求められている。

- （ⅰ）当該ヘッジ取引が企業のリスク管理方針に従ったものであることが文書により確認できる。
- （ⅱ）企業のリスク管理方針について明確な内部規定および内部統制組織が存在する。そして、当該ヘッジ取引が、内部規定・内部統制に従って処理されることが期待される。

金融・資本市場と会計・税務（第4回）
～足許での市場環境を踏まえた主要論点と今後の動向について
（日本基準及びIFRSにおける「ヘッジ会計」の概要）～

ここで（ⅰ）は、企業が比較的単純な形でヘッジ取引を行っている場合を想定しており、一方で（ⅱ）は、企業が多数のヘッジ取引を行っており、個別のヘッジ取引とリスク管理方針との関係を具体的に文書化することが困難な場合を想定している。そのため、これらの要件を適用するにあたっては、以下の事前テストを実施することになる。

（A）ヘッジ手段とヘッジ対象の明確化

企業はその活動を営む上で様々な相場変動リスクにさらされている。そのため、ヘッジ会計の適用には、ヘッジ対象のリスクを明確にし、そのリスクに対して、いかなるヘッジ手段を用いるかを明確にする必要がある。また、ヘッジ対象とヘッジ手段の対応関係について正式な文書によって明確にしなければならず、さらにヘッジ手段については、その有効性を事前に予測しておく必要がある。

（B）ヘッジ有効性の評価方法の明確化

ヘッジ有効性の評価が適切であるかどうかは、リスクの内容、ヘッジ対象およびヘッジ手段の性質に依存する。そのため、企業はヘッジ開始時点で相場変動またはキャッシュ・フロー変動が有効に相殺されていることを評価するための方法を明確にする必要がある。また、ヘッジ期間を通して一貫して当初決めた有効性の評価方法を用いて、そのヘッジ関係が高い有効性をもって相殺が行われていることの確認が必要となる。

③ ヘッジ取引開始時以降の適用要件（事後テスト）

企業はヘッジ有効性の継続的な評価として、指定したヘッジ対象とヘッジ手段の関係について、ヘッジ取引以後も継続して、高い有効性が保たれていることを確かめなければならない。すなわち、ヘッジ対象の相場変動またはキャッシュ・フロー変動が、ヘッジ手段によって、高い水準で相殺されているかどうかのテスト（ヘッジ有効性の評価）が必要となる（図表5）。

ここでヘッジ有効性の評価について簡単に触れておく。まず有効性評価のタイミングについては、決算日に加え、少なくとも6か月に1回程度の実施が必要とされている。また有効性の判定基準に

図表5：ヘッジの有効性評価について

	項　目		内　容
1	評価のタイミング		少なくとも6ヶ月に1回、決算日には必ず実施
2	主な評価方法	比率分析法	ヘッジ開始時からの累積ベースで、実際に発生したヘッジ対象とヘッジ手段の価値変動の比率を計算しヘッジの効果を測定・検証する方法（単純な比率ベースでの比較）
		回帰分析法	実際に発生したヘッジ対象とヘッジ手段の価値変動の関係を回帰分析し、決定係数や回帰係数を評価しヘッジの効果を測定・検証する方法（統計的手法を用いた複雑な分析）
		ドルオフセット法	ヘッジ対象とヘッジ手段の価値変動額を比較し、その相殺関係を評価する方法（単純な金額ベースでの比較）
3	判定基準		● 累積ベースで、ヘッジ手段の価値変動がヘッジ対象の価値変動の80%から125%の範囲内であれば有効と判定 ● この範囲を外れた場合、有効性が認められず、ヘッジ会計の適用を中止する可能性がある（中止となった場合、以降のヘッジ手段から生じる損益を繰延べることはできない）

（出所：筆者作成）

金融・資本市場
リサーチ

図表6：ヘッジの有効性評価が不要なケース

	該当ケース	説　明
1	為替予約等の振当処理	● 為替予約などが付されている外貨建金銭債権債務について、予約レートで円貨に換算する処理 ● ヘッジ対象とヘッジ手段の重要な条件が同一であれば、有効性評価を省略できる
2	金利スワップの特例処理	● 変動金利の借入金に対して金利スワップを行う場合、借入金の利息と金利スワップによる利息の純支払額を一体として捉え、実質的に固定金利の借入金として計算を行う方法 ● ヘッジ対象とヘッジ手段の条件が一定の要件（金利スワップの想定元本がヘッジ対象の元本と一致している等）を満たすと判定される場合、その判定をもって有効性の判定に代えることができる
3	ヘッジ対象とヘッジ手段の条件が完全に一致する場合	● 通貨、金額、期間などの重要な条件が同一であれば、高い有効性が見込まれるため、定性的評価のみで有効性を認め定量的な事後テストを省略できる

（出所：筆者作成）

ついては、原則として、ヘッジ開始時からヘッジ有効性判定時点までの期間において、ヘッジ対象の相場変動額（またはキャッシュ・フロー変動額）の累計と、ヘッジ手段の相場変動額（またはキャッシュフロー変動額）の累計とを比較し、両者の変動額の比率がおおむね80％から125％までの範囲内にあれば、ヘッジ対象とヘッジ手段の間に高い相関関係があると認められることになる。

但し、有効性評価が不要な場合もある。日本基準では、以下に示す特定の条件を満たす場合、有効性評価を省略できる処理が認められている。これは、主には実務上の負担軽減を図るための措置であり、（形式的なテストよりも）経済的実態を重視する、という考え方に基づいたものであり、具体的には、為替予約等の振替処理や金利スワップの特例処理などがこれに該当する（図表6）。

ここまで述べてきた通り、ヘッジ会計は通常の会計処理の例外と位置付けられるため、その適用には厳格な要件が定められている。そして、斯かる要件を満たすには、企業は体系的なリスク管理体制の構築と、適切な文書化およびヘッジの有効性評価の実施が不可欠である。また、一度選択した方法は継続的な適用が原則となることに関しては、今後のビジネスモデルや事業戦略を踏まえた、会計・財務的な観点での影響度合いについても予め見極めたうえでの効果的な財務戦略が重要と想定される。

（3）ヘッジ会計の方法

ここではヘッジ会計の方法について説明していくが、ヘッジ会計の方法は、原則としてのヘッジ手段の時価評価による損益を繰り延べる方法（繰延ヘッジ）と、原則に対する例外、もしくは容認という位置付けで、ヘッジ対象の時価評価を通じて損益を出したうえで、ヘッジ手段の損益と対応させる方法（時価ヘッジ）がある。

以下、繰延ヘッジと時価ヘッジについて解説していく。

① 繰延ヘッジ

繰延ヘッジは、日本基準におけるヘッジ会計の原則的処理方法である。繰延ヘッジでは、ヘッジ手段から発生する損益または評価損益を、ヘッジ

金融・資本市場と会計・税務（第4回）
〜足許での市場環境を踏まえた主要論点と今後の動向について
（日本基準及びIFRSにおける「ヘッジ会計」の概要）〜

対象から発生する損益が認識されるまで繰り延べることで、両者の損益認識時期を合わせる処理を行うものである。以下、会計処理方法と適用対象、さらに実務上の留意点について解説する。

（ⅰ）具体的な会計処理およびその効果

● ヘッジ手段であるデリバティブは時価評価されるが、その評価損益は通常の会計処理と異なり、直ちに当期の損益として認識されない。
● 代わりに、評価損益は純資産の部に「繰延ヘッジ損益」として計上され、ヘッジ対象の損益認識に合わせて損益に振り替えられる。
● この処理により、ヘッジ対象とヘッジ手段の損益認識時期のズレによる期間損益の歪みを防ぐ。

（ⅱ）主な適用対象

● 主にヘッジ対象の資産又は負債に係るキャッシュ・フローを固定してその変動を回避する取引に適用される。
● 例えば、将来の外貨建予定取引の為替リスクヘッジ、変動金利借入金の金利リスクヘッジなどが該当する。

（ⅲ）実務上の留意点

● 繰延ヘッジではヘッジ手段から生じる損益の繰り延べを行うため、その適用にはヘッジの有効性評価が特に重要となる（事前テストと事後テストで、ヘッジ対象の相場変動額の累計とヘッジ手段の相場変動額の累計とを比較し、両者の変動額の比率がおおむね80-125%の範囲内であれば全体として有効と判断される）。
● 概念的には、ヘッジが有効でないと判断された部分の評価損益は当期の損益として処理が必要と考えられるところ、日本基準ではヘッジ全体が有効と判定され、ヘッジ会計の要件が満たされている場合には、ヘッジ手段に生じた損益のうち結果的に非有効となった部分についても、ヘッジ会計の対象として繰延処

理することができる。
● 繰延ヘッジ損益の振替時期の判断には、ヘッジ対象の性質や取引の実態に応じた適切な判断が求められる。

② 時価ヘッジ

　時価ヘッジは、ヘッジ対象である資産・負債の相場変動等を損益に反映させることで、ヘッジ手段に係る損益と同一の会計期間に認識する会計処理であり、ヘッジ対象の価値変動とヘッジ手段の価値変動を同時に損益認識することで、期間損益の歪みを防ぐことになる。なお、時価ヘッジの適用が認められるのは、ヘッジ対象である資産又は負債に係る相場変動等を損益に反映することができる場合に限られ、現在、これに該当するものは「その他有価証券」のみとされている（なお、時価ヘッジを適用しない場合は、その他有価証券の評価差額は全部純資産直入法または部分純資産直入法が適用される）。以下、会計処理方法と適用対象、さらに実務上の留意点について解説する。

（ⅰ）具体的な会計処理およびその効果

● ヘッジ手段であるデリバティブは時価評価し、その評価損益は当期の損益として認識する。
● 同時に、ヘッジ対象の帳簿価額を時価評価し、当期の損益として認識する。
● これにより、ヘッジ手段とヘッジ対象から生じる評価損益が相殺され、損益がネットで表示されることでヘッジの効果が損益計算書に反映される。

（ⅱ）主な適用対象

● ヘッジ対象の資産又は負債に係る相場変動を相殺する取引に適用され、その他有価証券の時価変動リスクが該当する。

（ⅲ）実務上の留意点

● 時価ヘッジの適用には、ヘッジ対象の価値変動を信頼性をもって測定できることが前提と

なる（例えば活発な市場価格がある等、客観的かつ検証可能な方法で算定できることが必要）。
● 有効性の評価において、ヘッジ対象の相場変動額の累計とヘッジ手段の相場変動額の累計とを比較し、両者の変動額の比率がおおむね80％から125％の範囲内で高い相関関係を持つことが必要。

最後に、繰延ヘッジによる会計処理と時価ヘッジによる会計処理のイメージについて、設例を用いて確認する（図表7）。
図表7での前提条件のもと、繰延ヘッジを採用した場合には、X1年3月期ではヘッジ手段から生じる損益が貸借対照表の純資産の部で繰延べられ、ヘッジ対象にかかる損益が認識されるX2年3月期に取り崩される。その結果、X2年3月期に、ヘッジ対象からの損益とヘッジ手段にかかる損益が対応することになる。
また同様の前提条件のもと、時価ヘッジを採用した場合には、X1年3月期において、ヘッジ対象であるその他有価証券にかかる評価差額を損益計算書に計上し、ヘッジ手段にかかる損益に対応させている。その結果、X1年3月期、X2年3月期ともに、ヘッジ対象にかかる損益とヘッジ手段にかかる損益が対応することになる。

図表7：繰延ヘッジと時価ヘッジの会計処理のイメージ

【前提条件】
● 保有している有価証券（帳簿価額9,000円、その他有価証券に分類している）の値下がりが予想されるため、X1年3月1日に同一銘柄・同一数量の有価証券について、先渡契約を締結した（決済日X1年10月31日、決済価額9,000円、売り予約）
● X1年10月31日に保有している有価証券を7,000円で売却するとともに、先渡契約について差金決済した
● 時価の推移は以下の通り

	先渡契約締結日 X1年3月1日	決算日 X1年3月31日	決済日 X1年10月31日
現物（ヘッジ対象）時価	9,000	8,500	7,000
先渡契約（ヘッジ手段）時価		+500	+2,000

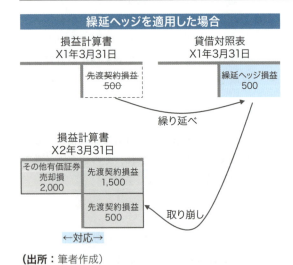
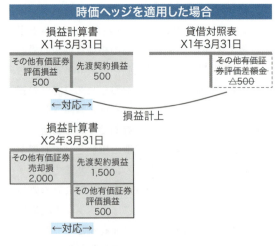

（出所：筆者作成）

金融・資本市場と会計・税務（第 4 回）
～足許での市場環境を踏まえた主要論点と今後の動向について
（日本基準及び IFRS における「ヘッジ会計」の概要）～

ここまでヘッジ会計の意義や必要性、ヘッジ会計を適用するための要件を説明し、具体的なヘッジ会計の方法として繰延ヘッジと時価ヘッジについて、実務上の留意点含めて解説してきた。次の第 3 章では、これらの日本基準でのヘッジ会計の基本的な考え方を踏まえたうえで、IFRS 上のヘッジ会計の取扱いについてポイントと絞り込みながら確認したうえで、日本基準との差異について触れていく。

第 3 章　IFRS と日本基準のヘッジ会計に関する差異

(1) IFRS におけるヘッジ会計の概要・枠組み

IFRS におけるヘッジ会計は、IFRS 第 9 号（以下、IFRS9）「金融商品」で規定されており、企業のリスク管理活動と会計処理の整合性を高めるこ

とを目的としている。そのため、ヘッジ会計の考え方も日本基準と基本的には類似していることから、以下では主な IFRS 上の会計処理、なかでも日本基準との違いがある部分を中心に簡潔に説明していく。

①　適格要件

IFRS 9 のヘッジ会計は、従前の基準である IAS（International Accounting Standards：国際会計基準）第39号（以下、IAS39）より簡素化され、より実務的なアプローチを採用している。具体的には、従来の IAS39 で求められていた80-125％の有効性テスト（ヘッジ対象の相場変動額の累計とヘッジ手段の相場変動額の累計とを比較し、両者の変動額の比率がおおむね80-125％の範囲内であるか）は廃止され、数値基準による機械的な判定ではなく、経済的実態に基づいた柔軟なヘッジ会計の適用が可能となっている。ここで、ヘッジが適格となる主な要件を、以下に記載する（図表 8 ）。

図表8：IFRS9におけるヘッジ会計の適格要件

	要件（項目）	説　明
1	正式な指定と文書化	ヘッジ関係開始時にヘッジ手段、ヘッジ対象、ヘッジリスクの性質を明確に文書化する必要がある
2	経済的関係の存在	ヘッジ対象とヘッジ手段の間に経済的関係が存在し、価値変動が概ね逆方向に動くことが求められる
3	信用リスクの影響	信用リスクの変動がヘッジ関係の価値変動を優越するものではないことが必要
4	ヘッジ比率	リスク管理戦略に基づいたヘッジ比率を使用

（**出所：**筆者作成）

②　主なヘッジ会計の種類と会計処理

第 2 章では日本基準上のヘッジ会計処理として、「繰延ヘッジ」と「時価ヘッジ」を解説したが、IFRS 上の主なヘッジ会計処理としては、「公正価値ヘッジ」と「キャッシュ・フロー・ヘッジ」であり、これらの概要と会計処理のイメージは以下の通りである（図表 9 ）。

IFRS では、ヘッジの非有効部分を明示的に識

別・測定し、すべての非有効部分は即時に純損益に認識する会計処理が行われる。具体的には公正価値ヘッジの場合、ヘッジ手段の公正価値変動と、ヘッジ対象のヘッジリスクに起因する公正価値変動の差額が非有効部分となり、この差額は純損益に認識しなければならない。一方、キャッシュ・フロー・ヘッジの場合、ヘッジ手段の公正価値変動のうち、非有効部分は公正価値ヘッジの場合と

-205-

金融・資本市場
リサーチ

図表9：IFRS 上のヘッジ会計処理の概要とイメージ

■会計処理の概要

ヘッジ会計の種類	対象リスク	会計処理
公正価値ヘッジ	公正価値 変動リスク	●ヘッジ手段及びヘッジ対象（のヘッジ指定部分）を公正価値測定し、その変動部分をいずれも純損益（PL）に計上
キャッシュ・ フロー・ヘッジ	将来キャッシュ・フロー 変動リスク	●ヘッジ手段を公正価値測定し、その変動部分のうちヘッジ有効な部分をその他の包括利益（OCI）に計上、非有効部分は純損益に計上

■会計処理のイメージ

公正価値ヘッジ

評価額

ヘッジ対象 10　ヘッジ手段 △6

非有効部分 4 → 財務諸表に与える影響　当期純損益 4

有効部分 6 → 当期純損益 +6-6

キャッシュ・フロー・ヘッジ

評価額

ヘッジ対象 6　ヘッジ手段 △10

非有効部分 △4 → 財務諸表に与える影響　当期純損益 △4

有効部分 △6 → OCI △6

（出所：筆者作成）

同様に純損益に認識されるが、有効部分（ヘッジ手段の累積損益とヘッジ対象項目の累積公正価値変動のいずれか小さい方）は OCI（Other Comprehensive Income：その他の包括利益）にて認識することになる。

ここで、第2章で触れた日本基準における包括ヘッジに対応する IFRS でのマクロヘッジについても簡単に触れておく。IFRS におけるマクロヘッジは、主に金融機関が多数の金融資産・負債のポートフォリオ全体の金利リスクを管理するための会計手法とされている。ただし、現行の基準では企業の実際のリスク管理活動（特に銀行のALM活動）を十分に反映できていない点や、マクロヘッジに含めることができる対象は、公正価値ヘッジに限定されている点（キャッシュ・フロー・ヘッジは対象外）、また適用要件が複雑で実務上の負担が大きい等の課題があることから、現在、国際会計基準委員会（IASB：The Internation-

al Accounting Standards Board）において、マクロヘッジ会計の改善を目的とした「動的リスク管理（Dynamic Risk Management: DRM）」プロジェクトが進められている。そのため、見直しの過渡期にあるともいえるマクロヘッジについて本稿では、日本基準との比較に絞って触れることにする。

(2) ヘッジ会計における IFRS と日本基準の比較

ここからは、ヘッジ会計における IFRS 上の会計処理と日本基準上の会計処理の特徴を踏まえつつ、その違いについて解説していく。

① 会計処理

IFRS と日本基準では、ヘッジ会計の基本的な考え方や処理方法に以下のような特徴がある（図表10）。IFRS では、原則ベースで経済的な実態を

金融・資本市場と会計・税務（第4回）
〜足許での市場環境を踏まえた主要論点と今後の動向について
（日本基準及び IFRS における「ヘッジ会計」の概要）〜

図表10：IFRS と日本基準でのヘッジ会計処理の主な特徴

	IFRS9	日本基準	差異
基本的アプローチ	●ヘッジの種類に応じて「公正価値ヘッジ」「キャッシュ・フロー・ヘッジ」「在外営業活動体に対する純投資のヘッジ」の3つの処理方法に限定している ●形式的なヘッジ対象とヘッジ手段の一対一の対応より、経済的実態を重視したリスク管理戦略に基づくヘッジ関係を重視する傾向がある	●ヘッジ会計として「繰延ヘッジ」を原則処理とし、特定の条件を満たす場合に「時価ヘッジ」「振当処理」「金利スワップの特例処理」といった複数の処理方法を認めている ●特定のヘッジ対象と特定のヘッジ手段を一対一で紐づけるような個々の取引単位でのヘッジ関係を重視する傾向がある	●ヘッジ対象とヘッジ手段を紐づける粒度
特殊な会計処理	●振当処理や特例処理（図表8参照）に相当する簡便的な処理方法は認められていない ●すべてのヘッジ関係について、ヘッジ対象とヘッジ手段を別々に評価する処理方法を適用する必要がある（マクロヘッジについては後述）	●振当処理や特例処理など、簡便的な処理方法が認められている ●これらの特例的処理では有効性評価が省略され、ヘッジ対象とヘッジ手段を個別に処理せず一体として会計処理する方法が認められている	●特殊な会計処理の存在
ヘッジ対象の指定方法	●ヘッジ対象のリスク要素を分離して指定することが認められている ●例えば、ジェット燃料価格のうち原油価格のみを対象とするとして指定することができる	●ヘッジ対象は通常、資産・負債全体を指定する ●例えば、商品価格のうち一部のリスク要素のみを分離してヘッジ対象に指定することはできない	●ヘッジ対象の一部のみの指定

（出所：筆者作成）

より忠実に表現することを重視したヘッジ対象とヘッジ手段の関係性に基づいた処理を求めているのに対して、日本基準では、ルールベースで「繰延ヘッジ」を原則的な処理方法としながら、特例処理（金利スワップ）や振当処理（為替予約）などの簡便法（図表6の説明参照）についても広く認めている点に、それぞれ特徴がある。

② 有効性評価
　先に述べたとおり、ヘッジの有効性評価は、ヘッジ会計適用の重要な要件であるところ、IFRS と日本基準では以下のような特徴がある（図表11）。両者の主な違いとしては、IFRS が経済的関係の存在という原則に基づいた評価・アプローチとして、（ヘッジ対象の相場変動額の累計とヘッジ手段の相場変動額の累計とを比較し、両者の変動額の比率を分析する際の）80-125％の数値基準を撤廃しているのに対して、日本基準上は高い有効性として概ね80-125％の範囲を基準上明記している点があげられる。

図表11：IFRS と日本基準でのヘッジの有効性評価

	IFRS9	日本基準	差異
有効性評価の アプローチ	● リスク管理目的と整合的であることを前提に、ヘッジ対象とヘッジ手段の主要条件の一致を確認した文章などを確認することで、ヘッジ対象とヘッジ手段の経済的関係を評価（定性的な評価が中心） ● 必要に応じて定量的評価を補完的に行うが、明確な数値基準（80％〜125％）は規定されていない ● ヘッジ関係の開始時と、その後は継続的に（少なくとも期末日またはリスク管理目的に変更があった等の状況の重大な変化時）有効性評価を行う	● 原則として、ヘッジ対象とヘッジ手段の相場変動またはキャッシュ・フロー変動の累計額の比率分析（80％〜125％の範囲内）による定量的評価が求められる ● ヘッジ開始時の事前テストと期末時の事後テストの両方が必要 ● 少なくとも6ヶ月に一度、通常は決算日ごとに有効性評価を行う必要がある	● 有効性評価における定量数値の有無
有効性評価の 省略	● 基本的には有効性評価を省略することはできない（ヘッジ対象とヘッジ手段の主要条件（想定元本、満期日、参照金利、リプライシング日など）が完全に一致する場合でも定性的な評価と文書化は依然として必要）	● 為替予約の振当処理や金利スワップの特例処理（ヘッジ対象とヘッジ手段を一体として会計処理する手法）を適用する場合、有効性評価を省略できる	● 有効性評価省略の有無

（出所：筆者作成）

図表12：IFRS と日本基準でのヘッジの非有効部分の認識と測定

IFRS9	日本基準	差異
● ヘッジの非有効部分を常に算出し、非該当部分については、即時に純損益に認識する必要がある	● 有効性の判定基準（80％〜125％）を満たす場合、非有効部分も含めてヘッジ会計の適用が可能となる	● ヘッジ非有効部分の取扱い

（出所：筆者作成）

③　非有効部分の認識と測定

　ヘッジの非有効部分（ヘッジが完全に相殺しない部分）の処理についても、IFRS と日本基準で以下のような特徴がある（図表12）。ここでも両者に違いがあり、日本基準ではヘッジ全体が有効と判定され、ヘッジ会計の要件が満たされている場合には、ヘッジ手段に生じた損益のうち結果的に非有効となった部分についても、ヘッジ会計の対象として繰延処理することができるのに対し、IFRS 9では、非有効部分の金額を常に測定して、即時に純損益に認識することが求められている。これは IFRS 9がより経済的実態を忠実に表現することを重視している表れともいえる。

金融・資本市場と会計・税務（第4回）
〜足許での市場環境を踏まえた主要論点と今後の動向について
（日本基準及びIFRSにおける「ヘッジ会計」の概要）〜

図表13：IFRS上のマクロヘッジと日本基準上の包括ヘッジの概要

IFRS9	日本基準
● IFRS第9号では、マクロヘッジに関する明確な規定はなく、現在も検討中の課題とされている ● 暫定的に、IAS第39号の公正価値ヘッジの規定を適用することが認められている ● ただし、IFRSのマクロヘッジの要件は日本基準と比べて厳格（例えば、ポートフォリオ全体と個別項目の関係性の継続的モニタリングが求められる等）であり、ポートフォリオ内の個別項目の詳細なデータ管理等で実務上の負担が大きくなる傾向にある	● 銀行業においては、「銀行業における金融商品会計基準適用に関する会計上及び監査上の取扱い」（日本公認会計士協会業種別委員会実務指針第24号）において、「包括ヘッジ」の取扱いが規定されている ● 銀行勘定全体の金利リスクをヘッジする取引について、一定の条件の下で繰延ヘッジを適用することが認められている

(出所：筆者作成)

④　マクロヘッジ

　マクロヘッジは、銀行業などの金融機関における複雑なリスク管理活動と会計処理の整合性を高める観点からも重要な手法であり、これに関しては、先にも述べたが、IFRS上、継続的な基準改定が現在も検討されている。そういった状況であるため、ここでは、IFRSと日本基準上の包括ヘッジの概要をそれぞれ簡単に記載する（図表13）。

(3) 第3章の総括

　これまで見てきた通り、IFRSと日本基準のヘッジ会計は、原則ベース対ルールベース、特例処理の有無、有効性評価方法など多くの点で違いが存在しているが、将来的にはIFRSの改正動向も踏まえながら日本基準はIFRSに収斂していく、との見方もあると思われる。これに関して、日本基準がIFRSに収斂していく可能性のある具体的な例としては、原則ベースへの移行、リスク管理との整合性強化、有効性評価の簡素化、マクロヘッジの共通化等が予想されるであろう。

　いずれにせよ、ヘッジ会計は、そもそもの目的から、企業のリスク管理活動をより適切に財務諸表に反映するという方向で両基準とも発展（必要に応じて改定等）していくと予想されるため、企業は自社の事業状況や経営環境（国際展開の程度、

投資家の構成など）に応じて、将来の基準変更（例：金融機関への影響が想定される、IASBの動的リスク管理（DRM）プロジェクトなど）への影響を見据えた準備や対応の検討が、今後より重要になってくると思われる。

第4章　おわりに

　第4回目となる連載「金融・資本市場と会税・税務（5回連載）」について、今回は日本基準におけるヘッジ会計の定めについて、その基本的な考え方から具体的な処理方法、そしてIFRSとの主要な差異について解説してきた。ヘッジ会計は、企業のリスク管理活動を財務諸表に適切に反映させるための重要な会計処理であり、グローバル化が進む今日の経済環境においては、その重要性がますます高まっている。

　近年の市場環境を顧みると、世界的な金融政策の変化、地政学的リスクの増大、気候変動リスクの顕在化など、企業を取り巻くリスク要因は多様化・複雑化している。こうした環境下では、企業のリスク管理活動はますます高度化・複雑化しており、それに伴いヘッジ手段・ヘッジ取引なども多様化している。

　このような市場環境と企業活動の変化に対応して、日本基準とIFRSともに進化を続けているが、

両者の間には依然として様々な差異が存在しており、特に銀行業や保険業など金融セクターにおいては、その差異が財務諸表に与える影響が小さくないことも事実である。今後、日本企業のグローバル展開がさらに進み、国際的な資本市場からの資金調達機会が増える考えられるなか、こうした会計基準の差異に関する理解と適切な対応は、ますます重要となるであろう。

次回は、金融商品に関する会計基準等から離れて、ファンドビジネスに関する会計論点を扱う予定である。

なお本稿の意見にわたる部分は個人的な見解であり、EY 新日本有限責任監査法人の公式見解でないことを、お断りさせていただく。

EY 新日本有限責任監査法人　金融事業部
鈴木功一

〈出典、参考文献〉

- 第401回企業会計基準委員会資料（2019年1月）（https://www.asb-j.jp/jp/wp-content/uploads/sites/4/20190124_06.pdf）

- 第413回企業会計基準委員会資料（2019年7月）（https://www.asb-j.jp/jp/wp-content/uploads/sites/4/20190729_03.pdf）

- 第419回企業会計基準委員会資料（2019年10月）（https://www.asb-j.jp/jp/wp-content/uploads/sites/4/20191025_09.pdf）

- 第463回企業会計基準委員会資料（2021年8月）（https://www.asb-j.jp/jp/wp-content/uploads/sites/4/20210811_06.pdf）

- 第529回企業会計基準委員会資料（2024年7月）（https://www.asb-j.jp/jp/wp-content/uploads/sites/4/20240716_01.pdf）

- EY 新日本有限責任監査法人「「金融商品に関する会計基準の改正についての意見の募集」の概要 第1回、第2回」（2018年11月、12月）（https://www.ey.com/ja_jp/technical/library/info-sensor/2018/info-sensor-2018-11-01）（https://www.ey.com/ja_jp/library/info-sensor/2018/info-sensor-2018-12-01）

- 企業会計ナビ わかりやすい解説シリーズ「ヘッジ会計」 第2回：ヘッジ会計の方法①（わかりやすい解説シリーズ「ヘッジ会計」 第2回：ヘッジ会計の方法① | EY Japan）

- 企業会計ナビ わかりやすい解説シリーズ「ヘッジ会計」 第4回：ヘッジ会計の適用要件（わかりやすい解説シリーズ「ヘッジ会計」 第4回：ヘッジ会計の適用要件 | EY Japan）

- アーンスト・アンド・ヤング著／EY 新日本有限責任監査法人日本語版監修 「IFRS 国際金融・保険会計の実務 International GAAP 2022」（第一法規）

- EY 新日本有限責任監査法人編 「完全比較 国際会計基準と日本基準【第3版】」（清文社）

既刊号ご紹介

2022年冬号 8号以降のご紹介

なお、第1号～第4号の目次は、2023年夏号10号の「既刊号ご紹介」をご参照ください
第5号～第7号の目次は、2024年夏号14号の「既刊号ご紹介」をご参照ください

第8号 2022年冬号

特別企画
座談会
新しい資本主義とコーポレートガバナンスのあり方　その1
藤田勉氏／上田亮子氏／黒木彰子氏／岩崎卓也氏／幸田博人

特集
資産運用の広がり・投資と「金融・資本市場」
～長期的な企業価値向上に向けて～

第9号 2023年春号

特別企画
座談会
新しい資本主義とコーポレートガバナンスのあり方　その2
高橋秀行氏／岡俊子氏／下川亮子氏／菊池勝也氏／幸田博人

特集
2023年を迎えて「社会価値」から考えるESG向上の視点
～リスクのコントロールとESGへの長期的なコミットメント～

第10号 2023年夏号

特別企画
座談会
「金融・資本市場」の構造変化と将来のあり方を考える
座談会
「ベンチャーエコシステム」の課題と展望

特集
日本企業の成長性向上に向けた長期的視点
～ダイバーシティ、イノベーション、人材育成など長期的戦略～

第11号 2023年秋号

特別企画
座談会
これからの金融リスク管理の視点
～気候変動・地政学など激変する時代と金融リスク管理～
座談会
人材戦略とデジタルへのアプローチ　～生成AIがもたらす社会の変容～

特集
金融・資本市場のリスクから見えてくる構造変化
～グローバルな金融危機の連鎖、ESG投資への逆風、個人向け商品など～

第12号 2023年冬号

特別企画

座談会
金融リテラシーについて考える
〜資産運用、投資に向けた課題〜
川北英隆氏／桑田尚氏／菊地晶子氏／川元由喜子氏／幸田博人

特集

市場の変動で金融・資本市場がどう変わるか
〜金融正常化などの転換点と長期的な視点でサステナビリティを考える〜

第13号 2024年春号

特別企画

座談会
サステナビリティと投資から考える金融・資本市場の将来
長宗豊和氏／丸山隆志氏／松古樹美氏／幸田博人

特集

グローバル視点で考える金融・資本市場の課題
〜世界的な景気減速と金利低下への転換、
　脱炭素の取組、資産運用高度化など〜

第14号 2024年夏号

特別企画

座談会
IPOをめぐるファイナンスの視点と課題
阿部博氏／植田浩輔氏／山岸洋一氏／亀山慎之介氏／幸田博人

特集

「史上最高値の日経株価」と「金融・資本市場」の課題
〜日本の「金融・資本市場」の構造改革につながるか〜

第15号 2024年秋号

特別企画

座談会
日本型経営とガバナンス改革
〜資産運用立国を展望〜
小平龍四郎氏／青克美氏／菅野暁氏／岩田宜子氏／幸田博人

特集

日本の将来とサステナブル経営の目指すもの
〜金融・資本市場の更なる改革を展望〜

第16号 2024年冬号

特別企画

座談会
失敗から「学ぶ」
〜スタートアップ経営者としてのチャレンジをあらためて考える〜
阪根信一氏／乃村一政氏／小泉泰郎氏／伊藤智明氏／幸田博人

特集

2025年に向けて
社会・経済の好循環を金融・資本市場から考える

17号の主な目次

- 巻頭エッセイ

- リニューアル記念座談会
  サステナビリティの経済学から新たな道すじを考える
  松島斉氏／ 諸富徹氏／ 小野浩氏／ 白井さゆり氏／ 幸田博人

- リレーエッセイ

- 特集　アクティビストにどう向きあうか　日本企業

- 金融・資本市場ヒストリー（金融人編）

- 自著を語る

- 潮流　市場環境

- 連載企画

発行書籍のご案内

資本市場とリスク管理
～新たなリスクが広がる中で わかりやすくリスク管理を学ぶ～

**新NISAスタート、
日本株バブル越えの史上最高値!!
日銀の大規模金融緩和の終焉!!
あなたの資産は、今の知識で守れるのか？**

- デリバティブがもたらす市場リスク管理
- 脱炭素社会に向けたリスク管理
- ウクライナ侵攻と地政学リスク
- 2023年春の欧米金融危機とリスク管理
- これからの金融リスク管理の視点
- 金融・資本市場とリスク管理の将来像　など

著　者：藤井　健司
発売日：2024年4月24日
ISBN：978-4-910551-99-9
定　価：本体 3,400円＋税
A5判／300頁

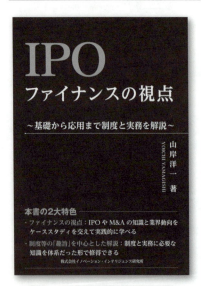

IPOファイナンスの視点
～基礎から応用まで 制度と実務を解説～

**IPOの全てが分かる決定版!!
IPOやM&Aに使える充実した用語集付き!**

- IPO マーケットの今を考える
- IPOを目指す理由とメリット・デメリット
- IPOの種類と、それぞれの要件・手続き
- IPO準備における財務諸表分析とガバナンス体制
- 事例から学ぶ、IPO成功のためのポイント
- 資本政策、オファリング、子会社上場
- MBO後の再上場　などを体系化！

著　者：山岸　洋一
発売日：2024年7月26日
ISBN：978-4-910551-98-2
定　価：本体 3,500円＋税
A5判／344頁

産業の変革をリードする
プライベート・エクイティ

プライベート・エクイティと企業はどう付き合うか?

- 日本のバイアウトの歴史を振り返る
- PE 投資の多様性
- ポラリス・キャピタル・グループの20年にわたる取り組みから振り返る
- PE 会社の基本的なビジネスモデル
- PE 会社の「顧客」と競争力の源泉
- PE 会社の経営の特徴と課題
- PEビジネスの将来像と課題
  ～日本のリスクマネー供給の将来を語る～（座談会）
- PE を取り巻く環境変化とバイアウトファンドの変容
- PE とESG の視点
- ファンド運営会社の社会的責務・永続的発展と将来に向けた展望　など

編　著　木村　雄治
発売日：2024年9月17日
ISBN：978-4-910551-97-5
定　価：本体 3,500円＋税
A5判／300頁

新時代に向けた
スタートアップのチャレンジ

失敗から学ぶ!
チャレンジを支える担い手たちの声
グローバルな
ユニコーン、メガコーンに向けてのヒント

【Part1：スタートアップのチャレンジ】
　第1章．座談会：失敗から「学ぶ」
　　　　　～スタートアップ経営者としてのチャレンジを
　　　　　　あらためて考える～
　第2章．フィンテック・スタートアップ戦記
【Part2：スタートアップエコシステムとVC】
　第3章．「スタートアップエコシステム」育成の
　　　　　課題とボトルネック
　第4章．VCトップインタビュー

編　著　幸田　博人
発売日：2025年3月28日
ISBN：978-4-910551-96-8
定　価：本体 2,800円＋税
四六判／408頁

編集後記

　　今回取り上げたトランプ政権の様々な政策面のインパクトがサステナビリティの取り組みにどういう影響を与えていくか、サステナビリティを考えていく題材を集めて特集テーマとしました。今回の転換点は、理念と現実のギャップの大きさによる面もあり、深堀りして注視が必要です。人類が少しでも長く「地球号」に乗り、次世代に渡し続けるためにも、資本主義をうまく機能させることが、今こそ問われているといえるでしょう。次号の特集は、そのための一つの鍵となる、「企業文化」を取り上げる予定です。

　　今回の「金融・資本市場リサーチ」の感想、今後関心があるテーマ、最近感じていることなど、読者の皆様のご意見を募集しています。次号19号より読者からのお声を掲載させていただきます。今後もご愛顧のほど、是非お願い申し上げます。

（柴崎健　2025年4月1記）

編集委員会メンバー：幸田博人、野間幹晴、藤田勉、野崎浩成、軒野仁孝、柴崎健

金融・資本市場リサーチ

2025年5月号（通巻18号）
2025年4月21日　発行

発 行 者	幸田　博人
協 　 力	一橋大学大学院　フィンテック研究フォーラム
印 刷 所	株式会社ワコー
発 行 所	株式会社イノベーション・インテリジェンス研究所
	〒100-6738　東京都千代田区丸の内1丁目9－1
	グラントウキョウノースタワー
	ＴＥＬ：03-6259-1680
編 集 部	編集長：柴崎健、幸田博人
	ＵＲＬ：https://www.iiri.co.jp/
	Ｍａｉｌ：info@iiri.co.jp
	※本書の内容についてはこちらのメールアドレスにお問い合わせください
販 売 元	日販アイ・ピー・エス株式会社
	〒113-0034　東京都文京区湯島1－3－4
販 売 受 付	ＴＥＬ：03-5802-1859　　ＦＡＸ：03-5802-1891
年 間 購 読 料	9,900円（税込・年6回発行　送料を含む）
電子版(Kindle)	2,000円（税込・単号販売のみ）　　ISBN978-4-910551-18-0